U0690472

西方政党初选机制比较研究

A COMPARATIVE STUDY ON
PRIMARY ELECTION OF
POLITICAL PARTIES IN WESTERN COUNTRIES

李少文 著

上海三联书店

目　录

导 论

一、本书主题

(一)问题的提出

民主是如何实现的?通往民主的道路从来都不是一帆风顺的,而恰是千帆竞渡。融合不同价值和利益需要有不同的制度平台和通道,它们需要不断转化才能最终成为人民的选择,走向具体的法律和政策。在这个意义上,制度就构成了我们理解民主政治的基础。我们首先要讨论的问题是:有哪些具体的制度平台?它们如何发挥作用,使人民的意志和利益系统化、理性化、普遍化和可操作化,最后变得为大众接受并且走向现实?制度运转的核心机理与主要通道又是什么?又应该如何控制它们?

无论是在经验上还是逻辑上,政党都是民主政治的重要载体,选举则是实现民主的通道之一。这无论是在西方法治发达国家还是在中国都具有很高的相似性。在学者看来,选举被视为实现民主的重要途径。[①] 然而,选举却是一个过程,尽管关键在于最后的民意表达与抉择,但它还涉及其他主体的参与以及规范的控制,这都会影响民意和利益的表达。这些元素恰恰成了控制民主的重要手段。在西方,作为选举制度运行最重要的载体,政党几乎承载着

---

① 例如,熊彼特认为民主制度只不过是一种由人们定期选出政治领导进行统治的制度。依据这种概念,一般的公民没有能力也不应该进行"统治",因为在大多数议题上,这些平民都没有明确的概念,而且也不够聪明。[美]约瑟夫·熊彼特:《资本主义、社会主义与民主》,吴良健译,商务印书馆1999年版,第395页。

选民的全部利益表达。一方面，现代民主国家的政权组织和政治决策大部分受制于政党运作，民主显示出与政党不可分割的关系并越来越依赖政党。另一方面，人民意志的形成、汇集和表达也大都要通过政党来完成，政党是最重要的“形成人民意志的机构”。政党是如何表达人民意志的？这当然是一个更复杂的问题，本书将从一个具体角度入手，即政党推荐候选人参与选举的过程（候选人挑选），初选正是这个过程的制度化表达，它扼住了民主的喉咙。

西方的政党如何选择候选人？又是如何通过推荐候选人实现其民主价值与功能的？不同类型的初选机制对政党民主以及国家政治结构和民主体制产生了何种影响，或者说它们有何关联？这些就是本书所欲讨论的问题。选举的本质是利益角逐的过程，具体表现为民意和利益的代表竞争政治职务。从内部视角看，一方面，谁能出线成为代表，民主机制如何容纳和改造民意，是初选的直接意义。另一方面，争取提名过程具有强烈的民主意义，它是政党内部民主的直接表征，也是影响政治人物行为、形成和调整政党政策的关键因素，从而赋予了初选影响政党结构和民主体制的意义。从外部视角看，民主化的初选机制对于形成稳定的政党政治和和平理性的政治环境、实现宪法的目标有着重要作用，是一个国家或地区的民主稳定条件的直接表征。这些共同构成了本书继续论证的逻辑起点，而复杂的政党和民主制度正是本书所欲说明的最终问题。

与之同时，西方政党纷繁复杂的初选机制及其冗长的博弈、竞争过程，对于政党的结构与属性、政治的效率与稳定来说也有较多负面影响。发现不同类型初选机制的各自弊端及其影响政党自身和民主政治的逻辑，对于正确认识这些机制方式来说同样重要。

（二）任务与目标

本书从宪法工程的视角比较分析西方政党初选机制所产生的政治效果，揭示其促进民主政治发展的功用，表明它如何激励与约束政治过程的参与者，实现民主的目标。通过解析政党初选机制的内在结构、运行逻辑和政治效果以及它所依赖的外在环境，我们能够发现它在治理结构和体系中的宪法工程意义。书中所称的“民主效果”，主要是指初选机制实现民主宪法功能和目标的过程与结果，这也能够表明民主制度发挥宪法效力、塑成政治秩序的作用。

全书系统比较西方不同国家和地区的政党初选机制（包括推荐候选人的制度和方式），解析初选传递、整合和表达民意与利益的具体方式和影响因素，论证初选对政党性质、结构和民主过程的作用途径，从而展示了初选选拔和培育政治人才、实验民主、分配权力、塑成党内民主以及作用于民主政治的复合政治功能。从宪法学的角度看，本书印和了实证主义的研究路径，解析了根本法实证化之后形成的具体规则及其影响，反映了作为民主制度的初选机制的宪制意义。通过考察和论证西方政党内部民主以及民主政治体制的塑成，本书也间接揭示和论证了一种西方民主理论体系。它试图说明的具体结论包括：

其一，政党具有表达与整合意志和利益的作用，集中表现在选举过程中挑选和推荐候选人的环节。在西方，政党政治尤其是政党民主原则的发展要求或希望政党建立明确的、公正的、民主的初选机制，它是政党内部民主的核心表征和主要决定因素，是政党国原则的内部表现。它反映了初选的宪制地位。作为一种民主制度，初选能够嵌入到宪制体系之中，成为民主宪法的组成部分。

其二，通过考察不同国家和地区的政党初选经验，本书将初选大致区分为封闭式和开放式两个不同的延展方向。不同初选机制存在着从封闭到开放的程度差异。开放式初选突出了大众民意的作用，以全体选民或党员作为选举团，以票决和公开为基础。封闭式初选强调党内精英的决定性作用，封闭协商是其运行模式的主要特点。选举团、实质决定权归属、分权程度和候选人的资格条件是观察初选机制的主要标准，而民主化是衡量初选类型的核心特点，正式选举制度、政党制度、政府形式以及民主发展程度等是影响初选机制民主性的直接外部条件。

其三，初选扼住了民主的喉咙，它影响着民主政治过程的全部参与者。在总统初选中，初选是民主的前置程序，也是民主的演练场。在议会初选中，初选是一场民主实验，也是政党分配权力的场域。通过初选程序，政党能够培育和选拔政治人才，推出有利于胜选的候选人，也有利于形成能够达成党内共识的候选人。同时，初选也是有效的竞选过程，能够促使政治人物调整其行为和政策。

其四，初选塑成了政党内部民主的制度化，初选机制甚至决定着民主化程度。这集中反映了初选的宪制功能，它是政党国原则的内部表现。初选影响政党内部的政治利益分配和力量对比走向，影响了政治人物的行为方式，也影响所推出的候选人的竞选策略和政策主张，从而对政党性质和未来走向产生直接影响。

其五，初选是一个国家或地区的政治体制的组成部分，也是民主的塑成元素。初选是政治过程确保平等的主要通道，有利于社会融合和民主巩固，也能够塑成独特的民主模式。这也体现了政党国原则的外部意义，反映了初选具有的双重价值。这直接表明了初选的工程学意义，凸显了它在宪制体系中的地位和功能。

最后，本书解析初选的制度逻辑，总结并归纳不同国家和地区的相关经验、运行过程和实际效果，这对于提炼西方政党初选的“理想类型”、为政治实践提供有效的概念体系和模型有一定现实意义。它能够实现比较宪法的本土化“意象”，即规则和制度的实际生命力。

为此，本书的正文部分共设计为五章，分别讨论初选的制度结构、具体经验和政治效果。本书的逻辑前提是制度设计能够塑造民主，强调制度技术对于政治和社会发展的功用，以及社会秩序衍生和发展动力的人为建构化假设。事实上，关于制度秩序之形成和发展存在着自生性和建构性两种大致对立的思路。[①] 现代政治实践越来越表明制度设计的意义。[②] 本书也是立足于这一前提来讨论制度技术(institutional technology)的意义及其运用,并在此基础上运用和发展宪法工程(constitutional engineering)的概念和作用方式,它将为我们理解初选机制提供精致的理路。

二、本书的理论与现实意义

本书是宪法学基础理论研究的一部分,通过论证本书的主题以及适用宪法工程的方法论来建构实证宪法的理论大厦。沟通比较宪法和比较政治正是发展宪法学基础理论和比较宪法学的重要思路。运用宪法工程理论解析初选机制的结构、逻辑与功能以及所依赖的外在环境,首先是对这一制度的深入解析,同时也能够强化对宪法秩序塑造过程的研究。初选问题的研究具有经验性、技术性意义。厘清政党初选机制及其效果能够填补我们知识的空白,消除我们对政党制度和民主体制的一些误解,在比较法上具有

① 这种论述和判断在不同学者那里都有表现。例如,哈耶克用“自发扩展秩序”来描述社会结构和制度演进的逻辑,而其对立面就是“建构秩序”(人为制造的秩序、外力产生的秩序)。他认为,社会制度不是有意识的理性设计产物,试图有意识地对演化的社会秩序进行重新设计将极有可能带来更差的、甚至是灾难性的后果。参见[美]哈耶克:《自由秩序原理》,邓正来译,三联书店出版社 1997 年版。

② 汉密尔顿提出问题:“人类社会是否真正能够通过深思熟虑和自由选择来建立一个良好的政府,还是他们永远注定要靠机遇和强力来决定他们的政治组织?”[美]汉密尔顿等,《联邦党人文集》,程逢如等译,商务印书馆 1980 年版,第 3 页。《联邦党人文集》被视为是制度设计塑成民主的重要文献。密尔说:“我们首先要记住,政治制度是人的劳作;他们的根源和全部存在均有赖于人的意志……另一方面,还须记住政治机器并不自行运转。正如它最初是由人来制成的,同样还须由人,甚至由普通人去操作。它需要的不是人们单纯的默从,而是人们积极地参加;并须使之适应现有人们的能力和特点。”[英]密尔:《代议制政府》,汪瑄译,商务印书馆 1982 年版,第 7 页。

现实的价值。初选作为西方民主政治体制的重要组成部分，它对政党、对民主有直接或间接的影响，这也表明西方民主体系是一个复杂的系统工程，从而体现了宪法工程的价值。引入这种研究方法对于探究制度实效、反思制度设计具有强烈的指引意义。

这一研究体现了功能主义的立场，它与从现实、经验角度的展开密切结合。从实证主义角度展开的研究有助于我们进一步考察宪制结构，探求宪法中的政治逻辑和结构。宪法工程是民主宪法制度化的重要理论基础。它适应了我们对制度设计和改造的需求，因而必须强化对制度结构、逻辑及其实效（制度技术）的研究，以证成或证伪我们对制度及其应用的设想。制度试错的成本太高，这也反映了理论研究尤其是比较研究的意义。

首先，将初选理解为一种民主制度，运用比较宪法工程的理路，解析其结构和运行，发掘其民主功能。本书凸显了宪法学的本土化与实证化，扩展我们对宪法学研究范围和方法的认知，提出实证（主义）宪法学的意义，也有利于比较宪法学理论体系的更新。这是宪法学理论层面的价值。宪法学从来都不是单一方法之结果，一个成熟的学科应该是多种方法的集合，这也才能凸显和促成宪法学的科学属性，以及扩展它能够解决问题的范围。这是证立一门学科、凸显学科之品格的重要基础。宪法中的政治结构和逻辑既是规范意义的，也是功能意义的。实证化是任何科学必不可少的元素，宪法学作为一门科学，如果总是围绕着哲学，并不利于证成宪法学的科学性。更何况，从哲学视角展开的论述，往往不能得到更有力的经验支持，这是很多学者面临的问题或者理论的缺陷。实证主义在宪法学领域，不仅表现为规范的逻辑推演，还表现在规范之具体运用，以及本书最强调的——规范运用之后的实效性考察。这种基于对经验和现实的关注，必然是迥异于传统的规范主义路径。根本法的实证化是宪法学关注的问题，而它属于政治学与宪法学的交叉。质言之，广义的政治宪法学，在“主权——

制宪权”的基础上，还有根本法具体化和实证化的问题，即根本法的形式和内容实证化及其功效。本书正是试图把这种围绕着民主理论展开的宪法学理论体系纳入广义政治宪法学的范畴。比较宪法工程的意义在于通过对域外经验的引入，作用与我们的宪法实践。这将促使我们回应民主改革的需要，重新审思制度的功效以及制度设计的意义，将改革涉及的体制问题做综合性思考，并且提炼出我们制度体系的自我逻辑及其改进空间。

其次，在知识和基础理论层面，本书初步厘清了政党初选的制度结构、运行逻辑及其政治效果，提炼了初选的“理想类型”①。这种模式化研究将有助于我们理解党内初选的特征及其条件，并有利于实践操作。本书重点对世界主要国家和地区的初选机制作了类型化分析，揭示初选机制的影响因素，并在此基础上重点介绍了一些国家或地区的初选机制及其过程。民主化是初选发展的主要方向，但民主化并非是衡量初选制度之优劣的唯一标准。作为两种最基本的类型，封闭型初选和开放型初选能够分别适应不同的政治体制、民主发展程度、政党特点以及正式选举制度。

第三，本书探究初选的民主价值，将其纳入宪制体系之中，论述它将如何实现民主宪法的目标。初选是塑成党内民主制度化、影响民主体制的重要因素，初选机制也是重要的权力分配方式和民主宪法的组成部分。研究初选，实际上是对政党和民主的基础的分析。没有规范的民主化的初选，政党民主化会受到很大影响，

① 理想类型是马克思·韦伯提出的概念并加以运用的研究方法，极大地促进了社会科学的发展。理想类型是一种分析概念或逻辑工具，是高度抽象出来的、反映事物本质特征的分类概念。通过理想类型的概念“以便确定它的差异或同一性，用最清楚明白的概念对它们进行描述，并且从因果性上对它们进行理解和说明。”[德]马克斯·韦伯：《社会科学方法论》，杨富斌译，华夏出版社 1999 年版，第 140—141 页。

而这也将会影响民主体制。

第四，通过细致解析初选机制的相关问题，本书厘清了对民主的一些误解，也重新界定了制度的激励和约束功能。我们对民主直接或间接的认知源自制度逻辑和实践结果。然而，当下盛行的诸多理论中，对于民主的过程、实现方式以及参与者可能有着不同甚至错误认识，这将极大影响我们对民主的认知。通过对党内初选机制的详细解读，我们就会发现选举与政党、选举与民主之间的复杂关系，从而更清楚认识到民主的内涵以及制度所具有的激励和约束作用。

本书是政治学和宪法学的交叉领域，运用了较多的政治学的研究方法和思路，凸显了实证宪法、政治宪法的研究意义，却不同于传统宪法学的论述和认知。这种研究方法上的创新并不常见。而且，理论体系的更新不仅需要宏大的原则性论述，更需要回到具体制度和实践层面加以证成。然而，某种程度上，本书可能属于尝试性的论述，这种结合之成效还有待未来的经验。而且，本书在试图进行理论推演之前，曾对相关经验做出归纳和总结。然而，我们要搞清楚每一个国家或地区的情形显然是困难的，所以本书对经验材料的处理是极为有限的，而且主要是传来的，这就未必是全面的和科学的。同时，囿于研究方法的限制，我们对制度之成效的评估，主要也不是严格精密的，所探究的只是一种相关性关系。质言之，在宪法学领域贯彻实证研究方法的困难在本书中有所体现。

宪法工程学强调考察制度设计（规则）的功效，就必须要有成熟的经验提取技术和资料占有率，我们提出的衡量模型需要立基于准确的分析，这正是宪法工程的要义。“重点是，模型要经得起经验检验。对宪政工程学的评价，可以用一个简单的公式来进行：对现实的解释力除以模型的复杂度。最佳的情况是用最简约的模型解释所有的现象。也因为这个因素，宪政工程学常用到数学工具，希望透过数学本身来精简模型。”[1]尽管本书并不将重点置于此，但它回应宪法工程学的理论要求的能力是较低的。易言之，即便在宪法工程学的视域下，本书的研究也不够精细和全面。当然，这也是因为本书试图在宪法学领域引入和重新发展的宪法工程概念的范围限制——将宪法作为一种机器和一项工程，不仅要考虑实证的特点，也要回归规范、价值和理性。不过，它却体现了研究宪法学与政治学交叉领域的困难。

三、全书结构

除导论外，本书共分为五章。

第一章是“扼住民主的喉咙：作为政治制度的初选”。本章将主要说明初选的特征、结构、规则及其受到的制约，勾勒出作为一种民主政治制度的初选的基本样态。首先将说明初选的基本内涵与发展过程，揭示初选如何从政党内部事务走向政治公共事务。其次将说明初选的主要形态与作用机理，揭示塑造初选的结构性元素。第三节将回到初选规则，分析法律规定和政党内部规则的不同特点。最后将根据经验和逻辑来类型化初选制度。通过本章的论述，本书将揭示作为宪法民主制度的初选的核心样式和主要类型，从而改变我们对政党推举候选人这一政治过程的认知。

第二章是“总统初选：民主的前哨战和演练场”。本章是对总统制、半总统制国家或地区总统初选的经验研究，展现了总统初选的具体流程、主要问题和政治功能，将分别介绍美国和法国的经验。首先在一般意义上论述总统初选的目标、任务和主要结构，揭示总统初选的主要模式和核心影响元素。接着将论述美国总统初选的主要流程，介绍初选规则、党内竞选过程以及初选争议处理等

① 林继文：《宪政工程学》，载《“中央研究院”周报》（台湾）总第1038期（2005年）。

问题。第三节将论述美国总统初选的影响因素及其外溢效应，分析初选对总统的产生、政党结构和民主体制的影响。最后是对法国总统初选制度的简单介绍和分析，包括独特的支持者提名制度以及政治制度对政党初选的影响，以及社会党推行的开放式初选的特点与效果。通过对美国和法国的总统初选制度和经验的分析，本章将抽象出总统初选的主要模式、特点以及效果。

第三章是“民意代表初选：政治实验和权力分配”。本章将介绍并论证民意代表初选的主要内容、类型、流程和影响因素，重点说明政党在单一选区选制下采用的初选模式和政党在复数选区下如何提出政党名单，尤其是极大选区条件下的政党名单的“初选”模式（候选人挑选模式）。首先将说明民意代表选举以及初选的主要内容和类型，揭示它的核心目标和基本要求，抽象出民意代表初选的基本制度逻辑和主要影响因素。其次将主要以美国国会两院的两党初选为例，辅之英国工党和保守党的初选经验，说明较为典型的单一选区选制下民意代表初选的主要模式、流程和特点。再次将分析政党名单代表制的基本原理、主要结构以及政党提出名单的主要制度逻辑。最后，本章将主要以比利时和以色列的政党如何提出政党名单为例，说明较为典型的复数选区下提出政党名单的主要模式、流程和特点。本章表明民意代表初选凸显了初选类型的多样化和效果的多元化。

第四章是“初选塑成的政党内部民主制度化”。本章将转向讨论初选机制所产生的直接政治效果，它塑成了政党内部民主的制度化，是党内民主的主要制度基础和核心表征。本章运用宪法工程的理路，分析初选制度如何影响政党内部结构、政党政治的运行以及政党体制。首先将在一般意义上分析“迪维尔热定律”及其应用，揭示选举制度设计影响政党的一般逻辑和原理。其次将论证初选表征政党内部民主的特点，揭示“政党国”原则的内部意义及其民主要求。第三部分说明初选宪制化和民主化对政党结构产生的影响。第四部分将从党内民主的视角考察不同初选机制的特点与效果，从而抽象出一个属于“理想状态”的初选模型。本章从宪法工程的视角，论证了初选是党内民主制度化的主要塑成元素，这将重塑我们对政党制度的认知。

第五章是“初选的制度设计与政治体制”。本章将主要探讨作为一种制度设计的初选对政治体制所产生的影响。首先论述作为政治制度的初选如何实现宪法的平等原则，重点探讨美国两党在党代表选择过程中如何贯彻平权原则和一些国家为确保性别平等而采用的女性配额制度。第二节将论述初选对于融合多元社会所具有的促进作用，它有助于融合分裂社会。第三节将论述初选与转型和巩固的关系，对转型国家和地区来说，好的初选制度有利于政党发展和良性竞争，从而有利于民主的巩固与稳定。通过本章的论述，本书阐明了初选所具有的影响民主体制的政治效应，它表明了本书所欲论证的宪法工程的理路，凸显了制度设计的现实意义。

第一章　扼住民主的喉咙：作为政治制度的初选

候选人挑选（candidate selection）被认为是民主过程的关键环节，也是政党权力运转的重要体现。“政党是参与选举，并且能够通过选举、提名候选人占据公共职位的任何政治集团。”[①]这一政治过程影响甚至决定了现代政治的品质和民主的稳定性。候选人是决定政党形象及其行为的主要的外在表现，也定义了政党在人口（统计）意义的、地理意义的和意识形态上的性格。[②] 候选人挑选模式十分多样，现代政治突出要求挑选方式的民主化，从而形成了初选的制度模式。初选是一种带有某些民主特点的候选人挑选方式，尽管不同制度的民主化程度有很大不同，民主效果也有一定差异，但它们都体现了政党权力的分散化和政党内部结构的民主化，将党内最重要的权力进行一定形式的下放和外溢。然而，对于初选具体是如何操作的、存在哪些规则以及这些规则受到何种制约，我们却不甚了然。相较于正式的选举制度，初选机制缺乏稳定性，同时存在较大的差异性，这也增加了研究难度。本章将主要说明初选的特征、结构、规则及其受到

① [意]萨托利：《政党与政党体系》，王明进译，商务印书馆2006年版，第96页。

② Reuven Hazan and Gideon Rahat, *Democracy Within Parties: Candidate Selection Methods and Their Political Consequences*, New York: Oxford University Press, 2010, p. 6.

的制约,勾勒出作为一种政治制度的初选的基本样态。首先将说明初选的基本内涵与发展过程,揭示初选如何从政党内部事务走向政治公共事务。其次将说明初选的主要形态与作用机理,揭示塑造初选的结构性元素。第三节将回到初选规则,分析法律规定和政党内部规则的不同特点。最后将根据经验和逻辑来类型化初选制度。通过本章的论述,本书将揭示作为政治制度的初选的核心样式和主要类型,从而改变我们对政党推举候选人这一政治过程的认知,也改变我们对如何塑造政党结构和政党内部民主的理解。这也是接下来进一步论证初选的运行过程及其政治效果的基础。

第一节　初选:从政党内部事务到政治公共事务

候选人挑选是一个动态的过程,它发生在正式选举之前,是政党决定推出谁来代表该政党竞逐公职的活动。从逻辑上看,有选举、有政党,就会有挑选候选人的必要。然而,候选人挑选并不从一开始就采用初选的方式。初选是候选人挑选方式民主化的结果。候选人挑选的方法在不同时期有不同的形式,不同政党之间也有差异,甚至同一政党在不同地区(选区)也会采用不同方式。[①] 而且,我们还要问的是,从逻辑上看,初选的建立还需要哪些制度性前提条件呢?因此,讨论初选的基本结构有必要回到候选人挑选的基本形态,并把握候选人挑选的全面内涵。本节将首先说明候选人挑选的核心任务,从而理清初选的基本

① Gideon Rahat, What Is Democratic Candidate Selection, in William Cross and Richard Katz (eds.), *The Challenges of Intra-Party Democracy*, London: Oxford University Press, 2013, pp. 136—149.

目标和主要内容，接着将描述候选人挑选制度的演进，当然也就是初选的发展历程，再从逻辑功能和经验效果的不同层面分析初选的结构特点。

一、候选人挑选、政党提名与初选

选举、政党和民主之间密切相关。众所周知，在现代民主政治中，政党是最主要的选举机器，而民主在很大程度上就是依赖政党和选举。① 政党参与选举，首先就是要推出能够胜选或者达成选举目标的候选人。政党通过何种方式推出候选人，这就是候选人挑选的问题。候选人挑选是一个过程，是政党面对选举压力，为了追求胜选或者相关政治目标，推出候选人以争取开放选举的职位的行为。

很早就有学者说："选择政党的候选人基本上是一项私人事务，尽管现在有法律规制它。"②一般认为，候选人挑选总体上是一个党内问题，它主要发生在党内竞争的领域，并且主要是受到政党自身的内部规则的规制。③ 然而，现如今，一些国家或地区开始直接立法规制候选人挑选的事务，让这一问题逐渐变得不再那么"单纯"和"直接"。一些后来的民主国家，比如芬兰、德国、新西兰和挪威等，立法都规定了候选人挑选的原则和标准；最极端的当属美国，州法详细规定了相关的原则、过程以及结果。不过，尽管受到了法律规制，但候选人挑选仍然是灵活性和变动性很高的政治过

① [美]约瑟夫·熊彼特：《资本主义、社会主义与民主》，吴良健译，商务印书馆1999年版，第395—396页。

② Leon Epstein, *Political Parties in Western Democracies*, New York: Praeger, 1967, p. 201.

③ Reuven Hazan and Gideon Rahat, *Democracy Within Parties: Candidate Selection Methods and Their Political Consequences*, New York: Oxford University Press, 2010, p. 4.

程,是没有标准化也尚未制度化的政党内部运行机制,仍然主要是由政党自主制定和改变规则的过程。然而,政党自主性与政党民主化的要求之间的矛盾与冲突也开始成为一个问题,宪法、政党法以及宪法裁判中都有类似的例证。现代宪法确立的党内民主的原则或者说是政党国原则,极大影响到了我们对西方的候选人挑选方法和过程的认识。

这里涉及了另外一个概念,即政党提名(party nomination)。有必要指出我们对"提名"这一概念存在的误解。严格来说,只有选举管理机构确认候选人的行为才叫提名。[①] "政党提名"并不一定会导致被提名人获得正式选举的候选人资格。提名只是法定的正式提名管理机构所做的行政行为,它必须符合法定条件和程序。在现代民主制度中,政党可以向提名管理机构推荐人选,作为该党的推荐候选人,但这个过程必须符合法律的规定。换句话说,是法律规定了符合一定条件的政党可以推荐候选人,提名管理机构依照法律审查其资格,并按照正式程序提名该党推荐的候选人。[②]选举管理机构只是依法确认候选人资格,[③]提名的意义实际上是转移到了进入该机构之前的那些"候选人推荐"环节——常见的形式就是政党推荐(政党提名)和选民连署推荐(公民提名)候选人。选举管理机构的此种权力基本上是程序性的,但这并不是必然的。因此,尽管政党提名是一个被误解的概念,但在现代政治中,由于规则指引十分明确,特定政党提名了该党推荐人之后,此人选一般会获得候选人资格,所以政党提名才成为正式概念。因此,候选人

① 何俊志:《选举政治学》,复旦大学出版社 2009 年版,第 164 页。

② 同上书,第 168—169 页。

③ 选举管理机构是选举制度设计中必不可少的一个制度或机构,它依法进行提名,对符合法定条件的申请人的资格确认过程属于"实质性审查",比如对连署有效数的审查。参见何俊志:《选举政治学》,复旦大学出版社 2009 年版,第 133—139 页。

挑选和政党提名基本上是在同一个意义上使用。事实上，在美国通常只有初选的概念，但在欧洲国家或地区，我们却经常看到政党提名的说法。为了论述方便，本书并不使用政党提名的概念，而是将政党提名主要限定为政党做出决定的过程或时刻。

提名的结果是产生“好的候选人”参与竞选并供选民选择。那么，谁来判断以及如何判断候选人的“好”呢？这里就结合了某种意志——在现代政治中，它主要表现为民意。但提名过程中的民意要通过具体的载体来表达，政党就是最为常见的民意集合体。尽管我们可以推演候选人之产生的原初表现和意义，①但现代大型政治选举已经不可避免地要通过某种形式的提名程序来确定候选人。政党基于其具有的民意代表性和功能，成为提名候选人的主要通道。②同时，大多数国家或地区都没有让政党垄断提名权，而是设置了一定数量的选民连署提名候选人的通道。③ 它们的共同点在于让某种和某些程度的“民意”输入提名过程。那么，“民意”为什么要支持此人呢？是基于利益的一致性吗？这个问题显然不那么容易回答。没有一定数量民意支持的候选人显然是不可能出线的，但民意聚集起来形成某个常在的或临时的团体，就意味着候选人本身成了利益代表——它是表达和实现群体意志和利益的通道。这恰是民主选举的本质所在。因此，提名就是以民意为基础、以利益表达为本质的行为。形象地说，它是输入民意、输出候选人的过程。

正如前面所提到的，初选是一种民主化的候选人挑选方式，也是一种现代化的候选人挑选方式，是目前政党挑选候选人的主要方式。初选的一个最大特点就是它将候选人的挑选(selection)转

---

① 陈端洪：《论香港特别行政区行政长官提名委员会的合理性与民主正当性》，《港澳研究》2014年第2期。

② 何俊志：《选举政治学》，复旦大学出版社2009年版，第164页。

③ 同上书。

换为选举（election），这种转变所立足的正是选举之于民主的意义。选举被认为是实现民主的有效方式，它是人类历史上影响深远的民主形式。而选举制度的民主性及其完善程度，也被认为是政治民主水平的标志之一。“民主政治的核心程序是被统治的人民通过竞争性的选举来挑选领袖。”[①]在实体意义上，民主意味着普通人——具有选举权的所有公民——都能或多或少对国家的政治决定产生影响；在程序意义上，它表达了人民选举代表决定国家政策的基本思想。[②] 将选举的形式运用到候选人挑选的过程中，正是期待政党内部民主与国家层面的民主能够实现共通，甚至直接联系起来。候选人挑选之于政党就如同选举之于民主国家：政党和独立候选人竞争国家公职能够实现民主，而政治人物在党内竞争的“民主挑选”过程也具有同样的意义。[③] 当我们把国家层面的正式选举界定为民主时，我们就希望这样的选举是普遍的、公正的、自由的，当然也是竞争性的。[④] 这种理解也就揭示了初选的基本品格。

这里要特别指出的是“直接初选”（direct primary）的概念所产生的影响。这是来自美国政党改革中的概念，主要特点就是将推举候选人的权力下放给党员或选民，由他们采用选举的方式加以决定。[⑤] 它最初是相对于党团会议（caucus）而言的。然而，在后来

---

① ［美］亨廷顿：《第三波——20 世纪后期民主化浪潮》，三联书店出版社 1998 年版，第 4 页。

② 张千帆：《宪法学导论》，法律出版社 2008 年版，第 382 页。

③ Gideon Rahat, What Is Democratic Candidate Selection, in William Cross and Richard Katz (eds.), *The Challenges of Intra-Party Democracy*, London: Oxford University Press, 2013, pp. 136－149.

④ 张千帆：《宪法学导论》，法律出版社 2008 年版，第 391－394 页。

⑤ 有关直接初选原则，后文中还将有介绍和论述，参见本书第二章第一节。

的演进过程中，直接初选逐渐成为初选的特点。然而，如果将我们这里所观察和论证的“初选”仅仅界定为直接初选，那么就将窄化我们的论证范围。本书并没有在概念上做严格区分和界定，而是将初选同那些带有民主化特点和趋势的候选人挑选方式——例如后面将要论述的一些国家或地区的政党提出政党名单的过程——结合在一起进行考察和论证，尽管这些候选人挑选方式可能是相当封闭和集权的，而不同于我们这里所理解的初选。因此，本章也详细论述了党团会议模式，以及单一选区下复合式的推出候选人的制度选择——例如由政党中央推出候选人名单供选区选择和决定。简言之，本书所讨论的“初选”的概念是相当宽泛的，而这主要是基于论证的需要和论述的方便。

二、为什么要挑选候选人？初选作为人才选拔机制

完成挑选候选人这一过程需要有选举参与者（以下简称参选人）、政党组织机构、开放的职位和正式的选举制度等，它们都是候选人挑选的必要条件，也是所有政治和法律理论进行推理时所需要的前提。其中，候选人资格或身份（candidacy）（实际上也是一种权利）是初选的直接和主要对象。初选，说到底就是政党内部争取候选人身份的过程。那么，政党为什么要挑选候选人呢？候选人需要哪些特质才能被选中呢？候选人身份的问题就变得异常重要，它又直接关系到正式选举制度的安排。

在本书讨论的范围内，政治人物所争取的职位是有限的、开放的，那就是以选举形式产生的公职人员。这类公职人员在整个国家统治体系中是相当有限的。我们经常讨论的职位包括了不同层级的行政首长和议员。一些自治性组织还会通过竞选产生具有复合性功能的委员会成员（既承担立法责任，也承担一定的行政责任）。因此，供以选举的职位都与民意直接联系，而这些职位又要以竞争性和开放性为前提。易言之，正式选举制度必须确保候选

人的权利和义务。为了研究便利，本书主要讨论国家层面的选举，暂不涉及地方或基层层级的选举。

由此，我们就有必要探讨一个相关的问题，即正式选举设定的候选人的资格条件及其外部影响。此制度看似是正式选举制度的问题，但却直接影响着初选的制度设计。一个可以简单阐述的逻辑是，初选设定的候选人资格条件可以比正式选举制度的宽松。然而，在实践中，经常出现的情形是，初选的资格条件较之于正式候选人资格更为严格，即初选成为资格条件上更严密的"扎口"。这就让初选带有另一种特性和功能，即控制候选人"入闸"(在民主并不完善的国家或地区，也会出现通过初选的候选人被正式选举拒绝提名的可能性，而拒绝的理由正是候选人资格的问题)。在本质上，候选人资格条件的问题是"法治"的问题。因为正式选举的规则十分清楚，候选人资格也早就以明确的公开的法律条款加以规定，它们自然是可以通过规则加以指引的事项。

从制度逻辑上看，正是因为存在着候选人之间的差异，选举才变得更有意义，初选也就能够凸显出"选拔"政治人才的意义。因此，候选人资格条件还具有奠定初选的制度基础的功能。一方面，选拔政治人才参与选举是现代民主的基本要求。这来源于民主所要求的选举的竞争性、开放性和直接性。换句话说，当民主选举倾向于以候选人为中心时，政党初选就变得更为迫切。初选的发展历史就证明了这一点。另一方面，如果可以任意限制候选人"入闸"，自由选举显然将不复存在。质言之，初选作为一种人才选拔机制，能够保障政党、政治人物以及选民的权利。因此，在党内建立初选机制是政党、政治人物以及党员乃至大众的共同要求。

在这个意义上，被选举权是民主的当然内涵而不能随意限制，否则选举的正当性就会受到质疑。事实上，被选举权并不单是消极性的资格——“消极说”或“资格说”忽视了被选举权代表的民意基础以及竞争性，它实际上代表了公民个人的积极主张（理想）以及相当一部分民众的共同意愿。[①] 换言之，被选举权包含了可当选的资格和竞选的权利。[②] 更重要的是，它还包含了候选人能否当选以及当选之后的任职能力的问题。正是因为被选举权的内涵如此，它才更需要被限制。一方面，当选之人将来愿意并能够且适合履行公职，另一方面，他也要能够有效参与竞选。理论上对候选人资格有不同的认识和处理原则，一种是选民资格与候选人资格完全相同，另一种是候选人资格要高于选民资格。[③] 但只有后一种原则是现实存在的，而且职务不同，资格也会有所不同，一般以元首和政府首脑为最高。[④] 之所以如此，或是因为所竞选的职位资格条件决定着候选人资格条件的上限。但这显然只针对法律上的资格条件，而非真实选举中的道德性资格条件。

在人类历史长河中，对候选人资格的限制也是在逐步变化，总体上是越来越低。例如，在早期，候选人必须要有一定的财产和文化程度，而当下已经不再有这样的要求。这固然是跟现代社会人们对公职人员的要求逐步降低以及政党政治、选举制度的成熟有关（比如政党不会推出素质太低的候选人，民众会通过投票选出他们满意的当选人等），也是因为选举自由、平等、公开和普遍原则的深入贯彻。就限制形式来说，有法律明文限制和隐性限制、刚性限制和柔性限制等不同区分。法律明文限制一般是刚性限制，也是绝对性限制，它们或是直接规定在选举法中，或是体现在对担任公职人员条件的规定上。在法治国家，隐性的限制都已经不再具有

---

① 蒋劲松：《被选举权、竞选正当性与竞选权》，载《法学》2010 年第 2 期。

② 同上。

③ 何俊志：《选举政治学》，复旦大学出版社 2009 年版，第 164 页。

④ 高鹏怀：《比较选举制度》，知识产权出版社 2008 年版，第 111 页。

刚性,但在实践中或是司空见惯的。就内容来说,常见的候选人资格限制包括刑法特殊规定(如剥夺政治权利或称为褫夺公权的刑罚)、年龄限制、出生地限制、居住年限限制、国籍限制等,但对政治立场的限制较为少见。有学者认为候选人资格有四种设定,分别是自然条件(例如性别、种族、国籍、年龄等)、社会属性(例如职业、受教育程度、道德品质等)、选举质量条件(选举保证金制度、政党提名制度、选民联署制度等)、有效履行职责条件等。[①] 本书则将其分为道德性限制(例如人类历史早期选举中对候选人的品格、外貌等的限制)、政治性限制(例如历史上的民族、种族和身份限制,现代的出生地限制、居住年限限制,[②]以及要求议员和行政首长不得有双国籍的限制等)和常识性限制(例如对年龄的限制、竞选保证金的限制,以及一般不能是正在服刑的人)三大类。

初选与政党人才的培育与选拔(political recruitment)有直接关系,甚至是政治人物培育和选拔的主要机制。政治人物培育是一个行为主义的概念,在政治学上很早就引起了关注,"它是一些政治人物或者一个团体的政治人物走上政治舞台的过程。"[③]候选人挑选被认为是政治人物培育的一种制度性元素。"然而,我们应该认识到,作为独立变量的挑选制度导致了理论意义十分微弱的描述性分析。挑选制度是为政治目的服务的,它们因为某些政治目的而被采用,也会因为政治目的而被改变。刚硬的僵化的挑选制度本身就是一种政治上相关的文化变量,考虑到任

① 何俊志:《选举政治学》,复旦大学出版社 2009 年版,第 164—168 页。

② 对候选人在选区居住年限的限制可能不完全是出于政治考虑,也是现实考虑,例如在议员选举中,议员要代表选区民意和利益,有必要限定他们在选区居住的期限。

③ Moshe M. Czudnowski, Political Recruitment, in Fred I. Greenstein and Nelson W. Polsby (eds.), *Handbook of Political Science: Micropolitical Theory Vol. 2*, Reading, MA: Addison Wesley, 1975, p. 155.

何制度下它们都是集体行动的目标的价值,应该将注意力集中到作为人才选拔制度的一种奖励的指示或者奖励的分配之上。"[①]

随着候选人挑选方式的新近制度化,有学者认为候选人挑选方式不仅是政治的反映,也能够影响政治,主要表征就是它是塑造政治人物行为的主要依据。这就凸显了民主制度设计所能产生的政治效果。从内容上看,政治人物培育与选拔的制度化反映了候选人挑选方式制度化的发展与巩固。这尤其表现在对女性、少数族群等资格和权利的保护之上,例如有很多国家或地区都规定了政党提名候选人必须保有一定的女性比例(最高者如瑞典等,就规定了政党名单中至少有一半以上的女性)。在现下的政治学研究过程中,政治人物的培育和选拔与候选人挑选已经成为两个相互独立的变量了。[②] 本书侧重考察的是候选人挑选制度,而非从政治人物视角展开的分析。

三、初选在美国的出现与发展

候选人挑选是与政党、普选同时产生的概念,而候选人挑选的民主化历史更是不久远,大规模采用初选正是源自近代的美国。这就是初选的缘起。美国两党挑选候选人经历了从"议会党团干部会议"(congress caucus)决定,到"党团会议——大会"(caucus—convention)(以下简称党团会议)主导,到党团会议和初选并存但以前者为主,再到初选主导(党团会议"名存实亡")

① Moshe M. Czudnowski, Political Recruitment', in Fred I. Greenstein and Nelson W. Polsby (eds.), *Handbook of Political Science: Micropolitical Theory Vol. 2*, Reading, MA: Addison Wesley, 1975, p. 228.

② Sheri Kunovich and Pamela Paxton, Pathways to Power: The Role of Political Parties in Women's National Political Representation, *American Journal of Socialogy*, Vol. 111, No. 2(2005), pp. 505—552.

的过程。[1] 这是一个逐渐民主化的过程,关键点就在于在 19 世纪晚期 20 世纪初期初选的出现和 20 世纪 70 年代以后初选方式占据了全面主导地位。以民主化的方式产生候选人,改变了党内竞争格局,也是政党内部民主的重大改革,并对总统产生方式产生了直接影响。

最早的候选人提名方式是议会党团干部会议,它将权力交给了两党的议会党团,自然是相当封闭的模式。[2] 后来演进到党团会议(在美国的文献中通常简称为 caucus)模式,又称"全国提名大会"模式(national nominating convention),直到 1968 年它都还占据着统治地位,至今仍然存在并具有活力。它的基本流程是,基层党团会议推举党代表(这个过程就是 caucus[3]),党代表参加县大

① James W. Davis, *U. S. Presidential Primaries and the Caucus-Convention System*, Westport, Conn.: Greenwood Press, 1997, pp. 9—12.

② 作为第一任总统,华盛顿并没有经历"提名"过程,但之后那些宪法的缔造者们就开始试图利用国会来缩小参与总统竞选的人的范围。但只有在 1790 年代之后,联邦党和反联邦党大致成型并对立之后才真正有政党通过议会挑选候选人的问题。议会党团干部会议又被称为"国王会议"(King Caucus)。See James W. Davis, *U. S. Presidential Primaries and the Caucus-Convention System*, Westport, Conn.: Greenwood Press, 1997, pp. 9—12. See also John S. Jackson, David H. Everson and Nancy L. Clayton, *The Making of a Primary: the Illinois Presidential Primary (1912—1992)*, Springfield: Institute for Public Affairs University of Illinois at Springfield, 1996, p. 1.

③ 也有学者通过考证后认为 caucus 这个词是被误用的,因为即便在 19 世纪,政党支持者或党员聚集选择党代表的行为也被称为初选(primary),尽管当时党团会议的大众参与程度极低、人数极少。直到现在,爱荷华州的党团会议仍然被称为 caucus 而非初选,尽管它实际上被纳入广义的初选的范围。See Alan Ware, *The American Direct Primary: Party Institutionalization and Transformation in the North*, Cambridge: Cambridge University Press, 2002, p. 58—63. See also Frederick W. Dallinger, *Nominations for Elective Office in the United States*, New York: Longmans, Green, 1987, p. 53.

会(convention),再推出代表参加议会选区或州的大会,直至选出代表参加全国代表大会(全代会),最后由代表自由选择他们支持的参选人作为本党候选人。相对于议会党团干部会议来说,这种方式更重视地方力量和人民观感(民意),相对来说更民主。[①] 然而,并没有法律或规则约束这些党代表的权力,他们不需要提前表态,也无须受那些选择他们作为党代表的党员或选民的约束。理论上,获得过半数党代表支持的参选人就会成为候选人,但这个门槛往往难以达到,所以经常出现需要党内领导层、派系协商的局面。这种机制是一套没有严格标准的挑选模式,候选人能够出线,与其在党内高层、地方派系所拥有的支持度有很大关系,但所推出的候选人却未必是最可能胜选或者民意支持度最高的人。换句话说,这一制度将决定权集中在政党中央和党内精英手上。这种没有明确标准又不公开的候选人挑选模式,以“密室政治”的形象为人所知,被认为是垄断、腐败和黑箱的结果。[②]

初选就出现在党团会议模式占据全面主导的时期。在19世纪晚期,有些州开始改革候选人挑选模式,采用了当时所称的“直接初选”(direct primary)来选择议员候选人、州长候选人乃至总统候选人,核心规则就是参加各级大会(县、议会选区或州的大会乃至全代会)的党代表部分或全部由该党党员或大众选民选举产生,而非由基层党团会议推举。1899年,明尼苏达州最早通过了要求举办初选的法律,要求在该州亨内平县(包括了该州

① John S. Jackson, David H. Everson and Nancy L. Clayton, *The Making of a Primary: the Illinois Presidential Primary (1912—1992)*, Springfield: Institute for Public Affairs University of Illinois at Springfield, 1996, p. 2.

② Alan Ware, *The American Direct Primary: Party Institutionalization and Transformation in the North*, Cambridge: Cambridge University Press, 2002, pp. 63—77.

最大城市明尼那波利）举办初选，该县接下来举办的初选在当时就被认为取得了积极效果。[①] 佛罗里达是声称最早举行总统初选的州，它在1901年通过法律允许州和地方党部采用初选方式选择总统候选人。威斯康星州是当时初选改革中较为激进的州，它在1905年通过的直接初选法要求参加全代会的代表是初选产生的。1908年伊利诺伊州通过了直接初选法，1915年加利福尼亚也通过了直接初选法。到1916年，已经有20个州通过了直接初选的法律，两党有超过半数的党代表通过直接初选方式产生。[②] 直接初选法将初选纳入州选举体系之中，也逐步形成了公办初选的形式。

初选的出现和确立是当时社会进步的重要表现。在19世纪晚期，美国经济和社会快速发展，城市和公民社会呈现爆炸性增长。这被称为进步主义时期（Progressive Era）。进步主义思潮对当时的自由和垄断资本主义展开反思，突出表现为要求控制利益和垄断集团，增加社会福利，促进社会的公平正义。[③] 后来统称为自由主义的思潮在这一时期大行其道，渗入各个领域。[④] 进步主义也演化为不同形式的政治运动，一方面表现为建立大众创制和复决权制度，直接票选联邦参议员（后来还通过联邦宪法第17修正案），另一方面则是要求控制政党权力，抗击政党内的腐败、暗箱

---

① Frank M. Anderson: The Test of the Minnesota Primary Election System, *Annals of the American Academy of Political and Social Science*, Vol. 20(1902), pp. 616—626.

② James W. Davis, *Presidential Primaries: Road to the White House*, Westport, Conn.: Greenwood Press, 1980, pp. 42—43.

③ 参见谭融、游腾飞:《论美国进步主义运动的历史背景和思想基础》,《青海社会科学》2011年第1期;谭融、游腾飞:《论进步主义运动时期美国政治的发展》,《南开学报》2011年第5期。

④ 关于进步主义与自由主义的关系一直是争论的焦点。但至少在现下,进步主义和自由主义在多数情况下是交替使用的。

操作，直接推动了初选的建立。[①] 进步主义时期建立起初选制度，反映了美国社会对政党政治观念的一个重大转变，那就是政党不再是私人组织，而是公共组织。[②] 政党活动的公共性质，使得人们认识到需要对政党的初选活动像正式的选举一样进行监督。[③] 初选制度改革的目的，就是要使政党作为一个政治组织接受公众的管理和监督，它实现了民主政治的本质要求。[④]

然而，初选的确立仍然需要一个制度上的契机，那就是全面采用澳大利亚选票制度（Australian Ballot）带来秘密化选举、公办选举和进一步强化候选人个人特质的趋势和潮流。有学者甚至认为它是对确立初选来说唯一重要的制度性变革。[⑤] 19 世纪中后期，澳大利亚选票制度不仅在澳大利亚也在欧洲广泛运用，并迅速蔓延到美国。这个制度的核心是选票是由政府印制、政府发放，并且只能在指定场所、指定时间投票，选票始终不能离开投票所（而非之前的政党印制和发放选票、组织选举并且两党票箱分开）。自然，选票和投票行为也都是保密的——保密性既是指在投票站内设置了相对封闭的票箱，也是指前面提到的选票以及投票行为的法定性（它也被称为秘密投票制度）。美国各州在 1884 年总统选举之后开始大规模选用这一制度，到 1892 年总统选举，绝大多数州都已经采用了此制度。这一制度的成功推广是政党精英和政党

---

① 李剑鸣：《大转折的年代：美国进步主义运动研究》，天津教育出版社 1992 年版，第 106—114 页；谭融、游腾飞：《论进步主义运动时期美国政治的发展》，《南开学报》2011 年第 5 期。

② 曹茂君：《美国崛起的制度基础——美国进步时代法制变革》，法律出版社 2015 年版，第 50 页。

③ 同上书，第 52 页。

④ 同上书，第 52—53 页。

⑤ Alan Ware, *The American Direct Primary: Party Institutionalization and Transformation in the North*, Cambridge: Cambridge University Press, 2002, p. 31.

制度改革者所共同关心的问题。它同时创造了这两股力量对政党改革的期待,最后建立起来的初选机制分别实现了他们各自的目标。具体来说,在澳大利亚选票制度下,选举转向了"候选人中心模式",[①]直接初选机制对于政党在大选中取胜有显著的积极作用。[②] 由于选票不再控制在政党和候选人手上,选民的投票行为也不可控制,政党就担负了更为沉重的压力来推出具有大众影响力、为选民喜爱的最有可能胜选的候选人。对政党及其领袖来说,初选就是一种实现此目标的办法。初选同时极大削弱了政党以及政党精英的权力,增加了政党推举候选人的公平性、公开性和真实性,这些恰好也是政党改革者的目标。

初选的出现是政治改革的重大进展,但它并没有立即取得主导地位,其效果也不理想。一方面,尽管有选民投票,但投票并不必然决定党代表的投票倾向,候选人提名的决定权最终还是归属于党的全代会。另一方面,仍然有很多州没有采用初选机制,而是沿用旧的党代表产生办法。因此,在初选出现之后的很长一段时间里,候选人挑选仍然属于相对保守的模式,它将党员(选民)和党的核心干部结合在一起,但仍然让政党领导层和精英在整个结构中发挥着关键作用。这种"不彻底"的改革导致了很多问题。例如,历史上十分著名的 1920 年共和党全代会,代表们无法就总统提名达成共识。结果,10 多个党内大佬在全代会举办地芝加哥的一家旅馆聚会,经过多轮博弈,最后名不见经传、初次投票仅排名

① Jamie L. Carson and Jason M. Roberts, *The Politics of Congressional Elections Across Time: Adoption of the Australian Ballot and the Direct Primary*, https://www.princeton.edu/csdp/events/Congress/CarsonRobertsHoC.pdf.

② Alan Ware, *The American Direct Primary: Party Institutionalization and Transformation in the North*, Cambridge: Cambridge University Press, 2002, p. 31.

第 10 的年轻参议员沃伦·哈丁被推出，理由竟是相貌英俊的他"长得像总统"。当时，疲惫不堪的领导层抽着雪茄，房间内烟雾缭绕。这件事被记者报道之后，"烟雾缭绕的房间"(smoke-filled room)从此便成为幕后政治操纵的代名词。[①]

在 20 世纪初很快建立初选机制之后，这股热潮便逐渐消退。到 1940 年，举办初选的州减少到 13 个，到 1968 年民主党在芝加哥举办全代会时，举行初选的州也不过只有 15 个。[②] 但这次民主党全代会却改变了初选发展的"命途多舛"局面。全代会之前，在初选中大幅领先并有望获得提名的罗伯特·肯尼迪被刺杀；全代会上，获得时任总统约翰逊支持的副总统汉弗莱获胜，获胜方式却是他没有参加任何州的初选，却拿到半数以上党代表票。竞选对手和大众都不接受这个结果，认为这并非民主的产物。最终，那一次全代会演化为一场大暴动。当时正值美国民权运动兴盛、反越战情绪高涨，并且电视媒体方兴未艾，民主党全代会的暴力场景震惊了全国。[③] 后来，汉弗莱在大选中又败给了共和党候选人尼克松。这迫使民主党在选后开始大幅改革其总统提名人规则。[④] 1969 年民主党成立了具有划时代意义的"关于政党结构和代表选择的委员会"(Commission on Party Structure and Delegate Selection)，又称为"麦戈文——费雷泽委

---

① Wesley M. Bagby, The "Smoke Filled Room" and the Nomination of Warren G. Harding, *The Mississippi Valley Historical Review*, Vol. 41, No. 4 (1955), pp. 657—674.

② James W. Davis, *U.S. Presidential Primaries and the Caucus-Convention System*, Westport, Conn.: Greenwood Press, 1997, p. 14.

③ 这次全代会及其后的暴动是美国政治和社会历史上的一起重要事件。See Frank Kusch, *Battleground Chicago: The Police and the 1968 Democratic National Convention*, Chicago: University of Chicago Press, 2008.

④ Nelson W. Polsby, *Consequence of Party Reform*, Oxford: Oxford University Press, 1983, pp. 9—52.

员会”(McGovern—Fraser Commission),开始检讨候选人提名办法,并推出了新的代表选择方案。[①] 一个更完备的更民主的初选机制浮出水面。而这就是20世纪60—70年代的初选改革,又称为“麦戈文——费雷泽改革”。

现下的初选流程是,各州选民以投票或站队的方式决定参选人获得的该州党代表支持数,在全国范围内获得过半数党代表支持的参选人赢得初选,两党在全代会上提名赢得初选的参选人为本党候选人。初选改革就扭转了之前候选人挑选的逻辑,权力转移到了选民手上。在两次大选年之间,两党的全国委员会就会提前发布规则,确定各州分配到的全代会代表名额,各州也会通过规则或立法确定该州的初选模式和时间。尽管这些元素都可以改变,但目前形成了一个大致稳定的结构。各州采用的初选机制呈现两种形式:投票式的初选和近似投票效应的党团会议。[②]

四、欧洲国家候选人挑选方式的发展进程

与美国相比,欧洲国家的政党的“初选机制”的发展轨迹有一定差别,其中之一就在于它们是不同于美国的“公办初选”模式,而是将初选设定为政党自主和自律性事务,当然也就是政党民主的

---

① 这个方案的全文可参见 Alexandra L. Cooper, Nominating Presidential Candidates: The Primary Season Compared to Two Alternatives, *Political Research Quarterly*, Vol. 54, No. 4 (2001), pp. 771—793.

② 对党团会议和初选的关系,理论上并没有统一的观点。在美国政治实践的基本分类中,仍然是将初选(primary)和党团会议(caucus)作为两种类型。然而,从实质上看,在初选改革之后,党团会议和投票式初选几乎没有太大差别。在本文的语境下,党团会议只不过是广义“初选”的一种形式,或许它不是以投票形式展开,或许它更民主。换句话说,本文一般所使用的是广义的初选概念,它包括了投票形式的初选以及党团会议。

内容。因此，初选的运用就与政党民主化程度息息相关。党办初选，自然就少了许多强制性限制，也少了很多外在的制度性压力，但其核心特点依然是将挑选候选人的权力逐步下放，并扩展至本党成员乃至更宽泛意义的选民。党员乃至选民成为最终决定候选人的主体，而采用的方式主要是选举（投票），也有采用民意调查的形式。例如，英国的工党和保守党均逐步采用了初选，将推出候选人的权力交给本党成员，法国社会党在2011年就举办了一次全国范围内的开放式初选，将选举候选人的选民范围扩展到了全体选民。

初选制度在美国展开并确立之后，欧洲国家或地区的政党就逐渐开始效仿。然而，不同于美国的总统制、联邦制形态，欧洲的初选与不同国家或地区的政治制度、正式选举制度和政党制度密切相关。换句话说，对欧洲的政党来说，初选并不必然发生，如果没有初选的必要，或者不存在挑战者时，初选就没有存在的空间。而且，议会初选的重要程度、关注程度和参与程度都远远低于美国的总统初选，因而对政治的实际影响也小很多。

一般来说，在奉行单一选区相对多数决的议会制国家，初选主要是各党在本选区内如何推荐候选人的问题。然而，为了公平起见，一般来说，各党在全国范围内的选区所采取的初选模式一般是相同的，例如都采用民调、党员投票、党员干部投票或党中央决定等办法。在英国，两大党都采用了一种多层次的初选办法，但最终决定权还是在选区。然而，在比例代表制的国家或地区，初选就变得异常复杂和扑朔迷离。提名候选人的决定权归属是一个更为复杂的问题。在这种情况下，这个过程还能否被称为“初选”，是有疑问的。正如前面已经提到的，本书为了论述方便和论证必要，也将这种形式的挑选候选人的方式纳入讨论。一般来说，党中央是权力核心地带。但党中央究竟按照何种标准和依据来安排名单及其顺序，则是政治过程的范畴。它既要照顾到所提名的候选人的政治形象和实力,以保证最大胜选可能,也要考虑政党内部力量的平衡,以及确保政党一定的代表性。

在行政首长选举中,总统制或半总统制国家或地区的总统选举之前一般要举行初选来推举候选人。比如在法国,主要政党推出总统候选人都会有初选程序,尽管这个初选程序显得捉摸不定并且有很多漏洞,但它依然在运行中,只不过近些年有了新的发展和变化。然而,法国的两轮选举模式复杂化了初选模式,因为第一轮选举往往具有一定的"初选效果"。这也凸显了两轮选举制下的初选的独特之处。但议会制国家或地区的首相或总理选举,一般就没有初选,因为他们通常都是由政党领袖担任。执政党选出了政党领袖,也就选出了首相或总理。[①]

五、初选的制度性前提:从最低标准到最高要求

通过分析初选的概念以及它作为人才选拔机制的意义,并追溯初选在美国和欧洲国家和地区的发展历史,我们能够发现狭义的初选(或者称之为"带有强烈民主意义的"初选)是一项相当"年轻"的"事务"。随着候选人挑选方式的民主化和趋同化,初选也已经在西方民主政体中得到广泛应用。那么,初选所需要的制度前提是什么、有哪些?

前面已经提到,有选举,就要有候选人,而推出候选人参与选举就成为政党的基本任务。然而,政党为什么要通过初选机制产生候选人呢?除了历史上的复杂背景外,我们要突出制度所能提供的基础,从逻辑上看,当然就是对竞争性民主的基本要求。这又可以从最低标准和最高要求两个方面来观察。

---

① See James W. Davis, *Leadership Selection in Six Western Democracies*, Westport, Conn.: Greenwood Press, 1998, pp. 5—9.

将开放的公共职位的竞争性作为发展初选机制的最基本条件，能够为我们提供一个理解初选的简单的视角，即初选是党内竞争的基本途径和主要规则。为了赢得公共职位，政党之间会展开竞争，同一政党内部的不同政治人物也会展开竞争。在那些缺少竞争性的选区(例如单一选区的议员选举)，主导性政党不会遭遇竞争，党内竞争的压力就会相对减少；但这并不妨碍党内挑战者循初选机制参与竞争。换句话说，在那些缺少政党竞争的地区，党内竞争在很大程度上替代了政党之间的竞争而成为促进民主的制度形式。

问题就转换为，初选机制必须要以竞争性政党体制为前提吗？从这里就可以发现，政党之间的竞争会增加政党赢取公共职位的压力，但并不必然带来全面性的初选机制的运用。在选区内占据主导性地位的政党也有建立初选机制的动机，那就是党内民主的需要，或者说是党内政治人物展开竞争的必要。

然而，建立完备的初选机制自然有更为复杂的制度动因。前文已经介绍过，澳大利亚选票制度的广泛运用是美国两党发展初选机制的重要动力，因为这一制度将选举转向了候选人中心主义，政党必须推出最有可能胜选的候选人，方能赢得选举。换句话说，在澳大利亚选票制度下，选举的竞争性大幅增加，导致党内竞争的加剧。因此，更高要求的制度条件是公正的选举制度，而这种选举制度会促成政治过程以候选人为中心，这就带来了候选人个人条件的对比，初选也就变得日益重要。

总的来说，初选制度条件的最低标准只是逻辑层面的，那就是有选举和政党的存在，就会有推举候选人的必要；但初选制度条件的最高标准则更为复杂，具体就包括了竞争性政党体制以及更为重要的基础——一个较为公正的选举制度，培育出以候选人为中心的政治过程。

第二节　初选的结构性元素

很早的时候,就有学者将分权化作为衡量候选人挑选方法的三个标准的第一个元素,后两个是开放性程度和最终的直接或间接参与。[①] 也有学者选择了三个标准来描述候选人挑选办法,其中第一个就是分权化程度,接着是参与性(开放性)和对候选者的要求。[②] 总的来说,初选必须要经过某个具有决定权的团体(选举主体/选举团)按照某种明示规则做出决定,它往往涉及从政党中央组织到全体选民的不同程度的权力配置,因此,分权化或者去中央化的程度是探究初选制度的主要标准之一。这个过程中,要着重关注选举主体的范围以及决定权到底属于谁。这影响到了初选的根本结构,也表征了初选的民主性和民主化程度。此外,参与人资格也是影响初选规则的重要环节,这在上一节中已经有所交代。本节将主要从这些因素分析初选的结构和逻辑及其产生的影响。

一、选举团

初选的选举团(selectorate)范围是决定整个制度结构的核心元素,它是指谁能参与初选——初选的“选民”范围有多大。从逻辑上看,选举团的范围可以是从一个人(政党领袖)到党核心干部再到党员,以至于还可以是所有选民。政党领袖和全体选

① Austin Ranney, Candidate Selection, in David Butler, Howard R. Penniman and Austin Ranney (eds.), *Democracy at the Polls*, 1981, pp. 75—106.

② Michael Gallagher and Michael Marsh, *Candidate Selection in Comparative Perspective: The Secret Garden of Politics*, London: Sage, 1988.

民的这两个极端分别表明了初选的集中性和分散性。[①] 所有选民，当然就是普选状态下的选民，他们可以自由选择参加初选，以选举的形式决定政党的候选人。在两个极端中间，还有一系列的形式，比如以党的核心干部为选举团（从字面上看，就是党的领导层）、以党的全国代表大会成员作为选举团、以党的全国代表大会和地方党部的领导层组成的选举团（各占一定权重）。而以本党党员作为选举团目前已十分常见，它是以本党党员投票为核心结构。

在初选的界定和分类标准中，选举团范围有着十分独特的影响；然而，选举团对政治人物、政党以及议会也产生了直接的重要的影响。[②] 迪韦尔热就认为，民意代表拥有双重的授权（mandate）。“在被选民选举为代表之前，是被政党选择的……这两者的重要性的差异在不同国家和政党之间有所不同；但总的来说，政党的授权似乎比选民的更重要。”[③]选举团范围的差别，也就等于说给候选人选择施加了不同的限制性条件。选举团的变化当然会产生重要的政治后果，这些变化不会在选举之前发生，因为候选人挑选的方法就如同其他政治制度一样，有一定的稳定性。但是，这并不代表选举团范围一直就是稳定的，尤其是初选规则具有相对的易变性，也就可能导致选举团的重大变化。

选举团的范围大约表明了到底谁可以参与、影响甚至决定初选。如果选举团是全体选民，那就是美国式的开放式直接初选。有一种初选模式，即所谓的“全民调”模式，它以参选人在全

---

① Reuven Hazan and Gideon Rahat, *Democracy Within Parties: Candidate Selection Methods and Their Political Consequences*, New York: Oxford University Press, 2010, p. 33.

② Ibid.

③ Maurice Duverger, *Political Parties: Their Organisation and Activity in the Modern State*, London: Methuen, 1954, p. 353.

国或地区范围内的民调结果作为标准,民调高者获得提名。这实际上也是将全体选民作为了选举团,有类似直接初选的效果。这种全民调的方式运用了科学和技术手段,相对来说更为简洁、直接。如果选举团只是该党党员,即完全通过党员投票来决定候选人归属,那么它相当于美国的封闭式初选,也是许多国家或地区的初选的基本模式。如果选举团是全国性党代表会议或者地区性党代表会议(这些党代表可以自由投票,参选人之前并没有选民或党员投票或者进行有约束力的民调等),那么初选的范围则更为狭窄。最极端的情形就是候选人是由党的核心领导层选出或者协商而出(酝酿协商模式),甚至是由党魁指定。如图 1.1 所示:

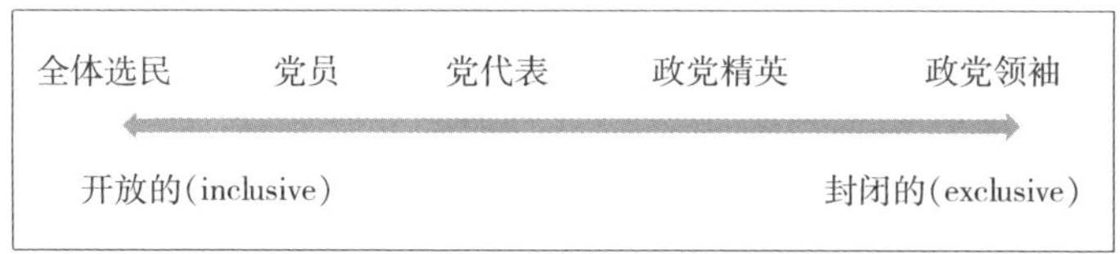

图 1.1　选举团范围的差异

这个从开放(inclusiveness)到封闭(exclusiveness)的选举团范围也大致区分了初选机制的不同类型或特点。这些不同形态的初选在不同国家或地区也都有体现,它们也都产生了不同的政治效果,这当然是后面还将具体讨论的问题。具体来说:

首先,以全体选民作为选举团,最典型的例子当然就是美国的开放式初选。这种初选形式产生了很多争议,例如迪韦尔热敏锐地发现有一些候选人的名字旁边都没有注明政党隶属关系,“这就不再是初选,而只是一次选举的第一轮投票。”[①]这就是后面将要介绍的最极端的开放式初选形式——路易斯安那初选办法。同样

① Maurice Duverger, *Political Parties: Their Organisation and Activity in the Modern State*, London: Methuen, 1954, p. 363.

极端的还有所谓的无党派初选办法。美国的华盛顿州早在1938年就采用了无党派初选办法,阿拉斯加州在1968年采用了这种办法,而加利福尼亚在1998年也采用了此法,但后来因为被宣布违宪而修改制度,又重新在2008年采用此法。开放式初选是将全体选民作为选举团,但美国多数州所采用的半开放式初选实际上也是近似的操作办法,因为半开放式初选所要求的宣示党员资格(政党隶属)或宣示投票倾向的衡量标准并不高,以至于在很多州只需要当天在投票站以索取选票、提供个人资料的方式就能完成,这实际上也十分接近将全体选民作为选举团。美国的这种半开放式初选模式也成为很多国家和地区的模板,例如冰岛的社会民主党、进步党和独立党等大的政党在所有或部分选区采用了类似的初选办法。① 开放式初选备受诟病的问题就是它可能造成的越界投票及其对政党结构的冲击。

其次,党员投票也是一种相对开放的初选形式,但它也比较接近"直接选举"的模式。在操作的意义上,党员投票是比较容易理解的制度形式。然而,实践中却出现了十分复杂的情形。例如,有些政党将党员投票与大众选民投票结合起来,但却以党员投票结果作为依据,这也被视为将党员当作选举团的一种形式。然而,有些政党则是将党员投票和民调结合起来,按照一定比例进行核算,这就很难说是将党员视作选举团。党员投票的典型形态就是所谓的"欧洲封闭式初选"(the European Closed Primary),它是与美国的封闭式初选相对的一种说法,通常意味着将符合一定条件的党员视作选举团的初选形式——而非是以临时登记在册的支持者或

① Svanur Kristjansson, Iceland: From Party Rule to Pluralist Political Society, in Hanne Marte Narud, Mogens N. Pederson and Henry Valen (eds.), *Party Sovereignty and Citizen Control: Selecting Candidates for Parliamentary Elections in Denmark, Finland, Iceland and Norway*, Odense: University Press of Southern Denmark, 2002, pp. 107—66.

附庸者为选举团。[①] 这些年来,西方许多民主国家越来越注重党员在候选人挑选过程中的作用,这种以党员投票决定候选人的位置与构成的方式就是"纯粹的"党内初选。[②] 例如澳大利亚工党,德国社会民主党和基督教民主同盟以及绿党等在单一选区层次上的制度选择,还有墨西哥的革命制度党和民主革命党等。[③]

如果情况是这样的:虽然党员在初选中发挥了很重要的作用,但最终决定权并不是党员投票,那就不能说是以党员投票作为选举团的初选形式。美国在1968年改革之前的初选情形就有类似效应,尽管有些州采取了初选的形式,但这些选出的党代表却可以自由投票。这就是另一种形式,即以党代表作为选举团的初选形式。

尽管党员投票目前为世界上很多国家和地区的政党接受,但它也存在着党员如何认定的问题——尤其是所谓的"空头党员"问题,[④]从而让某些派系或者政客绑架或控制了政党。此外,党员投票也可能与大众民意脱节,从而选出党内的激进派成为候选人,导致政党走向激进化。

第三,从表面上看,以党代表作为选举团是比较常见的形式,例如多数政党都会由政党全国代表大会或者选区代表大会最后通过候选人提名,但实质上,这些由党代表决定的情形只是形式和表象,实际决定权仍然掌握在党员投票或者选民投票之上,或者掌握在政党精英、政党领袖手上。因此,党代表决定的情形就更为复杂,必须要加以鉴别。

---

① Reuven Hazan and Gideon Rahat, *Democracy Within Parties: Candidate Selection Methods and Their Political Consequences*, New York: Oxford University Press, 2010, p. 41.

② Ibid.

③ Ibid., pp. 41—42.

④ 这在我国台湾地区的政党初选中表现得非常显著,也是检讨初选制度的核心问题之一。

为什么政党一般会选择通过党代表(党代会)来最终"决定"(通过)提名候选人这一重要事务呢?这或是因为党代表(党代会)本身所具有的民主性和正当性,赋予或者增加了候选人提名所具有的正当性。这就是作为政治团体的内部民主原则。这里需要我们来鉴别党代表如何产生和构成的问题。当党代表由选民或党员直接选举产生时,由党代表来决定候选人提名,无疑就具有很强的民主性。然而问题也就来了,党代表人数众多、会期较短,他们如何决定本党的候选人呢?或许就要引入某种投票方式,例如美国两党全代会是以绝对多数制选出总统候选人;也可以采取全票制投票选出政党名单上的候选人。换句话说,由党代表来决定候选人,则可能是走向了间接选举的道路。这也是代议制原理在政党内部贯彻的一种体现。

不过,为了避免采用选举方式,或者为了集中权力,或者为了科学行使权力,政党往往会通过经选择出来的党代表组成某个常设性或临时性机构来完成提名,这个时候,初选的选举团就转换为这些选择出来的党代表。它是处于全代会和政党精英决定之间的一种情形。就政党组织体系来说,全代会(convention)当然是最庞大也是最具民主基础的机构,中央委员会(central committee)一般是由全代会选举产生的中央执行机构,它的体量较小、人数较少、会期较长,也较容易进行商议。如果是由这样的机构作为选举团完成提名工作,自然是比全代会的选举模式更为排他与封闭。

还有一种情形,那就是政党会授权一个工作性机构——常常被称为"提名委员会"(nomination committee)来提出建议名单、甚至决定提名结果,它们就是对提名有实质影响力的机构。一般来说,这类机构是不会独自行使权力的,而是伴随着中央委员会或者全代会来完成工作任务,但其所提出的候选人名单往往是真实的、确定的,几乎确定了提名结果。但这些提名机构往往不是由选举产生的,而是由政党领袖决定任命或者是由中央委员会协调产生。

此种选举团构成方式表明了这种初选形式是一种相对封闭和排他的结构。

最后一种情形就是由政党精英和单一政党领袖作为选举团。严格来说,这两者之间是有差别的,但实际上,在现代社会,由单一政党领袖来做决定已经十分少见,但政党精英集团的作用却十分显著。政党精英通常是指那些党籍民选官员或高阶政务官员以及政党核心干部。例如,在早期,美国两党都是通过议会党团干部会议选出本党的总统候选人。这种模式与上面谈到的党内设置的提名委员会有一定关系,因为如果提名委员会是由这些政党精英们组成,而非党内选举产生,它实际上就是政党精英在发挥决定性作用。当政党精英所拥有的权力比那些被选择出来的机构的权力更大时,我们就进入了政党精英作为选举团范围的领域,也就到了选举团谱系中最具独占性和排他性的一端。[①] 最极端的选举团独占形式当然是由单一政党领袖来决定候选人。如果政党领袖是由选举产生的,那么,其民主性和开放性就相对较高,但如果政党领袖并非是由选举产生的,则其独占和排他性就会到达顶峰。

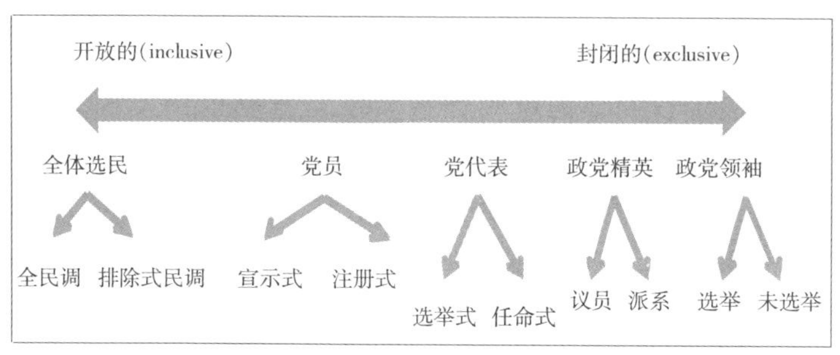

图 1.2　选举团范围差异(细致)

① Reuven Hazan and Gideon Rahat, *Democracy Within Parties: Candidate Selection Methods and Their Political Consequences*, New York: Oxford University Press, 2010, p. 46.

二、实质决定权归属

选举团的范围决定了初选的主要样态，它也是初选制度结构的核心特征。然而，初选制度设计中往往还有更为复杂的形态，即决定权并不完全依赖初选的结果。这无论是在美国的相对开放式初选制度模式还是在那些民主程度并不高的候选人挑选模式中都有体现。必须指出的是，实质决定权归属从根本上影响着我们对初选的认识。最简单的例子就是，政党一般以该党全国代表大会作为最终决定推荐候选人的机构或者程序(以及民主基础)，然而，在很多时候，该党拟推荐的候选人早已确定，党的全国代表大会只做程序性和形式性决定。如果党的全国代表大会拒绝提名之前已经符合提名条件的参选人，那么就会导致某种形式的民主危机(类似于“宪政危机”的概念)。毫无疑问，在这种情形下，实质决定权并不属于党的全国代表大会。这在美国总统初选制度中表现得十分显著。然而，的确存在一些可能，即党的全国代表大会，或党的中央干部会议，或党的核心领导层，拒绝提名或者改变提名符合条件的参选人的可能。这种情形如何处置、如何申诉(救济)也是后面将要讨论的问题。

实质决定权归属的模糊性造成了初选制度的不确定性和政治秩序的不安定性。因此，好的初选制度往往都希望极力明确这个问题，并就相关争议提供解决方法。这里主要的问题就是选举团范围的混杂性(assorted)、多层次性(multistage)和加权性(weighted)所导致的实质决定权归属的复合性。

在一个混合的(assorted)初选办法中，在同一政党内，不同候选人面对着不同开放性程度的选举团，比如有些候选人是通过某个方式选出的，有些候选人则是通过另一种方式决定的，这在不同选区中会有反应，在政党名单中也会有反映。例如，比利时的主要政党在 1960 年代到 1990 年代采用了这种混合办法,一些候选人是通过党员选举产生的,一些候选人则是通过地方或中央的机构成员选出,还有一些是由地方党部精英决定的。[1]

而多层次的初选办法是指同一个参选人在初选过程中面对着超过一个的选举团,例如英国的保守党和工党,它们的(特别)全国委员会创造一串符合条件的候选人名单,然后一些地方政党组织的核心层(大约由 20 到 25 人组成)来过滤这些候选人,并提出一个人数相对较少的名单,然后递交一个更为开放的选举团来决定。尽管最初提出参选人名单或筛选参选人名单的机构有一定权力,但最终决定权还是掌握在最后的那个选举团手上。[2] 多层次初选办法通常也包括在党员投票之后,再通过一个政党机构来发挥实质性影响,例如在党员投票之后,相关权力被委托给特定的政党机构加以审核,或者赋予这个机构否决权。这些政党机构必须能够产生实际影响,因为选举团的决定未必是完全理性和符合最大政党利益的,尽管在实践中或许很少出现否决的情形。[3]

加权式初选办法指最终初选结果是由不同选举团选出的结果(两个及以上)共同加权而成,最典型的就是将党员投票同民意调查结果进行加权,我国台湾地区的国民党和民进党两大党

---

① Lieven De Winter, Belgium: Democracy or Oligarchy?, in Michael Gallagher and Michael Marsh (eds.), *Candidate Selection in Comparative Perspective: the Secret of Garden of Politics*, London: Sage, 1988.

② P. Norris and J. Lovenduski, *Political Recruitment: Gender, Race, and Class in the British Parliament*, New York: Cambridge University Press, 1995.

③ Reuven Hazan and Gideon Rahat, *Democracy Within Parties: Candidate Selection Methods and Their Political Consequences*, New York: Oxford University Press, 2010, pp. 36—37.

一直采用这种办法来提名地区领导人和民意代表的候选人。这种做法也引起了很大争议，因为将党员投票与民调绑定在一起，候选人要赢得初选就必须同时作用于这两个选举团。还有一种简单办法是，中央党部可以推荐一系列候选人，但候选人还需要通过民调制度的考验，通过进行不同形式和问题的民意调查，最终做出决定。也有一些更为复杂的加权办法，例如新西兰工党曾经在单一选区议员选举中采用了加权办法，它将党的全国机构（中央党部）的代表的投票、党的选区机构（地方党部）的代表的投票、党代表的投票以及党员投票结合在一起加权进行计算。[①] 从理论上看，加权形式还包括了抽签决定，这是一种看似荒谬的模式，但仍不能排斥它出现的可能性，这往往发生在候选人之间争执不定的时候。

三、分权化程度

分权化程度是衡量初选制度结构特点的一项基本元素，这几乎成了学者们的共识。在传统理论看来，分权化程度的核心内容实际上是全国性和地方性的元素所产生的影响程度的差异；也有学者注意到，分权化程度不仅是地域性影响，也包括了那些非地域性元素诸如性别、少数族群等产生的影响。[②] 而且，分权化程度时常和开放性（参与性）放在一起进行论述，因为越是中央化的挑选方式，就越封闭。可想而知，由党中央来决定，参与的范围肯定相对较窄，地方代表尽管有发言权，但其影响力相对降低了；若由地方决定，地方代表或者地方利益团体的参与

① Richard Mulgan, *Politics in New Zealand* (3rd Edition), Auckland: Auckland University Press, 2004.

② Reuven Hazan and Gideon Rahat, *Democracy Within Parties: Candidate Selection Methods and Their Political Consequences*, New York: Oxford University Press, 2010, p. 55.

程度就会更深入,甚至地方的政党活动积极分子以及普通党员也能施加影响。总的来说,分权化程度越高,则党员参与的可能性越大。

所有的政治都是地方政治。[①] 初选往往涉及了政党的分权化程度或去中央化程度,突出表现在政党中央与地方机构的权力分际。尤其是在地域性民意代表选举过程中,由中央来决定选区的候选人,与大众的常识和要求未必相符,这就造成了更为复杂的中央和地方影响力差异问题。在全国性的行政首长选举过程中,地方的影响力当然要小很多。在区域性民意代表选举中,如果排斥地方的影响力,显然会遭遇很多困难。因此,在这类选举中,初选会自然而然地强化地方的意义。然而,地方和中央的矛盾也就因此而显现。

哈赞(Hazan)和拉哈特(Rahat)就认为,分权化程度(decentralization)体现在两个方面,分别是地域性的(territorial)和社会性的(social)。分权化立足于地域性机制,目的是确保地区的代表性。在欧洲的许多案例中,地区层面的选举团就在候选人挑选中扮演着十分重要的角色。[②] 候选人挑选办法的分权化也可以是社会化或者合作性的,例如它能够体现那些并非按照地域来决定的团体的代表性,诸如商会、女性、少数族群甚至这些组织的次级团体等。这种类型的分权化可以在那些同利益集团关联紧密的政党中找到。一个典型例证就是英国的工党。[③] 关于地域性和社会性分权的衡量方式以及程度,可以参见图 1.3.

---

① 这是美国众议院前议长托马斯·奥尼尔(Thomas O'Neill)的名言。

② Reuven Hazan and Gideon Rahat, *Democracy Within Parties: Candidate Selection Methods and Their Political Consequences*, New York: Oxford University Press,2010,p. 56.

③ Ibid., p. 56.

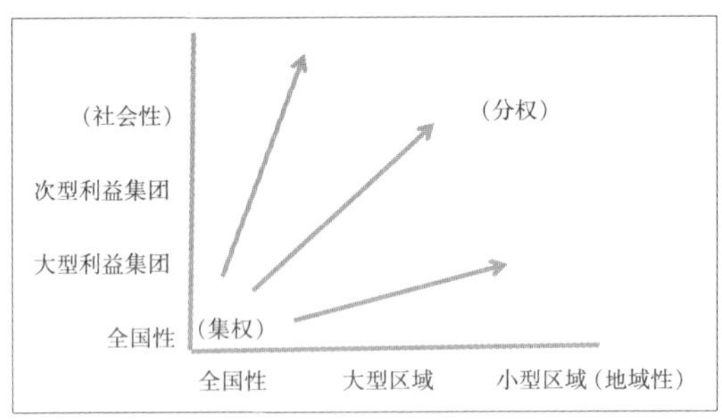

图 1.3 候选人挑选的分权化程度的衡量标准

图表来源:Reuven Hazan and Gideon Rahat, *Democracy Within Parties: Candidate Selection Methods and Their Political Consequences*, New York: Oxford University Press, 2010, p. 57.

不过,分权的地域性会遭遇另一个问题,那就是复合化的候选人挑选方式可能导致的分权结构的复合化。具体来说,在混合初选办法中,由于同一政党在不同选区所采用的初选办法有差别,这就导致不同地方在初选中的影响力有差别,政党中央在不同选区内的影响力也有差别。在多层次初选办法中,如何衡量分权就成为更为复杂的问题,因为分层次的核心特点就是中央和选区同时发挥影响。相对来说,分层次初选办法能够较好协调政党中央和政党选区机构以及党员在初选中的权力关系,既体现了民主性,也能够确保政党内部政治力量的平衡。

四、初选与正式选举的共性

现代选举有四大基本原则,分别是普遍、自由、公平和秘密。[①]这四大原则共同支持选举成为民主的主要表征,让选举成为实现民主的主要通道。[②] 候选人挑选民主化的起点在于我们认为民主

---

① 张千帆:《宪法学导论》,法律出版社 2008 年版,第 391—394 页。

② [美]约瑟夫·熊彼特:《资本主义、社会主义与民主》,吴良健译,商务印书馆 1999 年版,第 395—396 页。

在国家层面和政党层面有一定的共通性,也具有一定的相似性,甚至具有共同的内涵。因此,我们可以采用相同或类似标准来看待体现党内民主的候选人挑选制度和体现民主的政治选举制度。候选人挑选之于政党就如同选举之于民主国家:政党和独立候选人竞争国家公职能够实现民主,而政治人物在党内竞争的"民主挑选"过程也具有同样的意义。[①] 当我们把国家层面的正式选举界定为民主时,我们就希望这样的选举是普遍的、公正的、自由的,当然也是竞争性的。这些原理都可以运用到初选上来。当然,它们未必和候选人挑选模式完全一致。这都表明初选是候选人挑选民主化的一种结果。具体来说:

首先,选举的普遍性既是指选举团体的普遍性,即有资格的选民范围(选举权)是普遍的,也是指候选人(被选举权)的普遍性。然而,在初选领域,普遍性的要求就有很大差异。除了例如美国的开放式初选将选举团范围扩展到了全体选民之外,其他主要国家或地区很少采用这种模式。这也表明了初选的普遍性是相当局限的。选举团范围的差异正表明了初选的普遍性程度之差异,当然也在很大程度上决定着初选的制度类型差异。初选对候选人资格条件的要求同样不同于正式选举,这在不同国家或地区的初选中也有不同表现。政党会采用一系列的正式的或者非正式的机制来限缩可参与初选的人的范围(pool of candidate)。[②] 有些政党会允许所有符合法律规定的候选人资格条件的人来参与初选,但有些政党会设置一些其他条件,比如入党年限、党费缴纳情况、年龄等。例如,在美国,由于两党主要采用相对开放或半开放的初选,对党

① Gideon Rahat, What Is Democratic Candidate Selection, in William Cross and Richard Katz (eds.), *The Challenges of Intra-Party Democracy*, London: Oxford University Press, 2013, pp. 136－149.

② Ibid.

员资格认定标准较低，所以对候选人的资格条件的要求也较低。但在爱尔兰，有些政党就规定了参与初选的政治人物的入党年限。[①]

其次，选举的自由是指选民可以自由选择其对象。公民可以自由做出选择，而无须被胁迫去选择某个特定的政党或候选人。初选中的自由同正式选举中的自由是一样的，它是指选举的方式是民主的，选举本身也是民主的，具体表现为竞争和参选的自由，选举过程中的言论自由、集会自由，以及结社自由等等。然而，在党内环境下，很多情形或许就有差别。比如，初选中的投票未必是完全自由的，这是因为它涉及了政党组织及其派系票源的问题，从而让初选投票变成了党内势力的争夺，而政党领袖的意见至关重要。当然，选举团范围越广泛，则自由投票的可能性越高，党内派系和政党领袖的影响力也就越小。自由选举的另一面就是参与选举的机会的自由。[②] 这主要是指选举资源运用方面的自由，因为如果是政党自由组织初选，那么政党所拥有的资源（比如投票站、选举宣传和动员工作、便捷投票方式等）当然比不上国家所拥有的资源。但由于初选所涉及的人数相对较少，这些问题就有可能影响到选举结果。自由选举的最后一个层面就是保有法律申诉的可能性。党内民主的一个重要表现就是党内设置了类似于司法或准司法性质的机构来处理这些争议。当然，这些机构也未必是完全公正的，也是可以被质疑的，这就涉及家层面的司法机构进一步就这些

---

① Gideon Rahat, What Is Democratic Candidate Selection, in William Cross and Richard Katz (eds.), *The Challenges of Intra-Party Democracy*, London: Oxford University Press, 2013, pp. 136—149.

② J. Elklit and P. Svensson, What makes elections free and fair?, *Journal of Democracy*, Vol. 8, No. 3(1997), pp. 32—45.

争议做出决定。[①]

第三，平等或公平选择原则意味着无歧视和平等对待。“公平的反面是不平等的对待，给予了一些人或者集团一些没有理由的特权。因此，公平既包括了规则性（无偏私地适用规则），也包括了合理性（在竞争者之间并不十分不平等的相关资源分配）。”[②]选举的公平性主要是指向选举的规则与选举事务规制。比如要求选举信息的公开、财政支持的公平、媒体资源运用的公平等。学者们认为政党无力在党内初选中确保选举的公平性，他们的能力是有限的，因为政党没有国家所拥有的那些可以用于制定规则、管理选举事务的资源和设施；政党惩罚那些违反初选公平性的参选人的动力也较低，因为初选往往发生在正式选举之前，而这时候最怕引起争议和党内分裂，因此党内选举的争议和矛盾往往就被忽视了。[③]面对这种困境，有学者就指出了可以借用国家资源来规制党内选举，正如美国经验那样。[④]

第四，竞争性是现代选举的基本特点，也演变为一种基本要求。这正是民主的核心要求之一，因为竞争性被认为是允许不同的人和观点为了公共职位进行竞逐。而定期的竞争非常重要，因为它被认为能够让选出的代表对其选民负责并抱有回应性。民主选举都是定期的，所以那些选上的代表都知道他们面

① Gideon Rahat, What Is Democratic Candidate Selection, in William Cross and Richard Katz (eds.), *The Challenges of Intra-Party Democracy*, London: Oxford University Press, 2013, pp. 136—149.

② J. Elklit and P. Svensson, What makes elections free and fair?, *Journal of Democracy*, Vol. 8, No. 3(1997), pp. 32—45.

③ Gideon Rahat, What Is Democratic Candidate Selection, in William Cross and Richard Katz (eds.), *The Challenges of Intra-Party Democracy*, London: Oxford University Press, 2013, pp. 136—149.

④ M. Hofnung, Unaccounted Competition: the Finance of Intraparty Elections, *Party Politics*, Vol. 14, No. 6(2008), pp. 726—744.

对着公众的检验，并且将为其成功或失败的行为负责。[①] 不过，不同国家、不同政党以及不同地域、不同类型的初选中的竞争性却有很大差别，在很多国家和地区的单一选区议员选举中，竞争性很低，后面我们将要介绍的美国的国会初选就呈现了这样的情形。

通过对比初选和正式选举的特点，我们发现了初选与民主契合的地方，也看到了初选的一些独特性。就实践经验来看，美国的直接初选更接近正式选举，它们是高度开放的，而且初选的自由、公平和竞争性也都很高，尤其是总统初选，基本上已经演化为大选不可缺少的部分。此外，公办初选又进一步强化了初选的这些特点。当然，在后文的分析中我们会发现美国的议会初选的竞争性也不高。不过，当初选呈现正式选举的那些特点时，我们也能够看到初选的成本在急剧增加。这种情形在美国引起了广泛批评，那就是初选效率低下、成本甚高，也表明了初选体现选举的主要特点是需要付出代价的。

第三节　初选规则的形态与特征

初选是一个过程，也是一项制度，是一系列规则的集合体。它是一项已经被高度制度化和模式化的政治过程和活动，关注初选规则是我们探究此制度的结构的基本途径。初选规则不同于正式选举规则，其特征当然也不同于正式的选举制度。初选规则既包括了法律，也包括了“党内法规”（政党规则）。这在美国体现得十分显著，多数州都有初选的法律，而两党全国委员会以及两党各州

① Gideon Rahat, What Is Democratic Candidate Selection, in William Cross and Richard Katz (eds.), *The Challenges of Intra-Party Democracy*, London: Oxford University Press, 2013, pp. 136—149.

党部也会制定相应的规则，这两者之间甚至还可能会发生冲突。可以说，任何国家或政党的初选机制都不能说是单独由法律或者单独由政党规则进行规制的，而只能是两种规则的合体，形成一种所谓的“软硬共治结构”。[①] 然而，美国式的由州立法来规制初选的结构，和西欧国家主要由党内法规来规制的结构显然有很大的不同，也形成了“公办初选”和“党办初选”两种模式。因此，考察初选规则，既要关注正式规则，也要留意非正式的规则；既要讨论法律规定，也要研究政党规则。事实上，有关初选的法律规定可以进行分类和模式化的考察，分别是专门直接规制初选的法律、选举法中有关初选的规定、政党法中有关初选的规定。但政党规则却十分复杂，且异常多样，这些初选规则还具有非正式性、可变性、相对强制性（内部性）等特点。

一、初选的强制性规则

法律的规定就是关于初选的强制性规则。这种强制性规则主要有两种不同的类型，分别是在宪法、选举法和政党法中规定的有关初选机制的基本原则，以及由专门立法所规定的初选的主要过程与规则。前者比较常见，是多数国家或地区所选取的规制方式，这主要是因为在这些国家和地区，初选是政党的内部自治事务。但在美国，由于是公办初选，美国各州多有关于初选的立法，详细规定了初选的具体规则和主要流程。

首先来看美国各州立法规定初选的模式。美国初选制度的确立就是通过州立法来完成的。1899 年，明尼苏达州议会通过了一项关于直接初选的法律，要求包括该州最大城市明尼那波利在内的县在即将到来的选举中采用初选的方式。而一般认为，最早的

① “软硬法共治理论”可参见罗豪才、宋功德：《软法亦法》，法律出版社 2005 年版，第 404 页以下。

关于初选的立法是 1905 年威斯康星州直接初选法(direct primary law),该法律要求政党在全州范围内通过初选的形式产生党代表和候选人。到 1916 年,全美已经有超过一半的州通过了初选立法。而 1968 年初选制度改革之后,各州关于初选的法律更加细致和完善。在初选制度的发展过程中,它也主要是由州法直接推动的,多数州法比较详细地规定了初选的基本原则、主要流程、操作方式和争议解决方案。现阶段,各州的初选立法一般是和其他关于选举的规则混杂在一起,它们共同构成了美国的选举法律体系。例如,伊利诺伊州现行的初选法律十分复杂,一部选举法律将初选和正式选举规定在一起,几乎是对选举过程中的问题做了事无巨细的规定,全面规制了初选的整个过程。

然而,即便是在美国,州法也不可能穷尽初选的全部规则;各政党也会基于自身需要,而对该党在初选过程中的主要问题做出相关规定。最典型的政党规则就是两党全国委员会在总统选举的前两年左右通过的一份关于党代表选举的"规则"(rule)或"指南"(guideline)。例如,民主党全国委员会在 2006 年 8 月 19 日就通过了《民主党 2008 年全国代表大会代表选择规则》,共有 21 项内容,包括了州党部提交和公布党代表选择规则的具体要求、党代表选择的参与性问题、各州举行党代表选择大会的时间表、党代表选择中的非歧视要求(non-discrimination)和平权行动要求(affirmative action)、党代表的任命、非承诺党代表如何安排、各州党代表选择过程的时间安排、党代表如何选择总统候选人、申诉程序和时间的要求、代理投票的要求、司法挑战的问题以及应对州立法改变的预先安排等内容。

其次,在欧洲国家或地区,关于初选基本原则的立法规定是模糊的,但却能够指引政党如何操作以及如何制定本党的初选规则。走向民主化是初选发展的结果。在早期的候选人挑选的制度设计中,民主化并不必然"政治正确"。因此,立法关于初选的基本原则主要就是民主化原则,它既体现在宪法和法律对选举和初选的直接规制上,也表现在宪法和法律对政党内部结构和民主化要求的规定之上。其中,德国、新西兰、挪威(截至 2012 年)、芬兰等国家通过法律来规制初选,确定了初选的主要原则和框架,但具体规则仍然留给了政党自身来进行决定和选择。[①] 例如,德国联邦政府甫一成立就通过了《联邦选举法》,其中就涉及了有关政党推选候选人的规定;由于选举法比《政党法》更早,后来的《政党法》反而没有太多的相关规定。

德国《联邦选举法》第 21 条专门规定了初选程序。该条规定:(1)作为某个政党的候选人,只有当他不是其他政党的成员,并且经党员大会或者专门或普通党员代表大会选举成为选区候选人,他才能在选区候选人建议名单中被提名。选举选区候选人的党员大会,是在集会时该党在该联邦议院选区中有选举权的党员组成的大会。专门代表大会是从这种党员大会中选举产生的代表组成的大会。普通代表大会是根据该党的章程(《政党法》第 6 条)为将来发生的各种选举而从前述党员大会中选举产生的大会。(2)在地区或者不设地区的市中,如果这些地区或者市覆盖了多个选区,那么当这些选区的范围没有超出该地区或不设地区的市时,这些选举的候选人可以通过一个共同的党员或者党员代表大会选举产生。(3)对竞选人以及党员代表大会的代表应当以秘密投票的方式选举产生。大会所有具有投票权的参加者都有权提出自己的候选人建议。竞选人应当被赋予机会,对自己及其政治纲领在大会上以合适的时间进行自我介绍。各种选举活动最早只能在本届德国议院选举周期开始后 32 个月,对代表大会的选举最早在 29 个月后举行;如果选举周期被提前结束的话,则不适用本条的规定。(4)政党州支部委员会,在不存在政党州支

① Gideon Rahat, Candidate Selection: The Choice Before the Choice, *Journal of Democracy*, Vol. 18, No. 1(2007), pp. 157—170.

部时，下一级地区支部的委员会，当某个选区位于该地区的范围内时，该委员会，或者在党章中另有规定的机关可以对相应的党员或者党员代表大会做出的决定提出异议。在出现这种异议时，应当重新举行投票。重新投票的结果为最终决定。(5)政党根据其章程对党员代表大会代表的选举、党员或党员代表大会的召集和做出决定的资格条件以及候选人选举的程序做出具体规定。(6)有关候选人选举过程中，相关集会的地点和时间、参会邀请的形式、出席会议的党员人数以及投票结果信息的记录文件，应当在提交选区候选人建议名单时一并提交。此时，大会的主持人以及两名参与投票的参会人应当向选区选举官做出替代誓言的保证，第3款第1至3句的要求获得了注意。选区选举官有权采纳这些替代誓言的保证；此时他是刑法典第156条意义上的机关。

二、初选制度化与政党自主性的冲突和协调

当初选开始被立法规制时，我们就很容易能发现这个问题，即初选的制度化/国家化与政党自主性之间可能存在冲突。一个极端例子就是美国，表现为随着初选的国家化，政党也被高度国家化。[①] 正如前面提到的，党内规则是初选规则的主要载体。这些规则都不能违反法律的强制性规定，既包括不违反有关初选的专门立法，也包括不违反宪法、政党法、选举法、议会组织法等对于政党和选举的基本原则的规定。然而，对政党来说，仍然有很大的自主性和空间来决定本党举办初选的基本规则和主要程序。这里就会涉及两种基本原则的冲突，即初选的民主化和政党体制之间可能存在某种形式的冲突。

---

① See Alan Ware, *The American Direct Primary: Party Institutionalization and Transformation in the North*, Cambridge: Cambridge University Press, 2002.

一种观点就认为,强制性规定主要涉及了初选的民主化、公开化和公正性,但并不完全干涉政党内部事务,而党内规则能够确定初选的那些决定性因素。然而,在现实中,立法侵入政党自主性的界限从来都不明确。例如在美国,州法推动了初选制度发展,建立的无党派初选制度就极大挑战了政党体制,引起了较大的争议。下文将要讨论的加利福尼亚州无党派初选办法违宪案就是这个问题的直接反应。美国最高法院认为,无党派初选极大破坏了政党体制,“足以摧毁一个政党”。不过,阿拉斯加州所举办的同样是无党派初选,却又被认为是合宪的。①

那么,处理这个问题的基本原则是什么呢?初选作为一种民主制度,当然是政党民主性的重要表现。然而,随着初选的制度化,党内民主也随之被制度化。这正表明了初选之于党内民主的核心意义,也表明民主精神已经渗透到政党内部。不过,对于内部事务,政党拥有一定的自主权(自主性),推举候选人一直以来都是政党的核心内部事务,也是关涉政党权力分配和正常运行的关键性事务。如果政党自主性程度较高,那么政党应当有权确定初选规则,包括决定初选的具体形式、选举团的范围、实质决定权的归属以及去中央化的程度等核心元素。如果政党自主性程度较低,那么初选的这些核心元素或许都主要受制于法律规定。无论如何,政党应当在正式选举举行前的充足时间内发布相关规则,并且接受司法挑战。由此可见,初选的制度化程度能够成为衡量一个国家或地区的政党自主性程度的标志。初选的制度化程度越高,则意味着党内民主的制度化程度更高,政党的自主性程度则较低。反之亦然。

三、政党初选规则的特点

总体上看,初选总归要回到政党内部初选规则加以具体体现,

---

① 有关无党派初选制度的讨论,请参见本章第四节的内容。

甚至是由内部规则进行决定，尽管它受到来自外部的一系列制约。这些内部规则毕竟不同于正式法律（前文所介绍的强制性规定），它们有很多特性。这里所说的内部初选规则既包括了政党制定和发布的直接规制初选的规则，也包括了党章的规定。党章也会对初选的基本原则甚至主要方法做规定，但党章并不以规制初选为主要目标。然而，在规则的适用过程中，党章的效力却可能优于具体规则的效力。大量细节仍然要依赖更为具体的初选规则。这些政党内部规则有如下特点：

第一，初选规则具有应用性，它以指引初选过程为主要目标。多数初选规则都是能够直接适用的，具有很强的操作性。例如前面提到的美国《民主党2008年全国代表大会党代表选择规则》，主要内容就是具体说明各州党部应当如何安排初选的时间表，党代表如何组成，以及贯彻非歧视原则和平权行动的具体要求，也规定了党代表在全代会上应当如何进行投票以及争议解决方案等。这些都是初选过程中对联邦和各州以及地方层面的党部，以及政治人物乃至选民的非常具体的指引。这些明确、清楚和细致的初选规则就是初选过程的基础。

第二，初选规则具有程序性，并且它以程序规则为主要内容。初选规则既通过翔实的程序来指引初选活动，也通过明确的程序来约束政治活动参与者。这里所称的程序，既是指对政党机器、政治人物乃至大众选民的行为要求，也是有关时间、空间和事务配置方式的规定。通过这些程序性规定，初选过程变得规范和有序，政治人物也会有更强烈的尊重和遵守规则的意识。

第三，初选规则只具有相对的强制性。这表现为，在一般情况下，它只对该政党的成员具有拘束力，而且这种约束力是相对的。这里所指的强制性，主要是指参与初选过程的所有政治人物以及政党机器，都应当遵守规则所确定的程序和要求。政党及其成员也要接受初选的引导及其结果。所谓相对性，是指初选的结果并不必然阻碍政治活动参与者通过其他方式参加正式选举的路径,即初选失败、未获得政党提名的政治人物,仍然可以通过其他方式参加正式选举;那些在初选中支持某个政治人物的党员或者选民,在正式选举中还可以转变其立场。

第四,初选规则是柔性的,表现在它的修改难度较低,往往是根据每次选举的需要而提前制定;制定过程也不严密,甚至可以在初选过程中加以修改。初选规则的柔性当然只是相对的。相较于具有强制力的法律规定来说,政党初选规则的制定权限并不十分明确,其民主性要求也不够高。有些国家或地区会要求由具有民主基础的政党机构来制定相关的规则,例如由党的全国代表大会制定或通过,或者由选举产生的党的中央(全国)委员会、执行中央委员会等机构制定或通过。然而,实际上,主导制定初选规则的团体范围是较窄的,甚至有些政党会将其交给相对独立和专业的政党内部机构或者第三方机构来完成,以使政党中央能够保持中立。不仅初选规则制定权的归属不够民主,初选规制的临时性和易变性也使得它缺乏稳定性,同一个政党在不同选举中采取的初选规则可能是不同的,在同一次选举中不同地域采用的初选规则也可能是不同的(这就是混合式初选模式)。

四、政党初选规则的解释与争议处理模式

有规则就会有解释的必要。初选过程中当然会有争议,也就会涉及对初选规则的解释。一般来说,各党所制定的内部初选规则都有解释规则,并对发生争议后如何进行处理设置了一套在党内加以处置的前置程序。而相关司法程序则一般由选举法等强制性规则进行规定。例如,美国《民主党 2008 年全国代表大会党代表选择规则》首先区分了司法挑战,未遵照规则执行平权规则、反歧视规则以及侵权等的挑战,违反初选时间表安排的争议,违反比例代表规则的争议,违反门槛的争议等,然后说明这些不同争议应

当采取的处置方式，最后还规定了未解决的争议应该报告全代会的代表资格审查委员会(Credentials Committee)。

在政党内部设置争议解决机制是通常的做法。一般来说，政党会设置一个专门的争议处理机构来解决相关争议，并解释其规则，当然，它只是内部性的，而且是非终局性的。然而，在党内解决争议往往是失灵的，其效果并不明显，因为初选一般发生在正式选举即将到来之前，政治人物也没有充足的时间和实力在党内解决争议，以及挑战规则。而且，由于是在党内进行竞争，政治人物承受的压力也会让其循党内机制解决纠纷的动力减弱。当党内纠纷解决机制无法发挥实际效果时，通过国家司法途径来解决初选过程中的争端就变得十分重要。有些国家将初选争议纳入选举争议中，遵循比较独特的司法解决机制，有些国家并没有这样做，初选争议仍然只是普通的争议。这些不同的处理方式也会影响初选过程以及政治人物的选择。

第四节　初选的类型化

类型化是我们认识事物的基本方式。按照不同的标准，初选可以分为不同类型：一般来说，按照主办者不同，可以分为公办初选和党办初选两种类型；按照初选的民主化和分权化的程度，可以分为分权式初选和集权式初选；按照举办方式，可以分为选举式初选、民调式初选、党团会议式初选和混合式初选；按照开放程度(选举团的范围)，可以分为开放式初选、半开放式初选和封闭式初选。本节将考察这些不同类型的初选的具体形式，并举出相应例证。

一、投票式初选、党团会议与民调式初选

在美国,初选有两种基本形式,分别是投票式的初选(direct primary)和党团会议(caucus)。初选改革之后,越来越多的州采用投票式初选来选择参加全代会的党代表。投票初选是公办初选,由相对中立的州选举机关具体操办,选民在投票日到投票站领取选票、投票,而投票结果就直接决定了各参选人在该州所能获得的党代表支持数。党代表分配一般采用"赢者通吃"(winner-take-all)或比例代表(proportional representation)两种规则,前者是指赢得该州初选就赢得该州所有的党代表票,后者是指以参选人得票情况分配党代表票。就选举制度和代表模式来说,单一选区代表和比例代表实际上各有优劣。[①] 近几次初选中,共和党在多数州采取赢者通吃规则,但这并非"刚性规定"。赢者通吃实际上就是以州为"选区"的单一选区多数选举制度。这是世界上运用最广泛的选举和代表制度模式之一。[②] 民主党则要求采用比例代表模式,即根据参选人在该州的得票比例分配党代表。它亦设定了15%条款,即只有获得超过15%选票的参选人才能参与分配党代表票。票开出之后,没有获得15%以上选票的参选人则不能参与分配党代表票。这一规则产生了诸多争议,也让该党的初选变得复杂,尤其体现在下面将要讨论的党团会议之中。

尽管历史久远,但改革之后的党团会议已经"面目全非"。目前大约有10多个州采用党团会议模式。它之所以能被纳入本书所使用的广义的初选的范畴中,正是因为该模式把决定权下放到

---

① Pippa Norris, *Electoral Engineering: Voting Rules and Political Behavior*, New York: Cambridge University Press, 2004, pp. 66—77.

② David M. Farrell, *Electoral Systems: A Comparative Introduction*, New York: Palgrave Macmillan, 2011, pp. 13—43.

了党员或选民手中。例如，最著名也是最复杂的爱荷华州民主党党团会议大约就是号召党员在某个时间点到该州一千七百多个投票站(precinct)参加党团会议(由于爱荷华州人口数少，每个投票站的实际参与人数大约只有几十人，多是同一社区的成员)，他们进行一定形式的商议，一般是有人介绍候选人情况或者有人发表演讲，但多数情况下是选民就社区议题展开讨论。在至少半小时的讨论、协商之后，他们首先以站队的方式选择该党的参选人，主持人清点人数后按候选人得到支持的比例配置派出参加县大会的支持各参选人的代表的比例——代表们都提前明确了投票意向，然后就是选出具体的代表人选。按照民主党的15%规则，在基层党团会议中，如果选民支持的参选人无法获得15%支持，那么这些选民将重新站队。县党团会议将再次推举出代表到州党团会议，直至产生全代会代表。然而，在投票站的党团会议就已经决出了最后胜者，因为候选人得到的代表比例在当天就已经(大致)确定。[①] 爱荷华州共和党党团会议相对简单，往往采用投票方式选择参选人——选民仅仅需要进行秘密投票(也有按照站队方式进行的，尤其是在别的州的党团会议中)。由于共和党并没有如民主党一样明确规定按照候选人得到支持的比例分配代表比例，因此在绝大多数情况下，共和党是采用赢者通吃规则，即以票站为单位、获胜者将取得所有参加县大会的代表票。[②] 多数采用党团会议的州与爱荷华州的情形相似，不同点主要是党团会议的区域范

---

① See Christopher C. Hull, *Grassroots Rules: How the Iowa Caucus Helps Elect American Presidents*, Stanford, Calif.: Stanford University Press, 2007, pp. 13—37.

② 一般来说，在共和党的基层党团会议中，赢得每一个票站或选区就赢得该选区的所有代表票。这实际上就是将票站或选区作为了一个整体，至少在这个整体内是采用了单一选区多数制的原理。同样，在全州层面，赢得该州就取得该州所有党代表票。

围差异，例如在人口稀少的亚利桑那、怀俄明等州，就是在一个县或议会选区范围内举办党团会议。[①]

党团会议是党内程序，而非由州选举机关来操持——这些州也就没有“初选法”或“党团会议法”之类的立法。相较于投票式的初选来说，党团会议十分复杂，尽管初选结果当天就揭晓，但后续的县大会、州大会等还要经历漫长时间。不过，党团会议却颇受好评，因为它能够强化政党组织性，也比投票的成本低（无须印制选票），能够强化候选人与党员的联系，选民的成熟度和独立性也相对较高。[②] 由于党团会议具有一定的讨论协商空间，因而显得更为草根（Grass-root）。[③] 不过，党团会议也遭遇了很多批评，比如存在参与率低、被激进成员绑架等诸多问题。[④] 两党的党团会议主要都是封闭或半封闭的，共和党对党员要求尤其高。两党一般以之前进行党员登记、参与党团会议时的政党宣示、签署后续投票意向书等方式来识别参加者的政党属性，排除独立选民和越界参与。尽管受到很多批评并且越来越式微，这种古老的提名形式还

---

① William G. Wayer, Caucuses: How They Work, What Difference They Make, in William Mayer (ed.), *In Pursuit of the White House: How We Choose Our Presidential Nominees*, Chatham, NJ: Chatham House Publishers, 1996, pp. 105—157.

② Ibid., pp. 145—148.

③ See Christopher C. Hull, *Grassroots Rules: How the Iowa Caucus Helps Elect American Presidents*, Stanford, Calif.: Stanford Law and Politics, 2008.

④ William G. Wayer, Caucuses: How They Work, What Difference They Make, in William Mayer (ed.), *In Pursuit of the White House: How We Choose Our Presidential Nominees*, Chatham, NJ: Chatham House Publishers, 1996, pp. 145—148. See also James W. Davis, *U. S. Presidential Primaries and the Caucus-Convention System*, Westport, Conn.: Greenwood Press, 1997, pp. 53—57.

是构成了与投票式初选相对的一种基本形式。

除了投票、党团会议这两种典型形式的“初选”外，还有一种常见的初选形态就是民调。这在我国台湾地区的国民党和民进党两党提名候选人过程中常常被使用，甚至包括了运用于两党的领导人选举的初选。民调形式的初选借助了现代科学技术，它是由政党或候选人委托一家或数家专业民意调查机构针对初选的参选人进行某类的支持度调查，在一定时间段内进行一次或连续进行多次调查，(综合)民调领先者获胜。

民调具有比较高的科学性，而且方便、快捷，也节省成本，但它同时也存在很多争议和弊端。总的来说，民调式初选原则上是开放式初选，它以全体选民作为选举团。不过，实际上，民调在民主选举层面的科学性并不能得到保证，因为民调未必能够完全排除“非选举权人”——电话民调的接听者未必一定就是选举权人，也并非就是会出来投票的人，尽管技术手段或许可以加以排除。而且，民调的科学性也被怀疑，那就是它具有一定的时间效应、机构效应——电话民调无法覆盖所有人(尤其是年轻人、农村居民以及经常出差的选民)，采集民调的机构的公信力也会影响民调结果，这就导致“家庭主妇”决定候选人的局面、民调机构影响候选人的情形。

而且，民调式初选会加剧开放式初选所具有的“越界投票”(cross-over vote)效应，即让不同政党的支持者来参与决定本党的候选人。正是因为便捷，它也让“越界投票”的成本大幅降低——选民无需出门就可以决定对方政党的事务，从而影响初选的科学性和民主性。对此，民调式初选也有不同的操作办法，例如设置一定的排他性问题，通过判断被调查者的政治立场而缩小“选举团”。这就是“排除式民调”的操作办法。然而，即便如此，通过民调来决定候选人，仍然被认为是最开放的一种初选类型。

二、初选的分权与集权

分权与集权之辩是初选从一开始就面对的问题,分权式初选和集权式初选也构成了初选的最基本分类。然而,对于分权和集权的标准,却并不十分明确,分权式初选和集权式初选也只是一种相对的类型划分和一组模糊的概念。分权式初选的实质决定权并不在于政党中央或者政党精英团体,而是趋向于一般党员、地方党部。而集权式初选的实质决定权主要集中于政党核心的政治精英,或者政党中央。这主要是从政党中央和地方的权力分配、政党与相关利益团体之间的权力分配等角度展开的讨论。

那么,要如何区分分权式初选和集权式初选呢?由于并没有明确的界限和标准,一种考察办法就是依赖前面所提到的衡量初选分权化程度的那些元素。首先当然就是选举团的范围,一般来说,选举团范围越宽泛,分权程度越高,而选举团范围越窄,分权程度越低。如果是由全体选民作为选举团,则被认为是分权程度最高的初选模式。如果是由政党领袖单独决定候选人归属,则被认为是最集权的初选模式。

问题就因此产生了,即集权式初选在多大程度上还能被称为"初选"?按照我们对初选概念的界定,它是候选人挑选方式民主化的一种形式和结果,那必然要以一定程度的分权为特色。正如前文所述,在欧洲国家和地区较少采用初选的概念,而是称为候选人挑选,或许正是因为这种方式的民主化程度不够。本书并不打算就这个程度问题做细致讨论,而是从更宽泛的具有实践性的角度界定初选。

一般来说,采用选民投票、党员投票推出候选人的形式,都可以被称为初选(primary)。它也包括了那些复合式初选形式,比如多层次初选模式、加权式初选等。如果挑选候选人主要是通过政党中央来决定的,比如由政党领袖一人决定,或者由政党核心干部会议来决定，这样的方式一般都没有被冠以初选的概念。而这又突出表现在后面将要讨论的提出政党名单。由于提出政党名单有一些特殊性，那些由政党中央或精英通过会议或者其他方式实现的方式，被视为是集权的表现，与初选的精神并不相符。但有些提出政党名单的方式，例如后面将要提到的以色列等国家或地区，将选区细化以便于配票，虽然是全国不分区或大选区的选举模式，却在政党内部自行划分的选区内展开初选，以决出候选人进入其名单体系之中。这种方式自然也是较为典型的初选方式。

三、初选的封闭与开放

追求党内民主是西方政党从19世纪末一直持续到现下的改革目标。显然，候选人挑选可以延展为"开放——民主"和"封闭——不民主"两个方向。开放式初选和封闭式初选就成为划分初选类型的基本方式，这在美国表现得十分突出。正如前面提到的，选举团范围是决定整个制度模式的核心元素。[①] 美国总统初选在选举团范围差异上形成开放式初选、封闭式初选和混合式初选三大类型。

目前共有11个州采用开放式初选，它是指选民可在任意政党的初选中投票，而不受其所属政党限制。此模式在选民身份上的开放性可能导致"越界投票"(cross-over vote)，但实际影响却很小。[②] 开放式初选被认为是初选制度谱系中最极端的一种类型，

---

① Reuven Y. Hazan and Gideon Rahat, *Democracy within Parties: Candidate Selection Methods and Their Political Consequences*, Oxford: Oxford University Press, 2010, pp. 33—54.

② "越界投票"意指某政党的支持者越界参与另一政党的初选，试图影响对手政党的初选结果，理论上是投票支持对手政党最弱候选人以为自己的政党在大选取得优势。See Gary D. Wekkin, Why Crossover Voters Are Not "Mischievous Voters": The Segmented Partisanship Hypothesis, *American Politics Research*, Vol. 19, No. 2(1991), pp. 229—247.

也是争论最多的类型。将选举团扩展到全体选民的开放式初选引起了宪法争议,主要是它可能造成与结社自由的冲突——当初选的范围扩展到全体选民,如何确保政党的主体性以及党员的结社自由就是首要问题。

目前也有 11 个州采用封闭式初选,它是指政党注册党员可参与该党的初选投票,但无党者不得参与。其他国家或地区的政党也多采用此模式,但美国两党对投票人宣示其政党属性并没有严格程序要求,对党员身份标准要求很低,比如不会以连续缴纳党费等作为标准,从而导致封闭式初选在开放性程度上仍然要高于许多欧洲政党。封闭式初选曾被挑战,认为它侵犯了第十四修正案所保护的公民的投票权利,但最高法院在 Nader v. Schaffer 案中并未支持这种主张,而是认为选民如果不参加政党初选,他在大选中仍然有行使权利的资格和机会。①

混合式初选的具体形式比较多样,其主要特点就在于投票身份认定较封闭式初选要宽松,比如在投票日的那一天,选民在票站声明其要参加某党初选,以索取选票的方式表明其政党属性并登记(一般来说,州选举机关会将此资料提供给政党)。

至少在形式上,从开放式初选到封闭式初选形成了一个选举团范围从大到小的演变谱系:开放式初选是将全体选民作为选举团,而封闭式初选是将"党员"作为选举团。② 这些模式的差异主要表现在它们对政党结构的不同态度之上,换句话说,类型之差异

---

① Nader v. Schaffer, 417 F. Supp. 837 (D. Conn.), summarily affirmed, 429 U.S. 989 (1976).

② 但实质上,开放式初选是否意味着一个更具有"代表性"的选举团,却并不那么容易判断。有学者就专门考察了不同类型的初选的选举团代表性的差异。See Karen M. Kaufmann, James G. Gimpel and Adam H. Hoffman, A Promise Fulfilled? Open Primaries and Representation, *The Journal of Politics*, Vol. 65, No. 2(2003), pp. 457—476.

就体现为党内民主的程度差异，制度逻辑是在极力探底党内民主性。

四、无党派初选：一种制度创建

无党派初选是美国初选制度体系中比较有特点的一种类型，也是美国的独特制度创建。它出现过三种不同表现形式，分别是路易斯安那初选办法(Louisiana Open Primary，在路易斯安那州使用)、前两名初选办法(Top-two Primary，在华盛顿州和阿拉斯加州使用)、无差别一揽子初选办法(Nonpartisan Blanket Primary，曾在加利福尼亚州使用)等。尽管形式各一，但它们有一个共同特点，那就是初选是由州选举机关组织，并不针对政党，而是针对候选人，旨在选出参加正式选举的候选人。这种选举制度并不能运用于总统初选中，因为两党不接受这种初选办法，而主要是运用于州选举层面和国会议员选举层面。无党派初选制度尽管是初选的一种类型，但它却很大程度上改变了初选的政党提名意义，让初选呈现出更强烈的选举民主价值。

首先来看路易斯安那初选办法。路易斯安那州的选举制度十分复杂，也历经了很多变化，路易斯安那初选办法只是其中的一种。这种初选办法主要运用在州选举层面和国会选举之中(曾经中断过)，并不适用于总统初选。其最大特点就是它实际上已经演化成为一种“两轮选举制”(run-off)。这一制度建立于1975年，1978年开始就运用于该州的国会选举。它首先是一种开放式初选，在选举年初期举行，州选举机关不分党派，将所有竞逐同一职位的候选人列入选票供选民选择；如果有人得票超过50%，则无须举办正式选举，直接宣告当选；如果没有人得票超过50%，则前两名进入正式选举。换句话说，这种初选制度实际上演化成为整体选举的一部分，并能够直接决定选举结果。这种“僭越”当然引起了很多争议。一方面，它或许有悖初选制度设计的内涵与目标，将旨在推出候选人的初选转化为两轮选举的第一轮选举。另一方面，由于初选和正式选举之间的间隔很久，也导致其失去了两轮选举制度设计的很多优点。易言之，路易斯安那初选办法作为一种创建，本身是将初选和选举作了一并考虑，发挥了初选的选举民主功能，却在很大程度上改变了初选的政党提名（推举候选人）功能。

1997年，路易斯安那州改革其国会选举的初选办法，主要内容就是将初选时间延后（初选在11月举行，正式选举即第二轮选举在12月举行），这也就使得其国会选举更接近两轮选举制，初选成为第一轮选举。之所以做出这种改变，正是因为联邦最高法院在Foster v. Love案①中指出了路易斯安那初选办法存在的问题。在该案中，最高法院指出，宪法关于选举的条款（第一章第四节第一项）规定了"选举参议员和众议员的时间、地点和方法，由各州自行立法规定，但国会可以在任何时候通过法律或者修改法律。"显然，这是一项任意性规则。联邦确定了大选日，即11月的第一个星期一之后的星期二，这一天也已经被各州采用而成为选举总统和议会成员的大选日。但路易斯安那州的初选发生在大选日之前，当有人在初选中获得了绝对多数，即可宣告当选而无须举办正式选举，这就违反了有关大选日的统一规定。2005年，路易斯安那州再度修改法律，将初选时间提前至10月，而让正式选举回归到联邦确定的大选日，从而避免了路易斯安那州的议会大选与其他州不同步的问题。

更为典型的无党派初选模式就是在华盛顿州和阿拉斯加州举办的前两名初选制度。它虽然也是初选，却并非是严格意义上的政党提名制度。具体来说，前两名初选制度就是针对参选人的，目标是将参选人减少到最后两个。易言之，前两名初选的结果是让

① Foster v. Love, 522 U.S. 67 (1997).

得票最高的两个参选人成为正式选举的候选人，而无论他们的政党属性，不论两者最后是否同党，也不论前两名参选人在第一轮选举中是否过半。这个制度操作起来并不复杂，但主要难题就是如何处理参选人的党派属性。联邦最高法院在2000年判决加州采用的无党派初选制度违宪，正是因为这个问题，但华盛顿州和阿拉斯加州目前采用的初选制度却被认为是合宪的。竞争这些职位的参选人可以声明一个他或者她所选择的政党，并印制在选票上，但这并不表明这些参选人就已经获得了政党背书或者支持，也不表示政党就核准通过提名该候选人代表该党参选，甚至不能表明政党与其之间有必然联系(不代表党员身份确认)。参选人声明其党籍只是为了表明其政治立场。

前两名初选制度当然是开放式初选，州选举机关将所有竞争同一职位的参选人印制在同一张选票上，就不再区分政党来分别举办初选，选民自然也无须宣告其政党属性或者需要登记为党员。这就是开放式初选中程度最高的一种——选民甚至不需要选择政党的投票站或者政党的选票。原则上，在前两名初选中并没有政党的位置，选票上也没有选择政党的空间。尽管参选人都可以声明政党，但并没有表明他们与政党之间的联系。最后进入正式选举的两名候选人也没有政党属性的要求。针对初选结果，政党可以按照其规则在大会、党团会议或者干部会议上提名候选人。显然，这种提名已经没有太多意义，它主要就是表明了候选人的政党属性及其可获得的政党支持。

与之近似却产生争议的正是加州所采用的一揽子初选办法，或称为无差别初选法，它较前两名初选法更为激进。上面已经提到过，在2000年之前，华盛顿州和阿拉斯加州都采用了激进的开放式的前两名初选制度。华盛顿州运用这种制度的历史十分久远，可以追溯到1950年代，而阿拉斯加州早在1967年该州就确立了这一制度。[1] 1992 年,阿拉斯加共和党挑战过这一制度的合宪性,但州最高法院维持了此制度,联邦最高法院也没有接受上诉。这一制度的合宪性一直维持到了 2000 年。1996 年,加州通过了 198 号法令主张(Proposition 198),建立了类似华盛顿州和阿拉斯加州的无差别初选办法(blanket primary)。无差别初选法在 1998 年通过之后,加州初选制度就发生了扭转——从之前的封闭式初选转变为程度最高的开放式初选。州选举机关将所有竞争同一职位的参选人印制在同一张选票上,由选民针对所有候选人投票,得票最多的前两名进入到正式选举中。但问题在于,它要求参选政治人物在选票上注明其政党属性,且并没有就其关系做出解释——似乎也就意味着参加初选的参选人都获得了其注明的政党的背书。这正是它后来被判定为违宪的重要原因。该法律通过后,加州的几大政党就开始寻求挑战这一制度的合宪性。

联邦最高法院在 2000 年的 California Democratic Party v. Jones 案中判决加利福尼亚州采用的一揽子初选办法侵犯了宪法第一修正案所保护的结社自由权。[2] 在 7—2 的判决中,多数意见认为"198 号法令通过将初选开放给所有并不隶属于该党的人,而这些人却可能是和该党的意见并不一致,强迫当事人参加它们的候选人选择程序——而这是政党的基本功能。""这种初选形式在最乐观情形时是让那些没有政党属性的人决定了该党的候选人,最坏情形时则是让它的竞争者们决定该党的候选人……而这将足以摧毁一个政党。"[3]这个决定就使得采用无党派初选的华盛顿州、阿拉斯加州和加州的制度都面对违宪境地。

---

① Michael R. Alvarez and Andrew J. Sinclair, *Nonpartisan Primary Election Reform*, London: Cambridge University Press, 2015, p. 23.

② California Democratic Party v. Jones, 530 U. S. 567 (2000).

③ Ibid.

有学者就说,“讽刺的是,一揽子初选法的法律故事竟然是模糊的缺痕,它是加州主动发起的对抗没有民选基础的司法系统的反民主行为的民主过程,却使得政党处于两者之间。”①他指出,该案的最终结果不能立即显现,因为最高法院不仅推翻了低级法院关于加州案件的判决,也导致出现了一个不同于阿拉斯加州最高法院的四位法官和华盛顿州的九位法官关于他们州法的判断。而且,法院试图限制判决结果的范围,通过不在一般意义上判断开放式初选是否合宪来实现——这是一个尚未解决的问题。这个案件代表了“关于政党自治概念的司法发展记录的最新篇章”。② 不过,十年之后,该案的结果却转化为鼓励抑制政党能量的初选制度。③ 2010 年,加州重新通过了无党派初选的法律,再次改革其初选办法,加入了采用前两名初选制度的阵营。④

2000 年的案件引起了巨大反响,有学者就认为它在州规制初选的立法权力与结社自由之间形成了新结构,并可能是开放式初选的“终结”。⑤ 不过,也有人指出,2000 年决定中的最后一段话所隐含的意思却是改革者认为这种开放式初选在某种程度上是宪法可接受的,最高法院的判决所使用的语言是“无党派的

① Nathaniel Persily, The Blanket Primary in the Courts: The Precedent and Implications of California Democratic Party v. Jones, in Cain and Gerber (eds.), *Voting at the Political Fault Line: California's Experiment with the Blanket Primary*, Berkeley: University of California Press, 2002, pp. 303－324.

② Ibid.

③ See Michael R. Alvarez and Andrew J. Sinclair, *Nonpartisan Primary Election Reform*, London: Cambridge University Press, 2015, pp. 25－26.

④ Ibid., pp. 29－40.

⑤ Sean M. Ramaley, Is the Bell Tolling: Will the Death of the Partisan Blanket Primary Signal the End for Open Primary Elections?, *U. Pitt. Law. Review*, Vol. 63, Issue2(2001), pp. 217－234.

一揽子初选"。[①] 斯卡利亚大法官说:"从总体上看,在这个制度下,州决定了候选人出现在选票上所要求的资格——这可能包括了已经建立的政党和选民对独立候选人的诉愿请求的提名。每一个投票者,无论其政党属性,都可以针对每一个候选人投票,而最后前两名选票获得者(或者州所确立的其他数目)就可以进入大选。这个制度具有无党派一揽子初选的所有特征,而它保留了宪法上所批评的一项内容:初选投票者不是在选择政党提名人。"[②]斯卡利亚大法官的观点为后来改革前两名初选制度提供了基础,华盛顿州通过了新的前两名初选法,最高法院在2008年维持了它。这就是2008年的 Washington State Grange v. Washington State Republican Party et al. 案。[③] 在这个案件中,最高法院采用一个古老的回避伎俩:因为还没有举行前两名选举,所以政党没有理由来诉讼并且主张损害。不过,这似乎表明前两名初选有很强的合宪性基础。关键就在于当州正在举办初选时,政党是有权利的;但政党却没有权利要求州来举行初选。如果州希望采用一个两阶段选举的过程,那么它只需要符合宪法上关于时间、地点和方式的权利规定。[④]

本章小结

本章全面讨论了初选的主要结构及其产生政治效果的路

① Michael R. Alvarez and Andrew J. Sinclair, *Nonpartisan Primary Election Reform*, London: Cambridge University Press, 2015, p. 26.

② California Democratic Party v. Jones, 530 U. S. 567 (2000).

③ Washington State Grange v. Washington State Republican Party et al., 552 U. S. 442(2008).

④ Michael R. Alvarez and Andrew J. Sinclair, *Nonpartisan Primary Election Reform*, London: Cambridge University Press, 2015, p. 26.

径，既从规范角度做了分析，也回到经验层面讨论其效果。在规范层面，初选规则是理解初选结构和形态的主要基础。初选规则既包括了体现在宪法、选举法、政党法中的或者专门初选立法中的强制性规定，也包括了党内规则，后者以程序性、引导性、相对强制性为主要特点。在经验层面，我们发现在多数民主国家或地区，初选已经得到广泛应用。初选的民主化也成为一种世界潮流。但不同政党运用的初选模式有很大差别。即便是在同一国家，不同政党的初选结构也或有不同。具有不同特点的初选制度和经验可以模式化，划分为不同类型，例如集权式初选和分权式初选、封闭式初选和开放式初选。这些类型会出现交叉，形成封闭集权式初选、封闭分权式分权、开放集权式初选和开放分权式初选。当然，集权与分权、开放和封闭之间的界限并不那么清楚，这又可以演化出不同的初选类型。美国创建了较为独特的无党派初选制度，它是开放式初选中程度最高的一类，却在很大程度上改变了初选的原初意义。

第二章　总统初选：民主的前哨战与演练场

上一章对初选制度设计的目标、结构、特征与主要类型做了详细介绍，展示了初选作为一种政治制度而具有的独特地位，是表征民主的主要制度。挖掘初选制度的内容与效果，还需要回归到经验之中、现实之下。本章是对总统制、半总统制国家或地区总统初选的经验研究，展现了总统初选的具体流程、主要问题和现实影响，将分别介绍美国和法国的情形与经验，突出了总统初选制度的政治功能，那就是它作为正式选举之前置程序所具有的独特民主功能。其中，美国是典型的总统制国家，法国是典型的半总统制国家；美国总统选举主要是以州为单位的简单多数制度，法国则是在全国范围内举行的两轮选举制度。[①] 本章首先在一般意义上论述总统初选的目标、任务和主要结构，揭示总统初选的主要模式和核心影响元素。接着将论述美国总统初选的主要流程，介绍候选人报名、初选机制、党内竞选过程以及初选争议处理等问题。第三节将论述美国总统初选的影响因素及其外溢效应，分析初选对总统的产生、政党结构和民主体制的影响。最后是对法国总统初选制度的简单介绍和分析，包括独特的支持者提名制度和其他政治制度对政党初选的影响，以及社会党推行的开放式初选的特点与效果。通过对美国和法国的总统初选制度和经验的分析，本章将抽

---

① 张千帆：《宪法学导论》，法律出版社 2008 年版，第 322—328 页。

象出总统初选的主要模式、特点以及效果。

第一节 作为前置程序的总统初选

在现代民主政治中，总统制或半总统制的一个重要特点就是总统由普选产生。这从根本上赋予了总统合法性，从而塑成了政治体制。总统定期选举以及总统所依赖的合法性是总统制的核心特点。[①] 而总统大选也就成了这一体制下最重要的政治过程。选出适格的总统也成了公民的"责任"。一定意义上，当选的总统也正是凭借选举的合法性而取得统治正当性。因此，总统如何产生就是这种政制下的核心问题。各大政党也都会为了争取总统职位而推出最强最适当的候选人，政治人物也会积极争取当选总统。但总统只有一个，各大政党也只会推出一个总统候选人。如何产生总统候选人以保证最大胜选可能，就是政党面对的真实挑战。质言之，总统初选不仅是为了通过公平程序产出一个候选人，也是借由这个过程产出一个最有可能当选的候选人，并通过这个过程强化其当选几率。因此，对政党尤其是对政治人物来说，初选也是一种竞选过程，是一种政治动员方式，是民主的前哨战和演练场。那么，总统初选有哪些主要的制度类型呢？它受到哪些外部制度条件的影响呢？如何打造一个适合的总统初选制度呢？本节将主要说明总统初选的基本结构和主要环节，表明此种民主前置程序所具有的独特功能，首先论述总统初选的基本模式与主要类型，接着论证初选的主要作用面向，包括选拔候选人、确保候选人的正当性、动员选举和凸显民主。

---

① Juan J. Linz, The Perils of Presidentialism, *Journal of Democracy*, Vol. 1, No. 1(1990), pp. 51—69.

一、总统选举及其主要影响因素

目前，除了那些数目有限的君主制国家以及社会主义国家，世界上大多数国家都设有“总统”一职。总统是国家元首，但在总统制、半总统制和议会制下，总统的具体权力和职能又有很大差别。在总统制下，总统是唯一的行政首长，执掌行政权力；在半总统制下，总统和总理共同执掌行政权，总统也担当行政首长；在议会制下，总统的权力往往是荣誉性的，行使元首权力，却并不执掌行政权。[①] 尽管议会制下的总统也由选举产生，甚至是由直选产生（例如新加坡），但因为总统并不直接拥有行政管理权，因而这些选举也不那么重要。所以，理论上并不十分关注议会制下的总统的选举问题，各大政党在实践中也并不是特别重视，当然也就不会成为初选的主要讨论场域。本书所指的总统初选，主要是指总统制和半总统制下的初选。为了清楚论证总统初选的结构，这里有必要说明总统制和半总统制的一些差别，以及不同的总统选举制度。

总统制的经典形式是美国。1787 年宪法创造出来的政体形式影响了全世界，也成为总统制的典范。到目前为止，总统制都没有对美国民主的基石产生过威胁——后来有很多批评意见认为总统制不利于民主巩固，但美国这个最早采用总统制的国家却始终是反例。[②] 美国式总统制以三权之间的分立和制衡为主要特色，总统和国会各有民主基础，从而形成了“双重合法性”的现象——当然也成为总统制的逻辑难题。[③] 当总统和国会发生冲突时，如

---

① 参见张千帆：《宪法学导论》，法律出版社 2008 年版，第 321—333 页。

② Juan J. Linz, The Perils of Presidentialism, *Journal of Democracy*, Vol. 1, No. 1(1990), pp. 51—69.

③ Ibid.

何确保民主的“同一性”[①]就成了理论性难题，尽管在实践中可以采用不同方式进行化解，甚至还设计出了总统否决权的制度。

半总统制是目前世界上较为流行的一种制度，法国被认为是这种制度的模板。第三波民主化以来的多数国家和地区都选择了半总统制，尤其是那些原社会主义国家在解体后纷纷采用了半总统制，并且它们的转型过程相当顺利。然而，半总统制的名声却并不那么好，因为魏玛共和就被认为是半总统制的先驱，却产生了巨大的危机。[②] 半总统制的“双重合法性”问题被进一步加剧了——国会所代表的民意进一步染指行政权，并掌控了总理职务，从而非常容易产生分裂政府以及“府院之争”。[③]

就外在情形来说，总统制和半总统制下的总统产生方式几乎是相同的，都是通过直接选举；这些国家或地区的各大政党的目标也都大致相同，那就是争取总统职位。差别主要是内在的，体现为总统制下的总统选举几乎是零和博弈，是赢者通吃，[④]但半总统制下的总统选举未必决定了一个党的“执政”或“在野”，因为党还以争取议会席次为同等目标，而后者将会影响该党在政府中的角色。换句话说，总统制下的总统选举可以决定政局，但半总统制下的总统选举未必完全如此。因此，半总统制的总统选举不一定会如总统制那般竞争激烈，这将影响候选人的选择、各党的竞选策略、候

---

① 民主同一性问题是施密特的论述，参见[德]施密特：《宪法学说》，刘锋译，上海人民出版社 2005 年版，第 239 页以下。

② Cindy Skatch, *Borrowing Constitutional Designs: Constitutional Law in Weimar Germany and the French Fifth Republic*, Princeton, NJ: Princeton University Press, 2005.

③ “府院之争”通常用来描述北洋政府时期总统黎元洪与总理段祺瑞之间的政治冲突，但它却表明了半总统制的一个内在逻辑问题。这个问题的另一种表述就是“分裂政府”与“左右共治”。

④ Juan J. Linz, The Perils of Presidentialism, *Journal of Democracy*, Vol. 1, No. 1(1990), pp. 51—69.

选人的政策和党派之间的竞合关系。

然而，总统制和半总统制的总统初选之差异，关键还是在于正式大选的选举制度以及由选举制度决定的政党制度。大选制度和政党制度将会影响总统初选的基本模型以及初选的过程。单一职位选举一般有简单多数制和绝对多数制两种不同的选举制度。总统制和半总统制的总统选举既有采用简单多数的，也有采用绝对多数的。例如，美国总统选举在选举选举人团时主要就是采用简单多数，韩国是一个非典型的半总统制国家，也采用简单多数制；而法国是典型的半总统制国家，采用了绝对多数制，巴西是典型的总统制国家，也采用了绝对多数制。简单多数制是指获得多数选票的候选人赢得选举，绝对多数制则需要获得参加投票选民的半数以上选票方可当选，如果第一轮选举未决出胜者，则前两名进入第二轮选举。

显然，两党制和多党制下的总统选举还是有很大差别的。政党制度往往是由议会选举制度塑成的，但总统选举制度也会有一定影响。根据著名的"迪维尔热定律"，[①]一般来说，如果总统选举采取简单多数制，议会选举又以单一选区为主，那么一般会促成两党制；如果总统选举采取绝对多数制，议会选举又不以单一选区为主，那么有可能创造出多党制。两党制的最大特点是有两个交替执政的占据绝对优势的大党，第三党实力有明显落差，但第三党到底要弱到什么程度，则是相当模糊的问题，甚至在不同的时间段有不同表现。例如，英国曾经出现过自由党、保守党和工党三党并立的时代，但它仍然一直被认为是典型的两党制国家；美国的大罗斯福总统也曾组建进步党挑战两党制，并产生了极大的影响（大罗斯

---

① Maurice Duverger, *Factors in a Two-Party and Multiparty System*, *in Party Politics and Pressure Groups*, New York: Thomas Y. Crowell, 1972, pp. 23—32.

福取得了高达88张选举人团选票)。[①] 不过,既然在总统制下讨论问题,不妨将两党轮流取得总统职位作为两党制的一个主要标志;如果有三党及以上的交替执政形态,则很难说是两党制。在这种情况下,总统制政体下主要是两党制,半总统制政体也主要以两党制为主,但这里的两党制并不严格,半总统制政体下出现多党制的可能性更高。

二、总统初选的结构

在时间顺序上,总统初选一般发生在大选前不久。不同国家和地区的初选与大选的时间间隔不同,但基本原则应该是保证有充足的大选竞选时间,至少是在候选人正式登记之前,各党都能确定本党候选人。美国总统初选最终确定本党提名候选人的时间是在大选年的7月或8月(两党的全国代表大会正式确认提名),大选投票日在11月的第一个周一后的周二,中间仅相距2—3个月。然而,事实上,两党初选确定候选人的实际日程往往更早(有所谓的初选的"超级星期二",即多个州的两党初选在大约3月或2月的第一个星期二举办),一般是在全代会召开之前就实际上确定了候选人。因此,从候选人初步确定(初选有结果)到大选之间有大约半年的时间。不过,美国总统初选之于竞选的意义十分明确,这或许是其他国家或地区总统大选的不同之处。美国的选举日程是提前确定的,主要是因为公办初选需要提前确定初选日程,但在多数国家或地区,初选日程往往是根据选举年的具体情况而重新安排。这中间的时间差就给了初选确定的候选人足够的时间参加竞选(即所谓的"充分竞选原则"),也让选民有时间清楚了解候选人及其政策,以及提供渠道给政党推荐候选人之外的其他政治人物

① [美]萨托利:《政党与政党体制》,王明进译,商务印书馆2006年版,第268—282页。

来参与选举，并充分竞选。

无论是公办初选还是党办初选，都还是以政党为核心，只不过组织形式略有差别。即便是美国的公办初选，州立法确定了总统初选的主要原则、规则和程序，但政党对于选择开放式或者封闭式初选的具体形式、如何分配选票、如何召开全代会等关键性问题还是有决定权的。以政党为中心的初选就面临着充分动员政党组织及其支持者的压力，初选也就成为各政党进行政治动员的必要手段。

总统初选的主要内容是通过一定的民主形式确定本党的总统候选人。它所采用的民主形式可能是十分多样的，可以包括全民投票、党员投票、党代表决定、党的干部会议决定、党的领导层决定乃至党魁指定；既可以是投票的形式，也可以是党内会议、民调以及表决的形式，甚至可以是抽签。这个民主形式就是总统初选的核心规则。

在大选到来之前，初选的日程和主要规则就要确定。一般来说，政党会在不同形式的会议上通过初选规则，用以指引和约束本党的初选过程和成员。确定选举时间、发布选举规则并成立相关选举组织和管理机构，是整个过程的第一步。接下来就是争取提名人（参选人）表态争取提名，并正式登记、提交符合参与初选的基本材料等。这就确定了初选的参与者。当然，初选也有竞选的过程。严格来说，这个竞选过程是从确定了参选人之后开始的，但实际上，争取提名人从表态甚至未表态时就已经开始了整个竞选过程（这就是所谓的“看不见的初选”阶段）。正式的初选竞选过程可长可短，例如美国就有一个漫长的总统初选过程。初选的关键阶段是通过民主形式决定候选人，既可以是投票，也可以是民调，还可以是党团会议。这里要强调的是，所采纳的这个民主形式是决定性的，它所产生的结论就是初选的最终结果，尽管后续或还会有其他确认程序、审批程序或者提名程序，但原则上都并不能改变之前的结果。这是法治和民主的共同要求。

这里就需要说明总统初选的实质决定权归属的特点。正如上面提到的，在民主过程走完之后，候选人也就浮出台面。然而，它还需要经过一个确认提名的程序，一般是经过具有民意基础的机构来通过提名以赋予其民主正当性，例如经过党的全国代表大会确认获得提名，就确保了形式上的决定权掌握在党的全国代表大会手上，这也是很多国家或地区的政党内部民主的基本要求。然而，候选人提名的实质决定权却并非握于党的全代会，而恰恰是初选规则所采用的民主程序，那个民主过程中的“选民”才是真正的选举团，也是实质决定权的拥有者。

总体上说，初选适用选举的一般法律原则和具体规范，但也有国家或地区的初选规则有一些差异，那就是在募集选举资金、运用媒体资源等方面的差别。在很多国家或地区，参选人参加初选是不能进行募款的，选举经费补助方面也不同于正式选举。这种情形下，初选的经费一般由参选人个人或者举办初选的政党承担。不过，美国总统初选却是可以募款的，募款情况甚至是决定性因素之一，尽管它是典型的公办初选国家。

三、总统初选的复合功能

总统初选既是挑选候选人的过程，也是政党重要的动员活动，还是候选人的重要竞选过程。它的意义不仅在于产出了最有可能当选的候选人，同时也具有强烈的政治意义，这也是它与议员初选的重要区别之一。

首先，总统初选能够让政党推出最有可能当选的候选人。这是总统初选的首要功能，也是最主要的功能。不要以为推出候选人是一个简单的工作。在很多时候，一个政党都无法找到适当的总统候选人，尤其是在选举形势并不乐观的时候。主要政党参与总统选举，目标当然是赢得大选。一般来说，一个政党只能推荐一位总统参选人。因此，政党所推出的候选人必然是以最有可能赢得选举为首要和主要考量。尽管政党在初选时会遇到参选人爆炸的情形，但这些参选人当然不是最后都能参加大选。因此，在根本意义上，初选就是一个挑选候选人的过程。初选推出的候选人从原则上说应该是政党最具有实力、最能赢得大选的候选人。因此，初选也就具有了类似“选拔优秀人才”的功能。①

其次，总统初选是政党的重要政治动员过程。事实上，政党为参与大选需要做多次政治动员，选举本身就是政党动员的契机和形式，也是政党存在的重要任务，甚至是最重要的任务。但不同于大选的对决，对政党来说，初选是凝聚本党支持者的最佳契机，也是调动本党支持者热情、厘清本党政策以及参选人政见的主要平台。由于初选是党内参选人的竞争，一个好的初选制度能够聚合本党力量，如果处置不当，初选也会成为政党分裂的契机。

第三，初选是参选人展现核心理念的契机，是其竞选过程的核心环节之一。一方面，由于初选并不直接针对大众选民，所以它往往不以具体政策为主要辩论对象，反而是要常常回到同质竞争者意识形态的细微差异之上，也要回到候选人的个人形象和魅力之上。因此，一般来说，初选不会陷入胶着的政策性辩论，反倒是聚焦于参选人的核心理念。另一方面，初选是参选人动员本党支持者的过程，初选的效果将在很大程度上影响参选人在后续大选中的表现。因此，初选制度的结构性元素将会在很大程度上影响政治人物的行为，例如在美国的开放式初选结构下，政治人物就会趋向中间，并十分注重个人形象和能力，但如果是在党员投票的封闭式初选结构下，政治人物会以吸引本党支持者为主要目标，政策上靠近本党意识形态，方式上则是贴近基层组织和本党活跃分子。

---

① See Pippa Norris, *Passages to Power: Legislative Recruitment in Advanced Democracies*, Cambridge: Cambridge University Press, 1997.

此外，初选是政党之间结盟或分离的契机，初选的情势和结果也会影响政党之间的关系。在一个国家或地区的诸多政党中，政党谱系中较为近似的政党往往容易结盟，组成政党联盟或者达成某种合作协议。这种结盟关系对于单一职位的总统大选来说很有帮助，因为它有助于凝聚同类支持者以赢得大选。一方面，初选甚至可以跨党派展开，即具有合作意向的政党可以联合举办初选，并联合推荐候选人，从而形成比较严密的政党联盟，例如法国两大党就会分别联合与其相似的小党举办初选。另一方面，初选过程也可以是打击同质性政党的契机，即在初选之中将不同政党推出的政治人物进行对比，或者在初选之后进行对比，换取较弱候选人的“退选”或“不参选”。当然，初选也可以是同质性政党加剧竞争的缘由，这既是因为同质性竞争的环境下，不同政党为了巩固本党支持者而有意进行分化，也是因为不同政党无法在同一个初选程序下展开，从而导致了同质性政党为了争夺选民发生冲突。

四、直接初选原则

正如前文所述，有选举、有政党，就一定会有政党推举候选人的需求。总统初选已经成为总统制或半总统制国家或地区各大政党的核心任务。美国是最早确立总统初选制度模型的国家，而这个模型的核心特点就是直接初选原则(direct primary)。简单来说，直接初选要求产生总统候选人的民主形式是选民或党员的直接投票。由选民或党员直接决定候选人，正是现代总统初选的惯常做法，也可谓是一种政治潮流。

直接初选原则正是进步主义运动时期政党改革的主要成果。事实上，进步主义时期的改革者都是政治活跃家——而非社会科学家，他们主导的改革并未经过严密的推理，而是追逐更为具体的政治目标。改革的对象很简单，那就是打破政党精英对候选人提名权的垄断——所谓的“老板规则”(boss rule)，它的核心特点就是政党精英阶层有权提名参与公职选举的候选人，而没有给人民选择权。[1] 改革的目标就是将选择权重新授予人民，正如当时的一名改革者所说："在直接初选制度下，这个国家任何品质洁净、反应灵敏的人在初选中就能够打败那些沉浸政治已久的候选人，如果人民希望打败他们。"[2]

直接初选还解决了投票者的党派忠诚性的问题。不同于反对政党的偏向性，直接初选将党派性当作了一个考虑因素，允许这些问题成为竞争的基础。由此可见，改革者们将直接初选作为了强化竞争性、对抗性的主要动力，也是引入大众选择权的主要方式。[3]

直接初选的建立大幅改变了美国选举的局面，也改变了政党内部格局，它有效培育了选举的竞争性，尤其是在那些缺少两党竞争性的州里面。然而，对于直接初选的竞争性，却并没有明确的衡量标准。有学者提出通过估算在任者在初选中失败的比例作为一般途径。[4] 本书的第三章将介绍美国议会初选中的竞争性问题，我们可以发现，其实美国议会初选的竞争性并不激烈。然而，这并不妨碍我们将建立直接初选作为在州和联邦范围内的强化民主竞争性的主要方式，它为那些希望能够取得民众支持又愿意参与竞选的人打开了通道，也为政党打开了引入民意的通道。

确立直接初选原则也是政党制度化和转型的重要契机。[5] 直

---

① Ansolabehere S, Hansen J M, Hirano S, et al. More Democracy: The Direct Primary and Competition in U. S. Elections, *Studies in American Political Development*, Vol. 24. No. 2(2010), pp. 190—205.

② Ibid.

③ Ibid.

④ Ibid.

⑤ Alan Ware, *The American Direct Primary: Party Institutionalization and Transformation in the North*, Cambridge: Cambridge University Press, 2002, pp. 20—25.

接初选原则的确立的确是长期以来改革压力的结果，它不仅仅是进步主义者希望打破政治垄断的期待，也是政党精英为了适应社会变革、选举制度改造（引入澳大利亚选票制度）以及群众运动压力而做出的调整。实际上，政治人物也并非直接初选原则的受害者。相反，正是政治人物期待这样的改革过程来启动政党的制度化。① 直接初选导致了候选人中心主义的政治结构，这也让政党支持者通过授权党代表来实现其针对政党的“主权”。同时，限制政党权力滥用的压力增大。② 政党的制度化和转型是美国政治发展的重要变革，而这正是源于直接初选原则的确立。

第二节　美国总统初选的制度与过程

最受关注的初选莫过于美国的总统初选，它也是最早的、最具特色的总统初选制度。上面已经提到，美国总统初选以直接初选为原则，即以选民直接投票或表决的形式展开，这也成为当下世界初选制度的基本样态。而且，总统初选也是美国大选的有机组成部分。在大选年到来之前，初选就聚焦了大量选民的目光。当然，初选实际上是与大选在同年举办，初选的情势和结果也直接影响着大选情势。第一章已经介绍了美国建立直接初选制度的历史和演变过程，勾勒出对美国总统初选制度的基本认识。本节的任务是分析美国总统初选机制的基本逻辑和主要结构，表明初选在美国政治制度中的地位。

2016 年是美国的大选年，两党总统初选也十分激烈。一度

① Alan Ware, *The American Direct Primary: Party Institutionalization and Transformation in the North*, Cambridge: Cambridge University Press, 2002, pp. 255—264.

② Ibid.

有十多名共和党政治人物宣布竞逐2016年美国总统并展开竞选活动，除了为国内熟悉的布什家族成员杰布·布什以及富商特朗普（川普，Trump）外，还有多位年轻的公认的政治明星，例如卢比奥、沃克等。在这么多有实力的政治人物中，究竟谁能代表共和党竞逐大位，是当时美国政治新闻每天都在关注的话题，共和党2016年总统初选的惨烈可见一斑。在初选过程中，“非典型政治人物”特朗普的“一骑绝尘”更是令党内“建制派”颇为惊讶，但制度就是制度，特朗普在初选中大幅领先，共和党内的政治精英也毫无办法，最后也只能接受他作为该党的候选人。回顾2008年，奥巴马和希拉里为争取民主党提名展开了激烈竞逐，奥巴马直到6月才以微弱优势取胜，激烈的初选过程反倒比后来的正式选举更受人瞩目。可见，初选已经成为美国总统产生过程中不可或缺的部分。然而，美国宪法规定了总统如何产生，[①]却并没有规定总统选举需要经过一个复杂的初选（primary election）过程——两大政党如何推出参加正式大选（general election）的候选人的过程。现如今，初选不仅是必经程序，还对政体、政党以及政治人物的行为等产生了很大影响。总统初选在直观意义上就是政党为了推出最有可能胜选的候选人而选择的制度，然而，它却并非完全因此而生，其影响也远远超出追求胜选的目标。

一、初选的主要形式和流程

初选必然是某个有决定权的团体（选举主体/选举团）按照某种明示规则做出决定，这就涉及从政党中央到全体选民的权力配置，它要以一定程度的民主性为特征。民主化程度越高，则政治人

① 《美国联邦宪法》第2条第1款和第12修正案（1804年批准生效）是关于总统产生方式的直接规定。

物就越有动力讨好选民。[①] 这也能揭示改革之后的美国总统初选机制的民主性。美国总统初选所采取的公办初选模式，具有开放参选、公开选举、秘密投票、直接选举以及充分竞选的特点，体现了现代民主精神。

首先，两党的总统初选几乎是将大众选民作为选举团。正如前文所述，选举团的范围是决定整个制度模式的核心元素。从逻辑上看，选举团的范围可以从单一政党领袖、党中央干部会议到所有选民，它们反映了提名权力的集中性(centralized)(或分散性)差异。[②] 以全体选民自由选择参加初选，并以投票或站队的形式决定候选人，属于最分散的模式。[③] 美国两党的总统初选基本都采用了投票或近似投票的形式，在选举团范围差异上形成开放式初选、封闭式初选和混合式初选三大类型，三种类型的初选都是直接初选，党员认定标准之宽泛又使得彼此差异微弱。

目前共有 11 个州采用开放式初选，选民可在任意政党的初选中投票而不受其所属政党限制。一般所讨论的问题是，选民身份上的开放性可能导致“越界投票”。开放式初选被认为是初选制度谱

---

① Yael Shomer, Candidate Selection Procedures, Seniority, and Vote-Seeking Behavior, *Comparative Political Studies*, Vol. 42, No. 7 (2009), pp. 945—970.

② Michael Gallagher and Michael Marsh, *Candidate Selection in Comparative Perspective: The Secret Garden of Politics*, London: Sage, 1988, pp. 4—8. See also Reuven Y. Hazan and Gideon Rahat, *Democracy within Parties: Candidate Selection Methods and Their Political Consequences*, Oxford: Oxford University Press, 2010, pp. 33—54.

③ 这里较有疑问的是在我国台湾地区两党共同推行的所谓“全民调”初选模式，它是由政党委托专业民意调查机构针对初选参选人进行某类支持度调查，以民调领先者获胜。例如国民党 2016 年大选初选、民进党 2012 年大选初选等。从逻辑上看，这种“全民调”的初选模式几乎无法排除被调查者的党籍、政党倾向、投票出席率等因素，从而让“选举团”转换为无差别的大众选民，这也凸显出全民调模式体现的彻底开放性、民主性。它在谱系上应当属于更为激进的序列。

系中最极端的一种类型,也是争议最多的类型。也有11个州采用封闭式初选,政党注册的党员可参与该党的初选投票,但两党对投票人宣示其政党属性并没有严格程序要求,对党员身份标准要求很低,比如不会以连续缴纳党费等作为标准,从而导致封闭式初选在开放性程度上仍然要高于许多欧洲政党。混合式初选的形式比较多样,主要特点就在于投票身份认定较封闭式初选要宽松,比如投票日在票站声明其要参加某党初选,以索取选票的方式表明其政党属性并登记(一般来说,州选举机关会将此资料提供给政党)。

至少在形式上,从开放式初选到封闭式初选形成了一个选举团范围从大到小的演变谱系:开放式初选是将全体选民作为选举团,而封闭式初选是将"党员"作为选举团。[①] 封闭式初选曾被挑战,认为它侵犯了第十四修正案所保护的公民的投票权利,但最高法院在"谢弗诉纳达"(Nader v. Schaffer)案中并未支持这种主张,而是认为选民如果不参加政党初选,他在大选中仍然有行使权利的资格和机会。[②] 将选举团扩展到全体选民的开放式初选同样引起了宪法争议,主要是它可能造成与结社自由的冲突——当初选的范围扩展到全体选民,如何确保政党的主体性以及党员的结社自由就是首要问题。联邦最高法院早就确认了结社自由是第一修正案保护的基本权利:"毫无疑问,结社自由是宪法第五和第十四修正案的正当程序原则所保护的自由的一部分,它属于言论自由……而言论自由为宪法第一修正案所保护,并被吸纳到第十四修

① 但实质上,开放式初选是否意味着一个更具有"代表性"的选举团,却并不那么容易判断。有学者就专门考察了不同类型的初选的选举团代表性的差异。See Karen M. Kaufmann, James G. Gimpel and Adam H. Hoffman, A Promise Fulfilled? Open Primaries and Representation, *The Journal of Politics*, Vol. 65, No. 2(2003), pp. 457—476.

② Nader v. Schaffer, 417 F. Supp. 837 (D. Conn.), summarily affirmed, 429 U. S. 989 (1976).

正案之中。"[①]然而，作为基本权利的结社自由是否就包含了政党需要进行封闭式初选的内涵呢？这种联系显然是十分微弱的。但这并不表明这种冲突不会在初选的具体形式中表现出来。[②]

其次，初选的实质决定权几乎全部移转到选民手中。选举团的范围决定了初选的主要样态，但实质决定权归属才是初选的制度基础。一般来说，党内民主的根本形式是由全代会决定重大和根本的事务，至少在形式上是这样安排的。这也是很多国家或地区的政党法的基本原则。[③] 然而，美国总统初选机制开创了将全代会几乎虚化的新模式，使之仅具有程序性和形式性决定的意义，而没有实质和最终的决定权。如果党的全代会拒绝提名之前已经赢得初选的参选人，那么就会导致某种形式的危机。1968年民主党全代会大暴动正是由此导致（尽管原因或更复杂）。那么，这是如何实现的呢？它主要通过虚化参加全代会的党代表的权力，进而虚化全代会的决定权，主要表现在承诺代表制度的建立——当初选结果揭晓时，提名人选就已经确定——已经表明了投票意向的党代表席位是根据初选结果配置的，党代表不能改变其立场。对此后文还将继续深入分析。毫无疑问，这种情形下的提名决定权并不属于全代会，也不属于党代表。

总的来说，美国总统初选是由各州分别独立举办，选民以投票或近似投票的方式确定参选人在该州获得的党代表支持数，在全国范围内获得过半数党代表支持的参选人赢得初选，两党最后在全代会上提名赢得初选的参选人为本党候选人。这个流程就涉及初选的模式选择、党代表行为控制以及全代会如何举行三大核心问题。

---

① NAACP v. Alabama, 357 U.S. 449 (1958).

② 参见本书第一章第四节。

③ 谢峰:《透视西方政党全国代表大会》,《学习时报》2011年3月14日第5版。德国政党法第8条、第9条规定了党员全国大会是党内最高机构。

二、如何选择党代表

各州举办总统初选的时间从大选年的1月一直持续到7月。最早举行初选的州就是为大家熟悉的爱荷华州和新罕布什尔州，此二州也被称为“风向标”、“晴雨表”。接下来就是初选的“超级日”，共有数十个州将同时举办初选，通常是在二月或三月的第一个星期二，因此又被称为“超级星期二”(Super Tuesday)。这一天的初选将基本决定政治实力或声势乃至候选人的归属，在大多数州集中进行初选之后，各候选人所能取得的党代表票数将大致抵定，部分参选人也会就此退出选举，从而基本决出胜者，形成了颇受争议的初选“前期吃重效应”(Front-Loading)。[①] 这种效应更有利于知名度高、起步早、资金雄厚、在全国范围内组织性强的参选人，也减弱了初选本身所具有的提升候选人知名度的竞选效果。[②] 这就促使参选人不得不很早就开始竞选，形成了“看不见的初选”阶段(invisible primary)。共和党往往在这个时候就已经确定了候选人，但民主党的初选竞争可能还会继续“僵持”。这就跟下面将要提到的两党党代表分配方式上采取的不同办法有很大关系。

由于初选是以州为单位举行的，候选人获得的党代表票也以州作为整体来计算，但两党在各州采取的党代表分配模式却并不相同，这将极大影响初选的效果。初选改革之后一共出现过四种分配方式，分别是比例代表、赢着多吃(bonus primary/winners-take-more)、赢者通吃以及“模糊制度”(loophole，或译为“漏洞制

---

① William G. Mayer and Andrew E. Busch, *The Front-Loading Problem in Presidential Nominations*, Washington, D. C.: Brookings Institution Press, 2004.

② John F. Bibby, *Politics, Parties, and Elections in America* (forth edition), Belmont, CA: Wadsworth, 2000, p. 212.

度”)，但目前主要采用比例代表和赢者通吃两种规则。[①] 民主党主要采用比例代表模式。共和党并没有这样的“刚性规则”，但很多州都采用赢者通吃规则。在 2016 年初选中，民主党在举行初选投票的 38 个州或属地直接采用比例代表模式，占代表总数的 79%，其余各地均采取接近比例代表的党团会议模式，而完全没有采用赢者通吃规则；共和党仅有 10 个州或属地采取比例代表模式，占代表总数的 19%。[②] 各州两党在不同大选年所采取的初选模式、党代表分配办法也可以进行修正。党代表分配模式是影响参选人行为的主要因素之一，例如在共和党初选中，经常会有参选人放弃某个州的情形——因为采用赢者通吃规则，则意味着参选人在其实力较弱的州根本无法获益，当然也就没有必要在该州投入精力。就对初选的影响效果来说，当然是赢者通吃规则最具影响力，它最大限度地放大了优势者的优势，放大了多数的多数决定作用。比例代表相对科学和公允，但其缺点却在于无法很快决出胜者，也让参选人无法取得明显优势，这就让初选过程漫长且激烈。

而且，两党在各州的党代表人数并不一致。这主要是因为两党的党代表总数差异和各州的人口数差异。出席全代会的党代表人数根据各党制定的公式计算得出，各州所占比例的主要考虑因素是该州的人口数(选举人团总数)，但也包涵了该州过去几年里对该党的支持度(一般来说，“铁票区”的党代表名额会稍多于正常数值)。[③] 而且，两党都鼓励各州延后举办初选，并给予一定数额

① John G. Geer, *Nominating Presidents: An Evaluation of Voters and Primaries*, Westport, Conn.: Greenwood Press, 1989, pp. 107－112.

② The Green Papers: Presidential Primaries 2016: Democratic Delegate Vote Allocation, http://www.thegreenpapers.com/P16/D-Del.phtml.

③ 这个公式也是公开可查的。See The Green Papers: Democratic Detailed Delegate Allocation-2016, http://www.thegreenpapers.com/P16/D-Alloc.phtml.

的党代表名额奖励。[①] 此外,该州的现任国会议员、政党领袖等则是额外的超级代表。20 世纪 70 年代改革以后,民主党党代表的总数大约是共和党的一倍。基于各州党代表名额的差异,各州的初选激烈程度往往也有一定差异,那些代表总数多的州就是争夺重点,例如加利福尼亚州、佛罗里达州。在 2016 年初选中,公布的共和党党代表总数是 2470 名,候选人要获得 1236 名党代表支持才能获得提名;公布的民主党党代表总数为 4483 名;在民主党的党代表分配中,加州承诺代表数最多,为 405 名,承诺代表人数最少的怀俄明州仅有 13 名,还有一些海外属地、代管地也有人数较少的初选代表(可忽略不计)。[②] 从逻辑上看,初选是党内竞争,就没有所谓的"铁票区"或"摇摆州"的问题,原则上每个州都是参选人的"必争之地",但却会因为代表分配模式差异而呈现出对参选人的类似效应。[③]

此外,选票上的选择对象也有一些差异。两党在不同州采取不同的选票方案,尽管它们并无实质影响,但仍然构成了初选的另一种类型划分方式。简单来说,选票上可以只印参选人,也可以只印党代表,也可以同时都印。这就形成了四种类型:如果选民只需要选择参选人,例如 2008 年初选中,参加民主党初选的选民拿到的选票上只有奥巴马和希拉里的选项,则被称为"完美对抗"(beauty contest),这是最常见的情形;相对的情形就是只能选择

---

① The Green Papers: Democratic Detailed Delegate Allocation-2012, http://www.thegreenpapers.com/P12/D-Alloc.phtml.

② The Green Papers: 2016 Chronological Cumulative Allocation of Delegates.

③ 铁票区和摇摆州主要是大选中存在的问题。当大选中两党竞争时,有些州属于传统意义上的"深蓝"(民主党铁票区)或"深红"(共和党铁票区),这些州的选举激烈程度往往较低。有些州则是著名的摇摆州,即在连续或上一次选举中,两党得票比较接近,较著名的摇摆州有佛罗里达、弗吉尼亚等。

党代表，但这些代表都是表明了立场，目前只有很少州采用；还有一些州采取将党代表名字放在参选人之后，选择参选人也就意味着选择了党代表；也有的州采取两张选票模式，一票选候选人，一票选党代表，例如伊利诺伊州。[①]

三、党代表如何投票

在表面上，初选是争夺党代表的支持。这也就涉及另一个问题：党代表如何投票。所谓党代表，是指各州派出的党的全国代表大会的代表，他们主要由地方选举产生，也有一些“当然代表”（依然以州为单位来计数）。此外，一些海外属地也会派出党代表，但总数不多。党代表的投票方式——实际上就是党代表的“权力”性质，决定了初选时参选人的主要竞争目标是争取选民还是争取党代表。事实上，正是党代表的投票方式塑造了当下美国的初选以及政党结构。

由地方选出的党代表在选出之后就原则上失去了自主选择权，他们就是所谓的“承诺代表”(pledged delegate)，这些代表占据了绝对多数。尽管提名是由党代表在全代会上投票决定，但自初选改革之后，承诺代表的投票意向就不再“神秘”，也不再“保密”。首先，本州初选结果就决定了参选人在该州所能获得的党代表票数。其次，所有代表都要表明其投票选择候选人的立场，且一般不能更改立场。从根本上说，他们党代表的身份来源于初选中选民的决定，因为初选结果确定了各个参选人得到的党代表数，而代表分配结果确定由谁具体来当代表。换句话说，成为代表的首要基础就是他们的投票意向。一般来说，违反其之前表态的代表将会被撤换；而候选人有权周期性审视这些承诺代表，并剔除那些已经

① James W. Davis, *U. S. Presidential Primaries and the Caucus-Convention System*, Westport, Conn.: Greenwood Press, 1997, pp. 54—66.

或可能会改变投票意向的代表。实践中，非制度性的改变投票意向的党代表极其少见。这也是“麦戈文—费雷泽改革”的主要成果。也正是因此，在全代会的党代表投票之前，提名结果就已经揭晓。这与大选中选举人团的投票方式十分相似。[①] 不过，承诺代表并非完全不可能改变他们的立场——事实上并没有法律这样规定，除了极少数改变意向又未能及时被撤换的代表外，最主要的就是下面将要提到的承诺代表被“释放”(release)的情形。

两党都规定提名人必须获得半数以上党代表支持(绝对多数规则)，然而，如果存在多个参选人，获得绝对多数就不是一件容易的事。两党都可能会面对这个问题，共和党尤甚，因为它在多数州采取赢者通吃规则，更不利于形成绝对多数。如果到了全代会举行时，仍然没有参选人在初选中得到超过半数的党代表票，就意味着全代会的第一轮投票将流选。那么，接下来会怎样呢？这就将进入全代会的“酝酿协商”阶段(brokered convention)。然而究竟要怎么操作，目前两党的规则都语焉不详。事实上，大会酝酿阶段不是没有发生过——在初选改革前，全代会经常进入这个阶段，[②]因为参选人常常无法获得绝对多数支持；最后一次“酝酿阶段”发生在1952年民主党全代会上，之后就再也没有过类似情形。

一种观点认为，进入酝酿阶段就意味着进入了政党领袖的协商和决议阶段，决定权在很大程度上转移到这些人手上，这是酝酿协商的本意，也是初选改革之前的主要操作办法，但理论上对于政

---

① 选举人团中的选举人也是没有自主投票权的，他们必须按照本州选民投票结果投票。两者在逻辑思路上却十分接近。

② 有人就将初选改革之前的候选人产生模式统称为“酝酿协商”的全代会模式(brokered convention system)。See Thomas R. Marshall, *Presidential Nominations in a Reform Age*, New York: Praeger, 1981, pp. 22—25.

党领袖如何酝酿协商并没有统一认识。[1] 更普遍的看法是全代会将进入再次投票阶段，直至有候选人得到半数以上党代表支持。如果再次投票，就意味着初选产生的承诺代表将获得重新选择的权利和机会。这就是承诺代表的"释放"（或"解除"）。由于在目前模式下的初选从未出现过类似情形，所以也就没有经验可考。在2008年民主党初选中，奥巴马和希拉里得票十分接近，一度产生将进入酝酿阶段的可能性，但奥巴马在最后一波初选中以微弱优势胜出，酝酿阶段仍未能呈现。

党代表的释放还有另一种情形。随着初选的进行，一些已经获得一定数量党代表支持的参选人会退出选举，这就产生了这些党代表未来如何投票的问题。从逻辑上看，参选人退选就意味着承诺支持他的代表的投票意向被解除，因为投票对象已经不再存在。他们就转化为不同于超级代表的另一种非承诺代表（下面将会论述非承诺代表的特点），拥有自由投票权利。不过，如果那些退出初选的参选人选择背书（endorsed）其他参选人，就可以将其获得的党代表转移给他们背书的参选人，从而增加了这些（优势）参选人的支持代表数量。这就是承诺代表的"移转"。这是一种比较有争议的情形，因为它涉及具有选票基础的承诺代表的重新"分配"，但选民却未必是相同的意志。这也增加了初选过程的复杂性和政治交换空间，产生了一些为人诟病的弊端。

总的来说，承诺代表的投票立场的约束力只局限于全代会的第一轮投票，进入酝酿阶段就意味着他们可以自由投票；但在初选过程中，承诺代表也可能因为所支持的参选人退选而被释放，或被移转而改变其立场。事实上，只有这样做，才能保证最后的提名人获得半数以上的党代表支持。从形式上看，它倒是有些接近实现

---

[1] G. Terry Madonna and Michael Young, What If the Conventions Are Contested?, *Real Clear Politics*, 2007－12－06.

"绝对多数"的选举制度，[①]但理论上面对的问题显然更为复杂。从根本上看，承诺代表的释放或移转都缺少民主性，它与承诺代表本身的概念是相悖的——代表基础在于选民意志，但这些代表却是被释放，或者基于参选人意志而被移转，这就有可能造成选择他们的选民意志与他们表达出来的意志相左的问题。

另一方面，两党的领导层和高级民选官员也有投票权，他们是所谓的"非承诺代表"(unpledged delegate)或"超级代表"(super-delegate)。这些非承诺代表主要是基于其党内外职务或声望而得到代表资格，包括在任或前任的国会议员、总统、州长以及党的领导层。非承诺代表的"非承诺"是指他们可以不必在全代会之前表态投票意向，或可自由更改其投票意向。[②] 1969 年初选改革的核心内容是将决定权从党内精英转移到大众选民，但此后的几次选举中，民主党的表现都不理想，尤其是时任民主党总统卡特因为和党籍议员等政党精英关系紧张，导致其 1980 年连任失败，促使该党重新检讨党内精英在提名中的作用。民主党在 1981 年组成的亨特委员会(Hunt Commission)开始检讨代表组成办法，其建议

① 在单一职位选举中，常常会有绝对多数的要求，目前比较常见的实现绝对多数的方式有两种：两轮投票和转移。后者就演化出了选择投票制(alternative vote，又译为排序复选制)。比较有争议的是单一职位可转移投票制(single-transfer-vote)，尽管是比例代表的模式，却有类似特点。不过，这些实现绝对多数的办法的基础都在于选民的直接意志，而非候选人的。See Pippa Norris, *Electoral Engineering: Voting Rules and Political Behavior*, New York: Cambridge University Press, 2004, pp. 40—50.

② 尽管两党都有超级代表，但两党超级代表的产生方式、所占比例、投票方式都有一些差别，共和党的超级代表原则上都是在任的领导层，并且都是以州来计算的，有些州就要求该州的超级代表按照州初选结果投票。相对来说，民主党的超级代表制度更惹人瞩目，而且由于它的人数太多，导致影响力也比较大、媒体效应也更为显著。面对由民主党"发明"的制度，共和党在超级代表上的"迟疑"也表明了这一制度存在的内在逻辑难题。

之一就是设立超级代表，让政党精英能够发挥作用。[①] 换句话说，超级代表的引入正是对之前初选改革的某种程度的校正。[②] 这些精英能够做"同行评价"(peer review)，利用他们的经验和资源来评估参选人的获胜可能性以及未来执政的能力，从而决定是否支持这些参选人，这既能够影响候选人提名，也能够影响候选人的政策和竞选，尤其是阻拦那些激进派参选人。[③]

从理论上看，因为有非承诺代表，所以各州的初选并不完全能够决定提名结果，全代会的首轮投票也未必能决出胜者。但实际上，自1984年首次引入超级代表后，从未出现过这样的情形，甚至超级代表的决定性影响力也只在2008年民主党初选中体现出来了。这一方面是因为参选人能够在赢取承诺代表的初选中取得相当可观的成绩，另一方面则是因为多数超级代表在初选早期就表态，从而改变了参选人的实力对比。事实上，近些年来，非承诺代表的投票意向很早就确定了，他们或是很早表态而计入了参选人的得票数之中，或是根据其所属州的初选结果而支持胜选的参选人。[④] 在初选过程中表态的非承诺代表就转变为不具严格约束力

---

① Kenny J. Whitby, *Strategic Decision-Making in Presidential Nominations: When and Why Party Elites Decide to Support a Candidate*, Albany: State University of New York Press, 2014, pp. 34—38.

② William Mayer, Superdelegates: Reforming the Reforms Revisited, in Steven S. Smith and Melanie J. Springer (eds.), *Reforming the Presidential Nomination Process*, Washington, D. C.: Brookings Institution Press, 2009, pp. 85—108.

③ Kenny J. Whitby, *Strategic Decision-Making in Presidential Nominations: When and Why Party Elites Decide to Support a Candidate*, Albany: State University of New York Press, 2014, pp. 41—45.

④ 有研究表明，超级代表表态的主要依据仍然是本党选民的投票结果。See Josh M. Ryan, Is the Democratic Party's Superdelegate System Unfair to Voters?, *Electoral Studies*, Vol. 30, Issue 4(2011), pp. 756—770.

的承诺代表，因为他们还可以改变立场。[1] 即便如此，对于非承诺代表的存废，理论上仍然充满争议。最简单的理由在于这一设计的反民主性，尽管它或有校正极端民主化初选的弊端的意图，但这样的校正功能往往会受到质疑。选民当然很难接受他们以初选方式决定的候选人最后在非承诺代表的介入下而失去候选人资格；若非承诺代表在初选开始前(invisible primary)就表态，仍然能够影响初选，同样失去民主性。[2] 一个超级代表做出的决定等价于上百万选民选出的承诺代表的决定，但他们的民主基础却并不明确，并且其意志与民意未必直接关联。而且，由于非承诺代表主要是党的领导层，这也增加了密室政治的可能性。

四、“橡皮图章”的全代会

在初选改革之后，原本属于提名重头戏的两党全代会就转向没落，沦为几乎没有实质政治功能的“政治秀”或“政治动员”。[3] 从理论上看，全代会对于任何政党来说当然都十分重要。将总统候选人提名权交给全代会来行使，其基础正是全代会的民主正当性。不过，改革之后的初选将决定权交给了一个更民主的团体，全代会的民主功能也就此被“取代”——初选显然是一个更为直接也是更彻底的表达民主性的方式。事实上，这种实质决定权归属的移转，正是衡量初选的民主化程度的重要因素，也是决定初选作用方式的核心基础。现如今，两党全代会的主要看点已经从党代表投票转移到了全代会邀请了哪些娱乐明

① Kenny J. Whitby, *Strategic Decision-Making in Presidential Nominations: When and Why Party Elites Decide to Support a Candidate*, Albany: State University of New York Press, 2014, pp. 46—50.

② Ibid., pp. 63—67.

③ Nelson W. Polsby, *Consequence of Party Reform*, Oxford: Oxford University Press, 1983, pp. 75—78.

星和党内政治新星、候选人发表提名演讲等细枝末节问题之上。这一场政治动员秀正在让“政党”(party)一词回归其本意,那就是一种“集会”形式。然而,很多国家或地区的政党沿用美国两党全代会模式,却未必产生美国式的效果,这似乎表明只有配合了最具民主性的直接初选机制,全代会虚化才是正确选择,否则就容易走向党中央的集权化。

不过,全代会对候选人提名来说仍然还是有意义的,除了可能出现“酝酿协商”阶段“夺回”实质决定权外,它一方面赋予候选人正当性与合法性,另一方面也能够凝聚本党,确立以候选人为中心的政党选举机器模式。就前者来说,全代会完成提名意味着本党在全国范围内提名了该候选人,即候选人及其政党联系将出现在所有州的选票中供选民选择。[①] 就后者来说,全代会作为政党的最高权力机构,其做出的决议将约束本党,党的政纲(party platform)与候选人核心政策等重大决议都是在这个时机通过(每次全代会都会打包通过厚厚一本政策白皮书),也确定了接下来竞选的主要方向。[②] 在非正式的功能层面,它是团结初选中的诸多参选人的契机,也是凝聚党内共识的场合。[③]

第三节　美国总统初选的影响因素与外溢效应

一、谁塑造了初选？初选机制的影响因素

作为总统选举必不可少的一部分,初选已经深入美国的宪制

① John S. Jackson, III and William Crotty, *The Politics of Presidential Selection*, New York:Pricscilla McGeehon,2001,pp. 71—72.

② Ibid., pp. 74—77.

③ Ibid., pp. 77—84.

结构。正如本章开头就提到的,美国宪法规定了总统如何产生(尽管存在很多空白,并且实践也发生了很大变化),却并没有规定候选人如何产生,自然也就没有初选的相关规定;事实上,宪法并没有提到政党,当然也不会规定政党如何推出候选人。然而,初选仍然被政治活动参与者们发展成为出来,填补了宪法的模糊、空缺和不确定性,从而实现了对宪法内涵的"建造"(construction)。[①] 这个宪法建造经历了相当漫长的过程,至今也还存在许多争议。本部分将揭示初选机制被塑造出来的理论和现实基础,论证这一宪法建造为何会成立,重点说明美国的民主观念、联邦体制、公民社会和压力集团带来的影响。

(一)控制政党的民主观念

初选是长期以来美国控制政党角色、行为和功能的思维的结果,其建立和发展受到了进步主义思潮的影响,在 20 世纪下半段又受到多元主义民主观念的影响,最终形成了目前相当激进的抑制政党发展、强化党内民主的路线。这种控制政党的民主观植根于"人民有智慧控制他们的政府的理念,人民有选择候选人的权利"。[②] 同时,初选的这种制度形式也不断地反作用于民主实践,影响不同阶段的民主思潮和民主制度革新。

尽管在美国成立之时,欧洲政党就已经兴起,但美国的"国父"们仍然相当排斥政党这一现象。《联邦党人文集》的

① Keith E. Whittington, *Constitutional Construction: Divided Powers and Constitutional Meaning*, Cambridge: Harvard University Press, 1999, pp. 4—5.

② George W. Norris, Why I Believe in the Direct Primary, *The Annals of the American Academy of Political and Social Science*, Vol. 106 (1923), pp. 22—30. 这篇文章在相关研究中经常被提到,作者是当时的共和党参议员,文章发表于 1923 年初选方兴未艾之时,主要阐释了作者对初选与民主观念之间的认识,反驳了一些反对初选的观点。

第九篇和第十篇都告诫国民要警惕宗派和党争的影响。麦迪逊说:“党争的原因不能消除,只有用控制其结果的方式才能求得解决。……如果党争所包括的人不是多数,可用共和政体的原则来求得解决,这就是使多数人用正规投票的方法来击败其阴险的企图。……另一方面,当党争包括大多数人在内时,民众政府的机构能使他们把公益和其他公民的权利当作占统治地位的感情或利益而做出牺牲。”[①]事实上,“麦迪逊式民主”(通过宪法)所设计出来的共和政体很大程度上就是为了防止党争的危害以及借用政党而造成的多数暴政。

然而,美国建立不久,政党就出现了,后来逐步就演化为民主党和共和党的两党政治。对政党的警惕从来没有离开过美国政治家的视野。到19世纪末,进步主义思潮席卷了美国,在政治领域的突出表现就是要求控制政党权力、约束政党行为。[②] 进步主义运动的反垄断、反腐败和平权主张最后都指向了政党,要求两党中央和政治精英下放政治权力,表现之一就是建立初选机制。两党纷纷附和进步主义(例如共和党籍总统西奥多·罗斯福、民主党籍总统威尔逊都是著名的进步主义者),尤其是民主党一度成为推动和捍卫进步主义的主要力量,这也进一步明确了两党的分际——民主党从此占据了相对左派(自由主义和进步主义)的位置,而共和党就此偏向了保守阵营。

多元主义民主理念的兴盛是20世纪下半段美国政治和社会发展的重要结果。当代民主理论大师罗伯特·达尔将其视为美国民主的基本精神。这种民主理念积极促成了当下美国强社

---

① [美]汉密尔顿、杰伊、麦迪逊:《联邦党人文集》,程逢如等译,商务印书馆1980年版,第48页。

② Alan Ware, *The American Direct Primary: Party Institutionalization and Transformation in the North*, Cambridge: Cambridge University Press, 2002, pp. 131-161.

会、弱政党的局面。政治多元主义主张松散的政党结构、多元且竞争的政党体制，并且让大党尽力包容多元思想——党内竞争也就因此加剧。这倒也契合托克维尔对美国政党的阐释——大党“是那些注意原则胜于注意后果，重视一般甚于重视个别，相信思想高于相信人的政党。……同其他政党相比，它们的行为比较高尚，激情比较庄肃，信念比较现实，举止比较爽快和勇敢。在政治激情中经常发生巨大作用的私人利益，在这里被十分巧妙地掩盖于公共利益的面纱之下，有时甚至能瞒过被它们激起而行动的人们的眼睛。”①

达尔的多元主义民主强调以社会制约权力，他提出一套系统的“多元政体”(Polyarchy)理论，重视利益团体和政治过程的作用，让政党在政治市场上追求选票的极大化。②“在一个现代动态多元社会中，至关重要的是它一方面抑制着权力集中于任何一个单独的一元化行为者那里，另一方面，它又在众多相对独立的行为者中间分散权力……”③因此，松散的政党追逐多元的政治资源，就更容易采用诉诸大众选民的方式。事实上，多元主义与初选之间是相互作用的——后面还将讨论初选之于多元主义的积极作用，多元主义兴起于初选尚未大规模确立之时，改革后的初选模型愈加表现了多元主义的特征，突出表现在它在党内民主方面的极端化、多元化和政治人物（追求选票）中心化。不过，尽管萨托利认为多党的政党体制本身就符合多元主义民

① ［法］托克维尔，《论美国的民主》（上卷），董果良译，商务印书馆 1988 年版，第 196 页。

② 顾昕：《以社会制约权力——达尔的多元主义民主理论与公民社会理念》（译后记），载［美］罗伯特·达尔：《民主理论的前沿》，顾昕等译，东方出版社 1999 年版。

③ ［美］罗伯特·达尔：《民主及其批评者》，曹海军译，吉林人民出版社 2006 年版，第 348 页。

主的要求，[①]但他同时认为“政党多元主义”并不具有什么现实操作意义。[②] 然而，多元政党意味着政党之间竞争的加剧——事实上，不仅是政党间竞争，也包括党内竞争，成为大规模采用直接初选的动机。[③]

（二）联邦体制与初选的州际特点

以州为单位举办初选、计算初选结果，体现了以州为主体的选举制度安排。这种洲际差异是目前初选的基本特点，它植根于美国的联邦体制和观念。在制度层面，基本上各州的选举是分别独立进行的，组织选举的权力和责任主要是在各州，两党的全国委员会发布的指导会影响各州的选举制度安排，但并不代表其中的隶属关系。事实上，各州所享有的权利与两党的主体性之间的矛盾一直是争议焦点。[④] 在实践中，各州初选的差异也影响了政治情势和初选过程，成为美国政治的一大特色。它充分体现了州的自主性和影响力，以及美国政治社会生活中对州的主体性认知。例如，各州持有的党代表票数差异、初选举办时间点、党代表分配模式差异等，都是直接影响因素。最受关注的问题就是初选的时间。几乎每一次初选，都会有州因为提前举办初选而招致

---

① ［美］萨托利：《政党和政党体制》，王明进译，商务印书馆 2006 年版，第 30 页。

② 同上书，第 41 页。

③ See Alan Ware, *The American Direct Primary: Party Institutionalization and Transformation in the North*, Cambridge: Cambridge University Press, 2002, pp. 180—183、p. 195.

④ 对此曾经产生过大量的宪法争议，突出表现在州立法决定初选的类型或方式等，却可能侵犯政党的自主权以及两党全国委员会等中央组织做出的相关原则性规定。在初选发展历史上著名的“威斯康辛开放式初选案”（Democratic Party v. Wisconsin ex rel. La Follette, 450 U. S. 107 (1981)）、“康涅狄格封闭式初选案”（Tashjian v. Republican Party 479 U. S. 208 (1986)）都是主要判例。其中的理论问题十分重要，却并非本文讨论的主要对象。

处罚，因为两党中央在指导意见中都不允许各州擅自更改举办初选的时间，而处罚方式主要就是取消或部分取消该州派出的党代表的资格。

最早举办初选的爱荷华州和新罕布什尔州，尽管人口数少、党代表数少、投票率低，却发挥着不相匹配的作用。每一次初选，这两个州都吸引了参选人的很多精力，也吸引了大量媒体的关注，其结果也会改变很多参选人的气势和未来选举走势，例如1992年的克林顿、2000年的布什、2008年的奥巴马都受益于这两个州的初选结果。对民主党来说，这两个州尤其重要，各参选人都希望能够获胜，至少不能输得太多，因而也被视为“兵家兵争之地”。

（三）公民社会与压力集团的影响

美国的公民社会发源和成型很早，并且构成了美国民主的基础。托克维尔就说：“在那里（美国），社会由自己管理，并且为自己管理。所有的权力都归社会所有……可以说是人民自己管理自己……何况政府还要受人民的监督，服从建立政府的人民的权威。人民之于美国政界的统治，犹如上帝之统治宇宙。人民是一切事物的原因和结果，凡事皆出自人民。”①这种统治关系之下人民的公共精神至关重要，并形成一种不同于忠于君主的“爱国情怀”，人民愿意参与公共政治生活、享受权利并且尊重法律。美国的公民社会十分成熟，突出表现在公民对自身政治权利的觉醒和意识、公民团体和社会组织发达、新闻媒体监督机制完备、压力集团作用政治人物的路径清晰等。②

---

① ［法］托克维尔：《论美国的民主》（上卷），董果良译，商务印书馆1988年版，第63－64页。

② ［美］西达·斯考切波：《美国：从会员到倡议》，载罗伯特·D. 帕特南主编：《流动中的民主政体：当代社会中社会资本的演变》，李筠等译，社会科学文献出版社2014年版，第103－130页。

公民社会的崛起与成熟也就带来了政党改革，包括了前面所提到的进步主义运动推动初选的建立和改革。公民社会借由政党影响政治，自然要有控制政党核心权力的欲望，这自然就产生了要求下放候选人提名权的主张。进步主义运动的基础实际上是城市社会发展带来的公民权利诉求的增加，他们要求平等、福利和更多的政治权利，对寡头、密室和腐败政治提出了革新主张。政党改革者们的努力正是初选的外在发展动力。进步主义时期，公民社会在很大程度上控制了政党的发展方向，迫使党内民主化、公开化，是一种"公民社会优位"的关系结构。[①] 后来的多元主义思潮的兴起同样伴随着民权革命，初选改革与民权运动遥相呼应，一定意义上可以说，政党的彻底民主化正是民权革命的成果之一。1969 年的"麦戈文—费雷泽改革"的背景似乎能够印证这样结论：颇受民众欢迎的罗伯特·肯尼迪被刺杀、执政当局背负的越战压力、民权运动正值高潮、电视媒体逐步占据统治地位等等。

与公民社会紧密相连的概念就是压力集团（利益集团）的作用。压力集团作用于选举、立法和政策制定，它构成了典型的政治过程。[②] "利益的多样性是社会活动专业化的结果，利益集团就是调整这些利益的方式。……构成政府过程的行为不可能离开利益集团而得到充分理解，这些利益集团无时无刻不在活动。""利益集团就像政党或由法律或宪法正式建立的部门一样，显然成为政府体制的一部分。"[③]压力集团影响初选的途径很多，

① 高奇琦：《试论政党与公民社会间的双向赋权》，载《学术界》2013 年第 1 期。

② See Arthur Fisher Bentley, *The Process of Government; a Study of Social Pressures*, General Books, 2009.

③ ［美］D. B. 杜鲁门：《政治过程：政治利益与公共舆论》，陈尧译，天津人民出版社 2005 年版，第 544 页。

包括通过动员各类型的组织参与初选、进行政治捐献、参与制定和影响政策、影响舆论与传播等。事实上,选举是压力集团介入的一个基本途径,而初选则是进一步增加了压力集团参与政治的可能性。初选的特点之一就是让政党去中心化,而途径之一就是外部利益集团参与决定政党事务。换句话说,松散的政党结构与利益集团的介入形成了良好的互动关系。这也成就了压力集团在美国政治中的特殊地位——它们介入政治的契机大为增加,政党本身并不能取代其他社会力量,倒是跟前面提到的多元主义政治理念十分契合。

金钱和媒体在初选中的影响是常常被提到的话题。金钱是选举中不可缺少的一项元素,能否筹得足够的竞选资金是政治人物能否加入赛局的重要前提。在初选中,金钱的重要性或是因为它能够换来选举过程中必须的资源,比如竞选组织与专业人员、媒体与广告、专业的政策团队等。[①] 因此,在初选开始之前,有意愿参选的政治人物都会积极争取资金支持,形成了"看不见的初选"阶段,同样也被称为是"金钱竞争"阶段(money primary)。[②] 钱从哪里来?这就是美国选举中的募款途径,它同时也给了利益集团影响政治的法治通道。一般选民也可以通过小额捐款方式表达支持或者期待,以影响参选人。换句话说,金钱是公民社会和利益集团共同作用初选的载体。同样重要的还有媒体,报纸、广播、电视以及网络都是重要的影响因素,它们共同构成了选举中的"媒体政治"现象。显然,越多接近媒体,政治人物越有机会接近最大范围的选民,从而有机会表达其立场、展现其魅力、宣扬其理念,从而增

① Michael J. Goff, *The Money Primary*: *The New Politics of the Early Presidential Nomination Process*, Lanham, MD: Rowman & Littlefield, 2004, pp. 3—4.

② Ibid., pp. 3—14.

加获胜的机会。初选中的媒体政治突出表现在选举前期，各大媒体都会聚焦在爱荷华州和新罕布什尔州，而在这两个州的领先者也会获得越来越多的媒体关注。[①] 另一表现就是辩论。两党一般会在多数州举行参选人的辩论会，例如奥巴马与希拉里在2008年就举行了近30场的电视辩论。辩论是让选民更清楚认识参选人的机会，也是打击对手的机会，从而成为初选中最重要的外在影响因素之一。[②]

二、作为大选组成部分的初选

本章开头就提到，取得总统职位是大的政党和有实力的政治人物的共同目标。政党发展初选机制，不仅是为了通过公平和民主程序产出一个候选人，也是借由这个过程产出一个最有可能当选的候选人，以及通过这个过程强化其当选几率。换句话说，初选也是一种竞选过程，对政党来说更是大选前的一次重要政治动员。

作为总统产生不可或缺的程序，初选已经成为“大选”(general election)的一部分。尤其是美国总统初选(以及之前“看不见的初选”)的时间较为漫长，但从两党正式提名候选人到大选投票日之间的时间并不长(4个月左右)，所以初选的意义就更突出。初选之于大选的意义首先在于它能够推出候选人，这当然也是其最主要的功能。不要以为推出候选人是一项简单的工作。在很多时候，一个政党都无法找到适当的总统候选人，尤其是在选举形势并不乐观的时候；当本党胜选几率大时，又会遭遇参选爆炸的情形，

---

① John F. Bibby, *Politics, Parties, and Elections in America* (forth edition), Belmont, CA: Wadsworth, 2000, pp. 239—240.

② See William L. Benoit et al., *The Primary Decision: A Functional Analysis of Debates in Presidential Primaries*, Westport, Conn.: Greenwood Press, 2002.

导致党内竞争异常激烈。那么,参与初选的人是越多越好、竞争是越激烈越好吗?还是相反呢?理论上有不同的认识,实践中也有不同的表现。[①] 例如2008年大选中,民主党的两位参选人奥巴马和希拉里在初选中竞争激烈,但共和党的麦凯恩早早赢得本党初选。尽管麦凯恩或许以逸待劳,但民主党初选为最后获得提名的奥巴马积累了很高的人气和期待,其在大选中也是一骑绝尘,最后赢得总统宝座。[②] 初选的激烈会增加民众和媒体的关注度,从而迅速提升参选人的知名度及其政策的能见度,从而有利于后续的正式选举。这就是初选的竞选功能。[③] 近几次总统大选中,共和党都呈现了参选爆炸的现象,参加初选的人数众多。但由于共和党在多数州采取赢者通吃的规则,其初选结果却很早抵定,因为在"超级星期二"之后,优势候选人就会显现出来,这反倒降低了初选的激烈程度。但民主党的初选却常常呈现胶着状态,因为民主党在多数州采取比例代表规则,且代表总数极大,参选人之间较难拉开差距。

初选改变了政治人物的行为动机,让他们把注意力集中到了吸引本党支持者之上。[④] 因此,初选是他们展现核心理念和政策的重要契机。一方面,初选是在党内举行并且多人参与,主要针对本党支持者,而非直接面对大众选民,因而它往往不以具体政策为

---

① Andrew Dowdle et al., *The Invisible Hands of Political Parties in Presidential Elections: Party Activists and Political Aggregation in the Presidential Elections of 2004—2012*, New York: Palgrave Macmillan, 2013, pp. 1—15 (why contested primaries may not be divisive primaries).

② Ibid., pp. 3—7.

③ John S. Jackson, III and William Crotty, *The Politics of Presidential Selection*, New York: Pricscilla McGeehon, 2001, pp. 44—47.

④ Nelson W. Polsby, *Consequence of Party Reform*, Oxford: Oxford University Press, 1983, pp. 53—64.

主要辩论对象，反而要回到同质竞争者的意识形态细微差异之上，也回到候选人的个人形象和魅力之上。因此，初选的焦点往往不是漫无目的的广泛政策性辩论，而恰恰是参选人的核心理念。[①]这能够让选民放心参选人，因为他们总体上不得不回归到本党意识形态和主要主张之上。这也反映了初选在约束参选人方面的功能。另一方面，就如同前面提到的，初选是动员本党支持者，初选的效果在很大程度上影响着后续大选中本党支持者的投票率，因而它将是政党在大选中的重要政治动员过程。选举本身就是政党动员的契机和形式，也是政党存在的重要任务，甚至是最重要的任务。对政党来说，初选是凝聚本党支持者的一个契机，也是调动本党支持者热情、厘清本党的政策以及参选人政见的主要平台。由于初选是党内参选人的竞争，适当的初选能够聚合本党力量；但如果处置不当，初选也会成为政党分裂的契机，这种例证也屡见不鲜。

作为“选择之前的选择”过程，初选就成了一种产出候选人的“正当程序”(due process)。违反初选程序或者有失公正时，将会承担失去正当性的后果。[②] 在1912年大选中，共和党在任总统塔夫脱(他后来又担任联邦最高法院首席大法官)在初选中落后，但因为受到党内领导层和保守派的支持，仍然被提名为候选人，该党

① See William L. Benoit et al., *The Primary Decision*: *A Functional Analysis of Debates in Presidential Primaries*, Westport, Conn.: Greenwood Press, 2002, pp. 115—132.

② 这其中当然也会产生法律问题。在很多国家或地区，由于候选人推荐或提名是一个比较纯粹的党内程序，所以还会出现法律规制与政党自治之间的张力以及如何适用法律的问题。目前一般认为是初选也要受到选举法和政党法的调整。不过，这个问题在美国并不那么突出，因为美国的公办初选形式本身就是依据州法律加以调整的，所以初选中的争议进入司法并没有太多理论障碍。

前总统、初选中获得压倒性胜利者西奥多·罗斯福于是脱党参选,另组进步党,在此次大选中彻底边缘化了共和党(罗斯福获得88张选举人票,而塔夫脱仅获得8张选举人票),成为美国历史上最成功的第三党参选记录。[①] 这个例子表明,通过民主方式进行的初选也是一种具有正当性基础的政治标准,它体现了候选人产生过程的公平性。而这种公平性不仅作用于政治人物,也能够作用于选民,尽管其效果未必是可以清楚衡量的,但意义却是相当明确的。

总的来说,初选已经是总统产生过程中不可或缺的部分,既表现在它是选举的一部分,也表现在它能够约束参选人、候选人乃至当选的总统。正如本章一开头就提到的,总统制和半总统制政体的核心元素之一就是总统由选举产生。在这个意义上,总统初选也就是这两种政体的构成元素之一。

三、初选与政党结构

初选对正式选举的影响是直接的,但同样受到影响的还有政党结构及其功能。它从根本上塑成了政党结构,是党内民主的核心元素。通过政党和政治人物,初选也作用于民主体制,尤其是能够对一个国家或地区的民主模式产生影响。尽管本书并不是通过经验证据对比来说明初选对政党结构和政党体制的影响,但我们仍然能够从美国经验中抽象出初选弱化政党结构的结论,其中的逻辑是本书的重点。总的来说,初选是美国两党组织体系松散、政党中央影响力微弱和地方党部坐大的主要因素,是两党松散式政党结构、分权型政党、大众型政党和柔性政党的主要制度基础。

---

① See James Chace, *1912: Wilson, Roosevelt, Taft and Debs: The Election That Changed the Country*, New York: Simon and Schuster, 2004.

首先，初选造就了分权型政党，既表现在政党中央和领导层对提名候选人几乎没有权力和影响力，也表现在地方党部因此而承担了更重要的任务。它在最大程度上体现了去中央化的特点。所有的政治都是地方政治，选举终归是要依赖选区选民的选票支持。两党也都将选举重心放在了州乃至地方选区之上。可以很清楚得看到，州党部决定该州初选的基本模式，州选举机关组织初选，党代表基本上来自地方选区，参选人主要是通过地方党部来动员选民，在这些方面政党中央几乎没有影响力。同时，那些“超级代表”也都主要是由地方选区选出，例如国会议员——事实上，议员选举更能体现州和地方党部的作用。也正是因此，现下的两党的中央组织(主要是全国委员会)都十分孱弱。不过，也有人指出初选可能弱化地方党部对于全国性总统大选的支持力度，主要是因为州和地方党部的领袖以及活跃分子不能在候选人产生方面发挥更大的作用，从而让他们更专注于地方政治事务和地方性选举。[①]

公办初选、投票式初选也破坏了政党本身的组织体系和结构，阻断了政党自我组织的可能性，形成了松散式政党结构。投票式初选基本是由州选举机关操办，这就不同于党团会议的政党自我组织的情形。当由相对中立的州选举机关依照本州选举法统一划分选区、发布选举进程和安排、印制选票并组织投票以及开票，政党在选举组织方面几乎没有影响力，其作用就主要转换到了竞选层面。然而，竞选活动往往又以候选人为主，至少在初选中政党机器需要保持中立。党团会议则更仰赖政党的组织体系尤其是地方组织和政党积极分子，他们利用其在基层的影响力号召选民参加、主持会议，会对党团会议及其结果产生很大

① Nelson W. Polsby, *Consequence of Party Reform*, Oxford: Oxford University Press, 1983, pp. 78—81.

影响。这体现了其草根性。[①] 此外，两党的州党部有限度影响本党在该州的选举模式，从权力责任配置上也可以发现，政党主要是发挥决策作用，而非组织作用，政党完全可以不需要建立严密的组织体系。

其次，初选是党内民主的最深程度，它最大限度利用了大众民意来制约政党精英体制，从而迫使政党走向全民型政党和中间型政党。党内民主表现在多个层面，直接初选机制意味着由全体选民或党员以投票方式参与本党最核心的政治活动，因而它也就具有最高的也是不可替代的民主正当性。初选机制的民主性、公开性、开放性也迫使参选人以及政党本身都极力讨好大众选民、靠拢中间选民，从而在一定程度上改变它们的阶级政党属性。在西方政党类型化划分中，卡特尔式政党是现在政党的一种趋势和现象，政党与国家之间密不可分并逐渐与社会利益脱节，政党成为“准国家机器”，一些政党之间结合起来排斥其他政党和利益集团，并压制新政党。[②] 卡特尔式政党之下，政党的目标不再是社会变革，而是把争取执政和政治职位作为任务，这种“职业性”政党越来越走向选举机器。政党的忠贞党员流失，但基层党部的重要性日益增加。[③] 这一系列特点表明美国两党的卡特尔化。初选对于助推美国两党走向卡特尔式政党结构发挥了重要作用，根本就在于它在最大限度上改变了两党的群众

---

① 在关于党团会议的讨论中，我们经常遇到它们是草根规则（grassroots rules）的说法，表明政党基层组织、基层政党活跃者在党团会议中发挥着重要作用，也影响参选人的得票情况，这是从侧面表述政党基层组织体系。See Christopher C. Hull, *Grassroots Rules: How the Iowa Caucus Helps Elect American Presidents*, Stanford, Calif.: Stanford Law and Politics, 2008.

② Peter Mair, *Party System Change: Approaches and Interpretations*, Oxford: Clarendon, 1997, pp. 137－139.

③ Ibid., pp. 113－114.

基础。

第三，初选塑成了以候选人为中心的政党结构特点，活跃政治人物成为政党的主要的结构性基础，[①]政党实体性正在弱化、理念性正在增强。不过，这种局面并不必然造成政党主体性的消退。澳大利亚选票制度带来了候选人中心主义的选举模式。初选则进一步强化了候选人的地位，选民围绕候选人自主选择，尽管政党意识形态形成了基本分际，但党内的竞争就更加重视候选人核心主张的差别、个人魅力、形象特点以及胜选的可能性。由于政党越来越依靠竞争和比较而存在，为了追求胜选，政党也不得不强化候选人的地位。[②] 当政党机器对产出候选人不再具有影响力时，选民就不会过多关注政党本身的情形，尽管党籍是选民选择的重要因素，但这并不代表政党实体性的增强。换句话说，美国两党的理念化特点正变得日益突出。同时，在政党支持者层面，政党活跃分子和激进派往往会在初选中发挥更大的作用，因为尽管初选是面向大众或党员的，但政党积极分子往往是比较坚定的选民。这种情境的结果自然是党内的激进派、意识形态的基本教义派绑架政党的可能性升高。不过，至少从经验上看，激进派和基本教义派的参选人很难在初选中获胜，这也同初选的高度民主性、开放性有很大的关系。易言之，初选的结构性特点造成了一种结构性张力，也就消解了激进派绑架政党和候选人以及政党主体性逐渐消退的两种可能性。

最后，初选可能是两党的党派性(partisanship)下降、党员减

---

① Andrew Dowdle et al. , *The Invisible Hands of Political Parties in Presidential Elections: Party Activists and Political Aggregation in the Presidential Elections of 2004—2012*, New York: Palgrave Macmillan, 2013, pp. 16—36.

② Ibid. , pp. 26—27.

少以及核心支持者隐藏等问题的原因。[1] 有学者指出,初选鼓励派系和积极活动者的一面会导致大众选民参与的减少,逐步取代面对面直接交流的投票模式会使得初选转变为一种远距离的、象征性的机制。这些都会弱化政党的群众基础。[2] 不过,对于初选是否有助于本党支持者在候选人产生之后继续坚持支持该党——如果这些支持者在初选中支持的参选人未能获得提名,他们会否继续支持该党的提名人,理论上似乎没有统一答案。[3] 这似乎是一个经验性的问题,有待证据支持。

此外,总体上看,初选会积极塑成全国性政党,[4]导致两党各自的统一化程度提高,尽管初选的洲际体制或会抗拒这种趋势。一方面,两党全国委员会在初选前发布的"关于初选的指导意见"(指南)原则上是优先于各州党部的初选规则,尽管全国委员会的初选指南都非常抽象,并且绝大多数内容是授权性的。另一方面,从历史上看,两党的全国统一性在持续增强,初选机制的加入实际上可以看作是这种趋势的反映或结果。[5] 而且,直观看来,初选不利于小党。事实上,美国政治体制本身似乎并不支持第三党或多党体系,初选则是进一步强化了这种趋势和事实,例如政府在选举经费支持上要求第三党获得一定门槛的选票,但对两大党并没有

---

① Nelson W. Polsby, *Consequence of Party Reform*, Oxford: Oxford University Press, 1983, pp. 140—142. See also Howard L. Reiter, *Selecting the President: The Nominating Process in Transition*, Philadelphia: University of Pennsylvania Press, 1985, p. 127.

② Nelson W. Polsby, *Consequence of Party Reform*, Oxford: Oxford University Press, 1983, pp. 140—142.

③ Howard L. Reiter, *Selecting the President: The Nominating Process in Transition*, Philadelphia: University of Pennsylvania Press, 1985, pp. 127—131.

④ Ibid., pp. 131—136.

⑤ Ibid., pp. 131—136.

这样的要求，又比如在初选辩论的安排和时间分配上，两大党明显优于第三党等等。[①]

四、初选与政治体制

作为重要的民主制度，总统初选机制对于塑成美国现下的多元主义民主政治有很大影响。这既是通过初选作用于大选和政党结构，也是因为初选自身的结构性特点。达尔认为多元主义民主把注意力“集中在一个民主秩序的社会先决条件”，[②]“第一位的、关键的变量，是社会因素而不是宪法因素。”[③]这种多元政体鼓励成员履行民主责任、参与投票，并赋予每个成员同等价值权重，而参与竞选的政策必须充分完备且被社会成员充分认知，选举能够控制全局（选举间阶段的决策从属于选举中的政策或是执行性的），但选举要受到前面这些因素的制约。[④] 尽管达尔的早期理论中并没有直接论及初选的具体作用（事实上，在其理论初步形成时，初选还没有占据主导地位），但他的理论尤其是对社会力量和选举在多元政体中角色和制约的论证仍然能够为我们提供启示。

首先，初选会带来党内参选人的“百花齐放”、“百家争鸣”，最大限度体现了党内的多元。初选是在党内的竞争，而且相对来说它的可预测性较低，这就导致党内政治人物会积极投入初选。一般来说，党内温和派、极端派会纷纷通过初选表示其存在感，并左右政党理念走向。他们未必能够赢得初选，但却能够影响政党以及其他参

---

① Howard L. Reiter, *Selecting the President: The Nominating Process in Transition*, Philadelphia: University of Pennsylvania Press, 1985, pp. 81—85.

② [美]罗伯特·达尔：《民主理论的前沿》，顾昕等译，东方出版社 1999 年版，第 112 页。

③ 同上书，第 113 页。

④ 同上书，第 114—115 页。

选人的意志，凸显其派系本身的政治能量，并且通过结盟和交换的方式影响候选人。党内实力派往往会通过其所掌握的选民资源和非承诺党代表票影响参选人的意志和主张。此外，初选也是政治明星崛起的重要机会，历次初选也证明了这一点——选民喜好的不再是老气横秋的政治人物，而是那些条件好、形象好、面目清新的候选人，积极讨好选民（而非党内领导层）的政治人物更容易胜出，这也让政党能够保持相当大的活力，保持畅通的政治上升通道。①

其次，初选弱化政党，也就让政党本身的理念变得多元和融合，它也是不同政治主张和政策的融合过程，是让候选人政策贴近选民的过程。一个强硬的政党必然是意识形态、核心政策主张极其一致的政党，因为只有基于相同的主张才有可能建立起严密的体系和严格的纪律。初选将政党的核心权力下放给大众选民，自然就会导致政党理念的"破碎"。与初选机制相对应的是，美国两党的党纪也相当松散，这进一步弱化了政党统一性及其政策主张的严格一致性。作为党内的竞争，初选正是党内不同政策主张竞逐的过程，它将约束获得政党提名的候选人，使之趋向中间、大众。而党内不同谱系的参选人的政策一般来说也会被吸纳进入候选人政策之中。

再次，初选体现了政治过程相对繁复的决策点，让不同团体能够在其中发挥作用，而不再有一个绝对的控制团体，就连总统、国会议员、两党领导层等也都无力左右候选人的产生和政策。对政治人物来说，初选带来的制约和激励元素也大幅增加，这也将影响他们的政策和行为。② 不同元素作用下的初选机制最大限度符合了多元主义民主的精神，既是多元主义的结果，也是它的维护和促

① 例如1992年民主党推出克林顿、2008年民主党推出奥巴马等，都是年轻的政治"黑马"。

② Nelson W. Polsby, *Consequence of Party Reform*, Oxford: Oxford University Press, 1983, pp. 53－64.

进因素。此外,从表面上看,初选本身是基于民主化要求而生,凸显了大众参与的特点和欲求,核心原则就是决定权转移到选民手上。但也有学者指出,初选与大众参与的关系是复杂的,初选并不必然是呈现和执行大众意志的机制,它同参与初选的选民类型、候选人只能是领先者出线的原理(例如,它或会导致选民在初选中支持的人落败而改变立场)等有关。①

最后,初选对两党的影响有一定差异,使得两党的竞争趋向平衡,这与两党本身在意识形态及其强度、组织性和团结性方面的特点有一定的关系。尽管初选制度的发展是由民主党积极推动,共和党往往采取相对保守的态度,但在初选改革之后的一段时间内,初选似乎对共和党更有利。因为在逻辑上,共和党的意识形态更为单一和牢固,组织结构相对更为完备;在经验证据上,共和党在几次总统大选中都获胜,尽管它在议会中或许是少数。②

第四节　法国的总统初选机制与影响因素

作为当代半总统制国家的典范,法国的政体很有特点,突出表现在其行政权配置上呈现了比较显著的分权制约特点,即总统和总理共同执掌行政权,但总理和内阁主要由议会产生,总统并无绝对控制权。③ 前文比较了总统制和半总统制政体的差别,并简单介绍了这种差别对总统大选和初选的影响。实际上,如果不考虑正式选举制度的影响,两种政体之差异对初选的影响主要集中在改变了政治人物的参选意愿、策略以及不同政党的竞合关系之上。

---

① Nelson W. Polsby, *Consequence of Party Reform*, Oxford: Oxford University Press, 1983, pp. 157—167.

② Ibid., pp. 85—88.

③ 张千帆:《宪法学导论》,法律出版社 2008 年版,第 327—330 页。

它们之间还是存在很大的共性。不过,加入正式选举制度这一影响因素之后,法国总统初选之于美国总统初选在类型学上的差别就体现出来了。本节将主要讨论法国总统初选的规则以及初选的主要影响因素,首先介绍法国总统选举中独特的提名制度——支持者提名制度及其对政党、政治人物的影响,其次将介绍这种制度环境下法国主要政党是如何确定其需要背书的参选人,重点分析社会党 2011 年举办的开放式初选,最后将分析两轮选举制度和多党制带来的影响。

一、一种提名类型:支持者提名制度

法国总统直选的历史并不久远。在第五共和国建立之初,总统是由一个选举团选出来的,第一任总统戴高乐就是如此。但在 1962 年,法国举办公投通过了总统直选制度,自 1965 年开始,总统就由直接选举产生,每五年举办一次,并且可以连选连任。目前已经举办了 9 次总统直选。[①] 总统直选就意味着各党要推出最具有实力的候选人来争取选票,但总统提名却采取了一种非常独特的"支持者提名制度"。这种提名制度设计影响了政党推出候选人的策略和制度安排。

根据法国宪法的规定,成为候选人至少需要获得 500 名民选代表(即所谓的"支持者")的"担保提名"(支持),这 500 人必须是国民议会议员、参议员、社会经济委员会委员、地方议会议员或者市长。其中,候选人必须获得包括 30 个省和海外领地的代表支持(法国目前共有 101 个省和 7 个海外领地),并且 10% 以上的代表(50 名代表)不得来自同一省或者海外领地。据统计,目前法国符合条件的支持者(代表)共有约四万多名。每一

① Michael S. Lewis-Beck, Richard Nadeau and Eric Bélanger, *French Presidential Elections*, Palgrave Macmillan, 2012, pp. 5—9.

名公职人员无论身兼多少职务，都只能做出一项提名。每名参选人所获得的支持者数目是没有上限的。这些支持者都具有民主基础，这些具有民主基础的“支持者”构成了一个“选票池”。这也就排除了所谓的“政党提名”、“公民提名”等通行的候选人提名制度。质言之，这种支持者提名制度等同于将提名权交给了一个相对封闭的独特的政治团体，而由这个团体掌握决定权，具有类似“机构提名”的特点。①

法国宪法规定了年满23岁的拥有投票权的选民可以参与总统选举，但要成为候选人则必须获得上述的“支持者”支持。易言之，总统候选人的“资格条件”并不高，但“提名条件”却比较高。根据历届总统大选的经验，能够取得足够代表支持的政治人物并不多。这种“支持者制度”也就能够剔除轻率参选的人士。支持者提名制度建立得很早，早在1962年首次普选总统时就已经确立并采用，至今已经运行50余年。不过，参选人获得支持者提名的条件却发生了变化，从最初的100名代表支持增加到了500名代表支持。这是1976年宪法委员会做出的决定——正是因为100名代表支持的“门槛”过低，导致了总统参选的爆炸效应。

支持者提名制度的运行是一个复杂过程。首先，选举管理机构将在《官方公报》上发布通告，确定选举日期。一般来说，该公报一般在选举年的2月20日前发布。在选举日期公布之后，宪法委员会就会向所有符合资格的支持者（代表）寄送提名表格，而这些支持者可以自由选择是否做出提名。支持者可以自己将提名表格寄回，也可以由准候选人收集后转交。最后将由宪法委员会审核提名表格，并确认各准候选人获得的表格数量。宪法委员会在不迟于首轮选举前15天确定总统候选人名单，而顺序则是由抽签

① 这种制度设计也给产生很多争议的香港特区的“提名委员会”制度很多启示，成为为提名委员会这种机构提名辩护的重要例证。

决定。

候选人最后获得的支持者的支持情况处于公开与不公开之间——所谓公开，即宪法委员会将会在最后公布一份名单，列明这些正式候选人所取得的支持者的情况；所谓不公开，即宪法委员会所公布的名单并非是一一对应的，各候选人获得的支持者未必就是当初支持他的那个人。所有对候选人表示过支持的民选代表都会出现在公布的名单中，但对于他们到底最后支持了哪位候选人，却未必是一一对应的。之所以这样做，一方面是为了确保支持者提名制度具有透明度，另一方面也是为了避免政党压制那些隶属于本党的民选代表，从而影响他们的选择——尽管一般来说，这些民选代表会支持该党所背书的候选人，但这并非是必然的情形。关于是否公开候选人所获得的支持者，产生过很多争议。[①]

不过，需要指出的是，法国总统选举采取的是绝对多数制，也就是我们常说的两轮选举制度，这就导致参与第一轮选举的总统候选人很多，最多时可达到10余人，说明能够获得足够支持者支持的候选人并不在少数。这也影响到了主要政党采用的选举策略。由于政党并不能直接提名总统候选人，所以多数大党都会支持某个或某些候选人，这也就出现了在争取提名过程中比较独特的现象：同一个政党可能会支持或者背书多位候选人。不过，由于两轮选举中的第一轮具有“淘汰效应”，也会致使相同或近似政治谱系上的候选人相互分票，影响政党之间的竞争和合作。

① 例如，极右翼政党“国民阵线”的勒庞就曾提出过相关诉讼。她于2011年11月挑战，授权公开这些“支持者”姓名的法律条文是否合宪。她提出的理由是个人政治取向属于隐私，应当得到保护，并且指出那些中间派的地方公职人员会因为担心政党报复而拒绝支持她。宪法委员会后来驳回此案，确认相关法律条文合宪，因为成为支持者的举动并不可被视为所做出的投票决定，而公开支持者姓名并不会妨碍政治多元化。

这一制度下，那些独立候选人就很难有出线的机会。根据统计和报道，近几届总统选举中，那些所谓的“独立候选人”多数都是得到了政党支持或奥援。显然，政党能够为政治人物提供资源、条件和便利来获得支持者提名，有些政党会要求隶属于该党的民选代表尽力支持本党支持或背书的参选人，从而让这些参选人很容易获得足够的支持者提名而成为正式候选人。这对大党来说很容易，但对于小党和独立候选人来说却并非易事。

在本质上，支持者提名制度是相对于政党提名和公民提名的机构提名模式，只不过它采用的是一个“隐形机构”。这个机构是由民选公职人员组成，因而也代表了一定的民意。然而，这种民意输入的模式却并不完全精确，甚至无法和直接民意等价，尽管候选人的大众民意支持度高，意味着胜选几率高，也就可以转化为这一隐性提名机构内的支持度，却并不具有逻辑上的必然性。易言之，在传递民意上，它具有一定的间接性和复合性，并不完全符合提名的民主化要求，但这并不意味着它的民主化程度更低。因此，这种提名制度设计也可以被视为一种初选形式，至少是初选进程的一部分。

这一制度正常运行的关键就在于“入闸”门槛，即获得的支持者数目及其连署条件。这就涉及了到底哪些范围的民选公职人员可以提名、按照何种形式表示支持、是否需要公开支持、可否改变支持意见、如何平衡不同区域的公职代表的影响力等。这些问题分别产生了一些规则和争议。它并不能从根本上排除政党的影响，而是只能将政党影响降低，增加了政治链的作用过程和方式。然而，这一制度却有可能堵住政党以外的政治力量获取提名——以公民连署方式直接取得民意。

有意参选总统的政治人物面对着争取足够的支持者提名的压力，这反倒成为政党的优势——只有获得政党支持的政治人物才能够顺利取得这些支持者的支持。那么，问题就更明显了：政党要如何确定本党的支持者?这就是那些大党所面对的问题,也是它们需要解决的问题。而这个问题,恰恰就是更直接的党内初选机制问题。

二、政党如何确定本党背书的参选人

支持者提名制度只是确定正式候选人的一种资格条件和程序,问题于是就转换成了法国的主要政党或政党联盟如何确定该党背书的参选人。这就是比较纯粹的政党自主性范畴。法国并没有立法规定严格的政党初选制度,各大政党也没有稳定的制度惯例。在操作过程中,各政党或会允许多位政治人物参与竞争那些民选代表(支持者),而政党或会同时背书或者支持一位以上的参选人。但一般来说,政党在第一轮选举中只会背书一名正式候选人以避免分票。因此,各大政党或政党联盟一般会确定一名政治人物去争取提名,并成为正式候选人。这些政党就有必要通过一定形式的初选制度来产生这个最具有实力的"参选人"。

为竞逐2012年总统大选,法国社会党联合其同盟(左翼激进党)于2011年在全国范围内举办了两轮的直接初选,被视为是法国选举史上首次以大选为"模板"的政党初选"大演练"。社会党的这次初选采用的就是开放式直接初选,即将投票权下放到选民手上,允许全体大众选民参与投票。这次初选让奥朗德取得了极高知名度和支持率,为其在2012年大选中获胜发挥了很大助力。

2011年社会党初选成为我们探究法国总统选举中新的"政党初选机制"的一个窗口。事实上,社会党之前也举办过初选,但2011年所采用的以大选为模板的开放式直接初选还属首次。在1995年和2006年,社会党举办了封闭式初选以推出候选人参与总统选举,选民范围限于该党的有效活跃党员。因此,这两次初选都是以该党的党员为选举团，在选制上也采用绝对多数制，获得过半数党员选票的参选人赢得初选。这种封闭式的投票式初选共举办了两次，但2006年初选中推出的候选人罗雅儿在大选中失败，刺激社会党开始改革其初选办法。这就是社会党于2011年尝试开放式初选的背景。

社会党2011年总统初选的成功震动了法国政坛。这或许也会影响到右翼的人民运动联盟的初选安排。开放式初选让社会党尝到了甜头，或许会是法国各大政党推行开放式初选的开始。这也说明，在法国，总统初选是一个相对独立的政党内部事务，是政党自主性范畴，也是一个临时性和变动性相当高的事务。

三、两轮选举制度和多党体制的影响

由于法国采取了一种机构提名模式，问题就变得复杂起来：我们并不那么轻易判定初选究竟是谁在竞争，以及政党相互之间如何竞争。在很大程度上，法国的这种提名模式改变了政党初选的原初结构，形成一种相对独特的不同力量的竞合关系——初选并不仅仅是党内的事。我们探究政党初选的模式与过程，还必须注意到两个具体制度背景(institutional context)的影响：两轮选举制度和多党体制。

正式选举制度是初选机制的主要影响因素之一。法国总统选举所采用的两轮选举的第一轮同样具有一定的淘汰候选人的效果，从而能够发挥一定的初选效果。这也让之前的候选人提名条件变得宽松，甚至不那么重要。实际上，绝对多数制用于单一职位选举往往有两种类型，其一就是形成了两轮投票制，其二则是形成了所谓的选择投票制(Alternative Vote)。就总统大选来说，一般都是形成了两轮投票制。比如法国的这种半总统制国家以及巴西这样的总统制国家，其总统选举所要求的绝对多数都是通过两轮选举来完成。绝对多数制一直面对着各种各样的质疑。显然，这种制度的目标是确保形成一个绝对多数，从而强化总统的正当性和获得支持的情况。但它的缺憾也非常明显，那就是要取得绝对多数，就不得不在“民意”上“动手脚”。然而，经过操弄的民意，还能体现民主吗？

两轮选举制度形塑了法国政党选择总统候选人的方略。它产生了两种类型的影响左右区分的联盟策略。第一轮选举为不同利益集团表达自身利益提供了“多样化时刻”（diversity moment），第二轮选举则是“团结化时刻”（unity moment）。那些相反团体在第二轮选举中结盟，聚集在一个主要候选人之后，反映了三种具体考量：其一，它表明了左翼和右翼联盟的多元化；其二，它表明在第二轮选举中，左右意识形态就作为区分不同团体的原则的力量；其三，第一轮和第二轮选举的相对平衡，清楚表明了不同候选人所处的不同位置——在第一轮选举中，这些候选人表现为“机会保持者”，以塑造一个代言人，在第二轮选举中，他们结合在一起以保持联盟的多样性。[1]

从形式上看，法国形成了多党竞争的局面，但我们往往又以左翼和右翼来区分法国的主要政党，它们似乎形成了两极化的政党联盟。然而，这并未改变法国目前多党制的状态。[2] 法国目前有 30 多个政党，在政治光谱上基本上形成了以社会党为主的左翼和以人民运动联盟为主的右翼，但这两大党并不能占据绝对主导的交替执政局面，政坛上的其他政党例如法国民主联盟、左翼激进党、绿党、民主阵线等都有很强的政治实力，而法国共

---

① Michael S. Lewis-Beck, Richard Nadeau and Eric Bélanger, *French Presidential Elections*, Palgrave Macmillan, 2012, pp. 164—165.

② Jocelyn Evans (ed.), *The French party system*, Manchester: Manchester University Press, 2003, pp. 11—14.

产党也一度成为大党。政党一般都不是单独执政，而是组成执政联盟——这种政治结果正是与法国的两轮选举制度有直接关系。这种政党形态的背景和基础比较复杂，它与总统的声望有很大关系，也与法国现行的总统和议会选举制度有直接关系，[①]当然也包括了总统候选人提名制度和政党初选机制。

本章小结

本章对总统初选机制做了全面考察，揭示了总统初选的任务、结构与主要流程，并重点分析了美国总统初选制度及其影响因素和民主功效，法国总统初选的特点和实践经验。通过这些理论分析和经验总结，我们能够理清总统初选的结构，发现总统初选在现代民主政治中的宪制地位，以及它对政党结构和民主体制所产生的影响。总统初选是民主的前哨战和演练场，尽管在不同国家和地区有一些具体的不同的表现，但初选之于政党，能够选拔最优秀的人才（候选人），并提前演练大选，有利于促成政党团结，动员本党支持者。美国总统初选制度影响深远，不仅是美国民主政治中最核心的环节之一，它也建立起了关于初选的制度标杆——直接初选模式影响了全世界。美国总统初选兴起于进步主义时期的政治改革，改革者正是希望通过减少政党“黑箱”作业来实现民主和透明，在初选改革之后，美国建立的直接初选制度就转变为大选的一部分，这也带动了政党改革。法国复杂的选举制度设计让初选也逐渐变得重要，各大政党开始利用初选凝聚本党实力，社会党推行的开放式直接初选引来普遍好评并发挥了实际效果，或会成为未来法国两大党的初选制度选择。

---

① Jocelyn Evans (ed.), *The French party system*, Manchester: Manchester University Press, 2003, pp. 20—24.

第三章　民意代表初选：政治实验和权力分配

第二章介绍并论证了总统初选的主要内容、流程和影响因素，重点说明了两种有意义的总统初选类型，分别是总统制下的总统初选模式和半总统制下的总统初选模式。本章将探讨一种不同类型的初选，即民意代表如何进行初选。民意代表初选是一个相对来说更为复杂的问题。它至少有两类完全不同的情形，即在单一选区内政党举办的初选和政党提出复数选区的代表名单。前者相对容易理解和操作，也较近似第二章所论述的总统初选制度，但后者是一个全新的几乎完全不同类型的问题。本章将介绍并论证民意代表初选的主要内容、类型、流程和影响因素，重点说明政党在单一选区选制下采用的初选模式和政党在复数选区下如何提出政党名单，尤其是极大选区条件下的政党名单的“初选”模式（候选人挑选模式）。首先将说明民意代表选举以及初选的主要内容和类型，揭示它的核心目标和基本要求，抽象出民意代表初选的基本制度逻辑和主要影响因素。其次将主要以美国国会两院的两党初选为例，辅之英国工党和保守党的初选经验，说明较为典型的单一选区选制下民意代表初选的主要模式、流程和特点。再次将分析政党名单代表制的基本原理、主要结构以及政党提出名单的主要制度逻辑。最后，本章将以比利时和以色列的政党如何提出政党名单为例，说明较为典型的复数选区下提出政党名单的主要模式、流程和特点。

本章表明民意代表初选凸显了初选类型的多样化和效果的多元化，在单一选区选制之下更具有民主实验的特点在政党名单选制之下更接近权力分配的特点。

第一节 人才选拔的党内竞争

对于总统制和半总统制的国家或地区来说，总统选举和民意代表选举是其两次“大选”；但对于议会制国家或地区来说，民意代表选举将一次性确定立法权和行政权的归属，是其唯一的“大选”。总的来说，民意代表选举和总统（行政首长）选举的差别是非常显著的，至少表现为前者是立法机关的选举（选出的是民意代表），它是复数的（在全国或全部地区范围内选出由多人组成的立法机构），其目标不是直接决定执行权归属。在这种情形下，民意代表的初选制度在目标、主要结构和基本逻辑上都有一定的特殊性。它是政党募集政治人才、提出最优秀人选的重要过程，也是党内竞争的重要竞技场。① 因此，对政党来说，民意代表的初选（或推出候选人）就涉及了更为精细的、影响更为直接的权力分配，因而成为一种权力分配的制度模型，也是一次权力重新配置的过程。

一、民意代表的功能、类型与选制

民意代表，从字面上我们就可以看出它是指专门代表人民意志的机关。“代表是在某种意义上使实际上并未出现或在场

---

① Michael Gallagher and Michael Marsh, *Candidate Selection in Comparative Perspective*: *The Secret Garden of Politics*, London: Sage, 1988, p. 2.

的东西出现或出场。"[1]众所周知,现代民主的基本形态是代议制民主,其基本逻辑就是人民通过人民代表来行使权力。换句话说,民意代表就成了"权力输出"的一个"次源头",这就是当下政治制度设计的基本原理。人民可以通过两种不同的方式实现和保持政治统一体的状态。它可以在其直接给定性中——凭借强大的、有意识的同质性并由于固定的自然疆域或其他任何原因——具备政治上的行动能力。在这种情况下,人民作为与其自身直接同一的实际在场的实体,构成了一个政治统一体。与之相反的原则是,人民的政治统一体本身从来不能在实际的同一性中直接在场,因而就始终要由人民来代表它,这是一种人格化代表。[2] 原则上说,民意代表的权力需要集中起来行使,那就是表现为议会的权力。议会制不是唯一的整合形式,从历史上看,它只是一种特定的整合方法。[3]

通过设计"民意代表——议会"这样的制度结构,宪制的逻辑也就变得十分清晰,作为个体的民意代表也就能够转换成为代表整体利益的人民代议士。施密特敏锐地发现,在现代民主制国家中,由于不举行公民大会,而是让每个人以单独秘密投票的形式参加选举或表决,因而就更需要不假思索地提出如下要求:就其概念来说,个别的投票权人不是作为私人而独自投票;个别的选区不是国家内部的一个特别行政区;在实行由各党派提出名单的比例选举制的情况下,个别的党派名单从国家法上看不是为了自身的缘故而提出的;它只是实现代表功能的一种手段,使唯一具有本质意义的政治统一体能够被代表。每个议

---

① Hanna Pitkin, *The Concept of Representation*, Berkeley: University of California Press,1972,pp. 8—9.

② [德]施密特:《宪法学说》,刘锋译,上海人民出版社 2005 年版,第 219 页。

③ 同上书,第 221 页。

员都被看成是“全体人民的代表”，[①]“个别的议员也同样具有代表的性质。”[②]

民主选举制的全部细节都要以关于代表的思想为基础。[③]尽管我们创造了很多理论来复合化民意代表的地位和功能，但整体代表、区域代表的张力始终存在，这就形成了关于代表模式的争论。事实上，这种争议的核心环节就在于，通过区域产生的民意代表不可能回避其选区利益，无论是从逻辑上的代表理论——选民通过选票委托本选区的代表，还是从现实层面的政治利益结构——民意代表只有讨好本选区的选民才能继续当选。这种“民意代表区域化（选区化）”的现象引起了很多争议，也让代议制民主陷入了逻辑和现实困境之中。可想而知，如果议会被割裂为一个又一个的区域利益结合体，将会对国家和民主体制造成何种消极影响。为此，理论上和实践中也发展出了多种模式来校正这种不足以及危机，典型表现就是我们现在所看到的复数代表制的推广。在很多国家或地区，还发展出了以极大选区为基础的复数代表制，最典型的就是所谓的以“全国不分区”产生民意代表，比如以色列。

通过上面的解读，民意代表选举制度的特点也就变得清晰。基于选区规模的差异，它大致有两种基本形态，分别是单一选区选制和复数选区选制，前者是指一个选区只产生一名代表，后者则是指同一个选区会产生多名代表；[④]一般来说，前者只能是通过多数制产生代表（演化出相对多数制和绝对多数制两种选举

① [德]施密特：《宪法学说》，刘锋译，上海人民出版社2005年版，第220页。

② 同上书，第339页。

③ 同上书，第220页。

④ 胡盛仪：《中外选举制度比较》，商务印书馆2014年版，第115—119页；周叶中、朱道坤：《选举七论》，武汉大学出版社2012年版，第86—94页。

制度),后者原则上是比例代表制,也有采用多数制的模式,但都是要获得足够多的选票以使得最后一名当选人达到选票基数门槛。[①]

民意代表选举的具体选举制度多达十余种。[②] 就多数制来说,有相对多数制和绝对多数制,它们都可以运用于单一选区之下。绝对多数制运用于议员选举并不常见,但澳大利亚就发展出了所谓的"排序复选制"(Alternative Vote,也译为选择投票制)的选举制度,用选票转移的方式实现绝对多数。[③] 在复数选区的多数制只有一种类型,那就是复数选区单票不可转移制(SNTV),即参选人以得票多寡排序,取至当选名额为止,目前这种选制比较少见,日本和我国台湾地区的立法机关选举、我国香港特别行政区的立法局选举都曾经运用过,目前我国台湾地区的城市议会选举(比如台北市议会选举)还是采用这种模式,香港特区的立法会选举的实际情形类似于这种选制。这一制度虽然是复数制,却呈现出相对多数制的特点,被认为是效果较差的一种选举制度。[④] 复数选区的比例代表制的选举制度就花样繁多,但总的来说都是需要政党提出名单并排序。投票方式又有一些差别,常见模式是选民将政党名单(政党)作为投票对象,再由已经确定的政党名单顺序按照得票情况分配席位;也有选民可以自由选择排序从而打乱政党名单顺序的情况,从而实际上确定了一个新的名单顺序,再由政党得票情况分配席位,这就是封闭式政党名单和开放式政党名单的

---

① 参见陈健:《选举制度的技术性分类辨析》,载《学术研究》2011 年第 12 期。

② [美]安德鲁·雷诺兹等:《选举制度设计手册》,鲁闽译,香港商务印书馆 2013 年版,第 63—64 页。

③ 同上书,第 67 页。

④ 同上书,第 155 页。

差别。① 这两种情形的差异将极大影响到后面将要讨论的初选——因为政党名单顺序如何确定是初选的一个关键问题，主要就是所谓政党名单“安全区”内的候选人如何确定。还有一个不得不讨论的问题，那就是在复合制的选举制度下存在的“败部复活”问题，即政党名单上的候选人同时在单一选区中参与选举，如果在区域当选则依照区域选举结果取得席次，如果区域无法当选则还有可能回到大选区依照名单顺序取得席次。相对来说，它给了某些参选人足够的“安全性”，这也是初选时就要决定的问题。

单一选区选出的民意代表和复数选区（尤其是全国不分区）选出的民意代表之间存在的代表性和身份差异是一个古老的问题。议员经选举产生后，代表谁以及如何代表是法学和政治学上的经典问题，首先是关于议员是公法上的代表还是民法上的代理的争论，其次是议员的身份是“代表”还是“委托”，还是“国家机关”。② 对于议员身份的不同定位会对议员的权利义务产生不同影响。例如，“委托说”将议员与选民之间视作是私法上的关系，且议员只忠于本选区选民。这种理论背后是主权不可分割说。“代表说”则是将议会全体视作是全体选民的受托人，议员和选民之间是特殊的代表。那么，个体的议员就不再完全受困于选区选民的意志。③ 学者们对议员身份的问题也展开过论述和研究。有学者指出，在阶级社会，代表首先且主要是阶级的代表。代表和选民的关系本质上体现了一种阶级关系。④ 有学者通过分析不同理论的合理性与不足，指出“既是代表又是代理的身份决定了议员抉择的多层次

---

① [美]安德鲁·雷诺兹等：《选举制度设计手册》，鲁闽译，香港商务印书馆2013年版，第80—120页。

② 王世杰、钱端升：《比较宪法》，中国政法大学1997年版，第194—197页。

③ 同上书，第194—197页。

④ 邹平学：《西方代表说理论评述》，载《法学学刊》1992年第1期。

性”。议员首先要遵守宪法和法律，其次要反映本选区选民的意志，在本选区选民意志与其他选区选民意志冲突时应当妥善调和处理，但仍要优先考虑本选区选民意志。[①] 德国《基本法》第30条规定：“议员为全体人民之代表，不受命令与训令之拘束，只服从其良心。”它成为后来深刻反思议员代表性问题的一个重要基础。这也是议员“全体代表说”的反映和基础。

二、谁能当民意代表

代表制理论的坚定支持者熊彼特认为，代表不仅是技术上的必须，更是良好政治的本质要求；代表不分立法或行政权力，而应涵盖所有政治决定。[②] 既然民意代表是权力的“次源头”，那么民意代表的质素就显得尤为重要。但事实上，民意代表的任职资格是相当低的，民意代表候选人的资格自然也很低，这就让绝大多数人可以参与民意代表的选举。然而，政党的最大目标是为了胜选，自然会推出最有胜选可能（或能确保胜选）的候选人。因此，推出民意代表候选人总是需要依据一定的标准。这个标准一方面是初选的结果（民意），另一方面就是一个确定的资格条件（门槛）。因此，政党或许会在候选人条件门槛上面下功夫，从而挑选出最为合适的候选人。

一般来说，由于民意代表的选票基数相对较少、选区范围小，单一成员的选举的影响力相对较小，民意代表选举比较能够反映政党的综合实力，尤其是能够反映政党的权力配置模式，那就是党中央的权力范围和地方党部的权力范围的关系。在这个意义上，

① 马岭：《代议制下议员的角色定位》，载《甘肃政法学院学报》2012年第2期。

② [美]约瑟夫·熊彼特：《资本主义、社会主义与民主》，吴良健译，商务印书馆1999年版，第424—426页。

政党是决定议员候选人能否当选的关键，候选人的具体情况或许就不那么重要了。那么，政党所推荐的候选人到底需要什么样的条件呢？

从最简单的逻辑来说，政党当然希望推出能够胜选的候选人。选举是以胜选为最大考量。那么，政党在单一选区的区域内推出的候选人必然是该党实力最强的候选人。但政党在名单上所推荐的人就不那么容易判断了，这就涉及了另一层次的政党权力分配的问题。易言之，政党名单上的候选人既要能够保证最大胜选可能，也是政党内部权力分配的结果。总的来说，政党实力及其权力配置模式，在很大程度上影响到候选人的推出，比如追求执政的大党在推出候选人时所考虑的因素显然不同于那些小党，而权力配置模式则是决定了选区内的政治人物实力的影响力。

如果泛泛而谈，政党推出的候选人当然必须符合选举法规定的候选人标准和担任公职的要求。但在实际操作过程中，政党显然要考虑更为复杂的条件和因素。除了要考虑上面提到的单一选区选制和政党名单选制的不同形式外，最有实力胜选的候选人主要涉及候选人的个人条件，包括形象、声望、基层实力等。例如，政党往往要考虑政治人物在基层经营的程度和条件，尤其是服务选民的质量。但随着现代选举模式的变迁，区域民意代表选举同样十分注重候选人的知名度、形象和声望等，而政治人物也随之纷纷转型。这是现代政治发展的一种趋势。服务选区选民和维持良好形象，成为政治人物的主要任务，而这两大任务在一定条件下却可能会呈现冲突的状态。

政党提出复数选区的政党名单及其排序，自然就不用过多考虑候选人在选区的基层政治实力。这个时候，政党推出的候选人往往会倾向于在大选区范围内影响力大、形象好、号召力强、声望高的政治人物。然而，政治实力并不是不需要考虑的问题，因为政党必须配置其党内派系或势力的人物进入名单，这也是这些派系和势力的政治能量的外在表现。

三、政党培育与选拔人才的制度渠道

由于民意代表选举涉及的选区多、选举产生的代表多，初选更会呈现参选爆炸、纷繁复杂的状态，政党机器扮演的角色自然就非常重要。在寻找、鼓励、挑选乃至提名候选人方面，政党发挥作用的方式十分多样，比较常见的就是非制度化的“协调”和制度化的“初选”两种模式。所谓协调，即政党通过组织某种性质的协调会议，让参选人之间、参选人与政党之间达成某种协议，从而让某些有意愿的参选人退出选举，或者让没有意愿的参选人加入选举。协调并不必然产出候选人，严格来说，它对参选人以及有意参选的人也没有实质拘束力，但在实践中却是十分有用且常见的方式。初选是一种相对制度化的方式，它是一种受到法律规制的有约束力的产生候选人的办法，初选可以是投票、民调、会议协商乃至抽签。

在这些过程中，政党并非从一开始就要承担起全部重任的，这也未必是政党的主要工作和发挥作用的全部方式。作为政党的主要功能之一，政治人才的发掘与培育目前也已经高度制度化。[①]分析政党选拔政治人才的过程，能够让我们认识到这个过程应该如何操作才能符合民主的要求。我们可以从制度上探究政党选拔政治人物的民主过程，也可以从微观层面分析候选人以及挑选者（选民）的态度与行为动机。显然，本书主要的关注对象是制度和过程。这就包括了法律制度、选举制度和政党制度，以及选拔的过程（规则与程序），既从政治人物来源的角度展开，也从“把关人”

① See Pippa Norris, *Passages to Power: Legislative Recruitment in Advanced Democracies*, Cambridge:Cambridge University Press,1997.

(*gatekeeper*)的需要的角度展开。[①] 初选及其运作就成为政党培育和发掘政治人才的主要制度性渠道，具体来说：

首先，政党中央和政党地方党部之间对此要有权力分工。一般来说，在区域民意代表候选人的推举过程中，地方党部有较大的影响力乃至最后的决定权。政党名单则主要由政党中央或者大区域的党部加以决定。这体现了初选中的权力分散程度的差异，却表明不同层次的政党机关在培育和发掘人才上的责任差异和优势地位差异。而这种差别也成为引导政治人物行为的重要依据。

其次，决策主体范围的差异决定着候选人推选的民主化程度，而民主化程度越高，政党控制政治人才的培育和选拔机制的难度就越高，政治人物的行为方式就越加多元。这也就是前面论证的候选人挑选的选举团范围所具有的决定性意义。从逻辑上看，决策主体范围可以从单一政党领袖到全体选民，呈现出由极小到极大的变化范围。但实质决定权归属也是判断候选人推举的主要标志，这主要表现在那些混合式初选、多层次初选、加权初选的特殊方式之中。选举团的范围、实质决定权的归属等，决定了政治人物的行为方式。例如，在开放式初选结构下，政治人物会积极向中间选民靠拢，在政策上贴近大众选民而非本党保守团体，在行为上注重个人形象而非服务选民等。

那么，在这一制度过程中，政党内部要如何设置相关机构呢？这在不同政党中有不同的表现。最常见的模式就是，政党在选举临近之前发布规则，并设置提名机构，然后按照提名办法提名候选人，最后交由党的全代会或者决策会议决定通过。这就至少包括了提名规则、提名机构、提名形式三大核心元素。

---

① Pippa Norris, *Passages to Power: Legislative Recruitment in Advanced Democracies*, Cambridge:Cambridge University Press,1997,p. 2.

四、政党内设提名机构及其运行方式

上面提到,政党一般会设置相关机构来承担提名事务,对于这个机构叫什么名字或者有哪些权力,不同政党或会有一些差异,但它们的基本原理、遵循的原则以及主要工作内容却很接近。一般来说,在提名活动展开前,政党都会事先发布初选规则和时间表,设置多个机构并分配职权,核心机构通常叫作提名委员会(nomination committee)。提名委员会的主要职责就是提出候选人名单(candidate list),既包括提出单一选区内的候选人,也包括完整的政党名单。

所以,问题就转变为提名委员会的组成方式及其工作方式是什么样的。当然,这里存在一个关键问题,那就是提名委员会是否享有实质决定权,或者享有多大程度的决定权——是决定权,还是建议权?然而,无论制度怎么变化,设计出来的提名委员会的组成方式在很大程度上会影响提名过程。具体来说,提名委员会如果是由选举产生,则意味着提名委员会的决定或建议都具有更高程度的民主正当性。如果提名委员会是由派系推荐组成或者政党领袖推荐组成,则意味着它就更有可能演变为一个政党权力博弈的场域。此外,还有一种可能,即政党将相关的资格审查或选情评估的权力委托给独立产生的提名委员会——通常是由第三方组成,则意味着提名结构的进一步复杂化。

提名委员会的运行方式也会产生一定影响。我们很少去关注这类政党内设机构究竟如何运行的。一般来说,这类机构可以采用协商后的投票制,也可以采用集体决策体制,但其特点都在于能够保证充分协商,而这也正是委员会制的机构的优点。[①] 在讨论

① 张广辉、杨扬:《委员会制与首长负责制权力运行机制的比较分析》,《党政干部论坛》2009年第3期。

香港特区的基本法所设计的提名委员会制度时，这种思路也有体现。提名需要通过一定的程序来实现，它要符合提名候选人这一行为本身与民意、利益之间的关系特征——这决定了提名委员会的运作过程及其特性，在香港特区的提名委员会制度中就特别强调所谓的运行的“民主程序”原则。

每个提名委员会成员都独立表达意志、行使权力。提名委员会的提名也不同于选举，尽管提名委员会最后或会以投票的方式（也可能是表决）来做出决议。提名委员会成员本身是利益代表而非普通选民，也会受到一定的控制，包括了利益链的控制、规范性控制等。这表明提名委员会本质上是由其成员的意志和偏好决定谁能被提名，提名过程是一个典型的政治过程。但作为一个整体性的机构，它怎么活动呢？这就涉及对民主程序的操作性解读。一般来说，民主包括了民意的平等和有效表达、过程公开和多数决；而程序就是一个过程。[①] 在一个完整的政治过程中，至少要包括提出动议、有效审议和做出决定。但香港的提名委员会的问题在于它可能没有充足的合理性进行审议，自然也难以达致审议民主的效果。

第二节　单一选区的议会初选

——以美国和英国为例

美国举行 2016 年总统大选的初选，民主党和共和党通过初选

---

① 达尔关于（多元主义）民主“最低限度的程序”的八大制度保障（标准）分别是（1）成立和参加社团的自由；（2）表达自由；（3）选举权；（4）担任公职的资格；（5）政治领袖通过竞争获得支持和选票；（6）未经筛选的消息来源；（7）自由且公正的选举；（8）政策制定受制于选票与选民意志。See Robert. A. Dahl, *Polyarchy: Participation and Opposition*, New Haven: Yale University Press, 1971, pp. 2—3.

过程推举希拉里和特朗普参加正式大选，吸引了全世界的瞩目，但同时举办的还有国会议员的初选（以下也简称为“议会初选”，congressional primary），却没有引起大家的关注。这种差异正说明了美国政治的特点。然而，议会选举同样是决定美国政治生态的关键因素，议会初选则是这一生态的一部分，并且是最重要的部分。和美国一样，英国的议会选举同样采取单一选区相对多数决制度。因此，它的主要政党在推举议员候选人方面同样遵循与美国近似的最大胜选可能原则。不过，由于英国的议会选举即为大选，所以议会选举的激烈程度远高于美国，这也导致两个国家的初选制度的差异。不过，英国没有采用美国式的公办初选制度，初选都是政党内部事务；它也没有形成如美国这般严格的两党制——在两党制谱系中，美国属于最典型的，英国次之，加拿大再次之。[①]

本节的目标是完整阐释美国和英国议会初选制度体系，揭示其内在结构、逻辑与功效，从而表明这种宪制结构的民主地位和价值。简单来说，议会初选是一个不充分的民主实验过程，但它确立了政治人物在党内竞争的基本规则，也影响着两党的党内政治资源分配，以及两党竞争的主要范围和样态。本节将首先介绍美国议会选举所采取的单一选区相对多数的选制，接着分析议会初选的制度结构与主要流程，并分析议会初选的不同类型及其操作方式，然后介绍并分析英国的议会初选制度。本节还将讨论单一选区制下的初选制度的影响因素及其与政党结构的关系。

一、单一选区制的选制特点和影响因素

美国国会选举采用单一选区制（Single-Member District），全

① Brain J. Gaines, Duverger's Law and the Meaning of Canadian Excepetionalism, *Comparative Political Studies*, Vol. 32, No. 7, 1999, pp. 835—861.

称是单一选区相对多数制，其特点是在范围相对固定的选区内选出一名民意代表，采取多数制决定胜负，即得票最高的人当选。[①]单一选区，顾名思义，就是指“一个选区、一个代表、一次投票”。[②]由于是单一职位选举的多数制，各政党为了争取赢得席位，自然要推出最有实力胜选的候选人。因此，单一选区民意代表的初选就比较接近总统初选模式，以候选人为中心，遵循有实力者胜出的原则。初选机制也会因此倾向于公正，以有利于有实力者胜出。

单一选区制是目前世界上运用最广泛的选举制度和代表模式，美国、英国、加拿大等国家和地区的议会选举都采用了此模式。这种最基本的选举制度有很多优点，例如选民和候选人以及当选代表之间关系明确、认识清楚、联系密切，比较能实现代表制的核心结构，在实践中也较容易操作，选举事务相对简单和明确，也比较容易促进选区融合、达成共识。这种选举制度也有利于选出有实力的政治人物担任代表，促成具有广泛代表性的大的政党，排除激进政治势力进入议会和政府。[③] 然而，它也遇到了很多批评，例如它有利于大党而不利于小党，从而也就不利于多元意见的表达，让少数意见无法被代表。而这样选出的代表也会重视选区利益而忽视全国利益和正当利益。那些相对弱势的候选人往往无法胜选，这也影响了不同政党在选举时的战略布局。[④]

单一选区对政党和选举制度的最大影响就在于，它将导向

---

① [美]安德鲁·雷诺兹等:《选举制度设计手册》，鲁闽译，香港商务印书馆 2013 年版，第 50—54 页；何俊志:《选举政治学》，复旦大学出版社 2009 年版，第 57—59 页。

② 同上。

③ [美]安德鲁·雷诺兹等:《选举制度设计手册》，鲁闽译，香港商务印书馆 2013 年版，第 50—54 页。

④ 同上书。

两党的竞争和两党制,这也就是著名的“迪维尔热定律”的内容。[①] 这一点其实很容易理解,那就是由于是在单一选区内多数决胜负,所以只有选区内得票最高的人才能当选,只有两大党的竞争才是有意义的竞争,小党就很难生存。而选民为了不浪费选票,也会倾向于支持大党提名的候选人。这两者结合起来就会导向两党竞争和两党政治。因为根据“迪维尔热定律”,一轮投票的多数选举制度(相对多数制)会阻碍小党的建立和发展,或消除现存小党;两轮投票的多数选举制度(绝对多数制)会促进有两大党的制度的形成,或是把现存的多党制转变为两党制或分为两大派;而两党制又会倾向于建立一轮投票的多数选举制度,排斥小党的发展。[②] 同时,单一选区也会导致温和派占据政治主导地位,它将有利于温和型政党和温和型的政治人物。由于是多数制,政党和政治人物都必须以获得最大多数选票为目标,因此,其色彩和政见显然不能过于偏激或保守,而只能趋向温和与中间,解决最大多数选民关心的政治和社会问题,提出为最大多数选民接受的公共政策、福利政策等。正是这一特点使得单一选区制能够融合选民、促成共识。

一般来说,单一选区制的选举主要影响因素是候选人在选区的政治实力和候选人自身条件,两者是高度相关的,这就是以候选人为中心的模式。不过,“政党背书”对于政治人物来说却至关重要。在单一选区制度下,获得政党提名对于候选人来说是最重要的政党奥援,它能够凝聚政党的资源和支持者。而政党领袖和地方党部又是单一选区下候选人能否得到政党支持的主要影响者。

---

① Maurice Duverger, Factors in a Two-Party and Multiparty System, in M. Duverger (ed.), *Party Politics and Pressure Groups*, New York: Thomas Y. Crowell, 1972, pp. 23—32.

② Ibid. 也可参见[挪威]斯坦因. U. 拉尔森,《政治学理论与方法》,任晓等译,上海人民出版社 2006 年版,第 62 页。

不过，它们未必能够直接决定候选人归属，这就需要政党初选。政党组织的初选，或是通过本党支持者的参与来决定，或是交由全体选民决定，这就形成了开放式和封闭式初选的两种形式。美国国会议员选举采取单一选区相对多数决制度，深刻影响了两党推选候选人的初选办法和策略。和总统初选一样，两党选择议员候选人的办法也经历了一个演变过程，而这个过程正是初选制度逐步确立的过程。事实上，最早的初选机制形态并非是针对总统的，而恰恰是郡县层面、州层面推举议员候选人的改革方案。

二、美国议会初选的制度模式

美国的初选制度十分复杂，议会初选也呈现了相对复杂的结构，但制度形式和总统初选很接近。议员初选也有投票式初选(primary)或者党团会议(caucus)的不同形式，只不过它们都是在议会选区中进行。和总统初选类似，议会初选制度按照开放程度的差异，同样可以分为开放式初选、半开放式初选和封闭式初选。1968年民主党初选改革也影响到了议员初选，许多州为了避免让初选制度过于繁复，倾向于让议员初选和总统初选的规则接近并统一，并在同一时间举行，以节省开支。这样一来，议员初选模式就开始趋近于总统初选。尽管各州做法有一定差异，但议员初选的办法已经接近统一。

本部分将简单总结议员初选的基本流程。一般来说，在选举年到来前，两党在各州都会举办初选以推出候选人。初选的主要过程是由州选举机关在选区内组织投票，或者由政党在选区内组织党团会议，直接就该党的参选人进行投票或者站队，获胜者就将取得该党的提名。有所不同的就是所谓的“无党派初选”(nonpartisan primary)，即由州选举机关将所有竞争同一职位的参选人列在同一名单上供选民选择，获胜的前两名为候选人。一般来说，投票式初选的选举结果就决定了候选人归属，这是一种简洁明了的制度形态。党团会议就会复杂一些,但也和总统初选所采用的党团会议差异不大,大约就是两党在同一时间、不同票站举办党团会议,参加的人将会以站队或投票的形式表达意见。这也将决定初选的最终结果。

然而,议会初选制度的州际差异比较显著。尽管多数州都试图将议员初选同总统初选结合起来,但议会初选制度的多样性更为突出。初选的法律是由各州制定的,州内的初选也是各州党部加以决定,这也就呈现了比较强的洲际差异,形成了不同类型的初选制度。具体来说:

首先,关于谁能出现在初选的选票上(ballot access),各州存在一定的差异。这其实就是前面提到的参选人(候选人)资格条件问题。有学者指出,选举登记申请费(filing fee)对此有一定功用,将会影响初选的激烈程度,但各州对此费用的规定不一。有些州不要求缴纳登记费,例如印第安纳州,而佛罗里达州则要求缴纳一千美元的费用。[①] 又如,各州对获得选民连署书的要求也不同,有些州完全不要求提供连署,有些州则要求提供数千份连署方能参加初选。事实上,登记费用、连署书以及保证金制度等都是用以表明有意参选的政治人物的严肃性、基本条件和实力,那些真正想要角逐职位的人可能就能满足这些条件。然而,有些政治人物或许会希望法律规定更高的申请费用、连署书门槛等,以阻挡"搅局者"。有些州还存在一些奇怪的选票规则。[②] 例如,在弗吉尼亚

① Keith E. Hamm and Robert E. Hogan, Campaign Finance Laws and Candidacy Decisions in State Legislative Elections, *Political Research Quarterly*, Vol. 61,NO. 3, (2008),pp. 458—467.

② Galderisi & Ezra,Congressional Primaries in Historical and Theoretical Context, In Peter F. Galderisi, Marni Ezra and Michael Lyons (eds.), *Congressional Primaries and the Politics of Representation*, Rowman & Littlefield, 2001, pp. 11—26.

州，政党可以通过党团大会而非初选来决定提名人，那就可以规避一切挑战；在犹他州，政党可以背书超过两个以上的候选人，让他们都出现在选票中。有 8 个州对参选人资格要求设置了一定门槛，通常要求参选人获得 20－30％的党团大会党代表的支持，方能出现在选票上。[①]

其次，各州对于谁能参加投票的规定也各不相同，这就形成了开放式初选、半开放式初选和封闭式初选的不同类型。这同总统初选的情形很相似。所谓开放式初选，即所有登记选民都可以参与初选，而不论他们是否是该党的注册党员或者需要声明是该党的注册党员。不过，与一般理解有差异的是，也有学者就认为这种初选形式给了那些极端派候选人更多机会，因为那些专注于某一议题、主张较为极端的政治人物往往会吸引更多注意。[②] 在开放式初选的背景下，一些州就采用了一揽子或者无差别初选办法(jungle primary、blanket primary)。封闭式初选是指政党注册党员可参与该党的初选投票，但无党者不得参与。其他国家或地区的政党也多采用此模式，但美国两党对投票人宣示其政党属性并没有严格程序要求，对党员身份标准要求很低，比如不会以连续缴纳党费等作为标准，从而导致封闭式初选在开放性程度上仍然要高于许多欧洲政党。混合式初选的具体形式比较多样，主要特点就在于投票身份认定较封闭式初选要宽松，比如投票日在票站声

---

① Galderisi & Ezra, Congressional Primaries in Historical and Theoretical Context, In Peter F. Galderisi, Marni Ezra and Michael Lyons (eds.), *Congressional Primaries and the Politics of Representation*, Rowman & Littlefield, 2001, p. 19.

② Kristin Kanthak & Rebecca Morton, The Effects of Electoral Rules on Congressional Primaries, in Peter F. Galderisi, Marni Ezra and Michael Lyons (eds.), *Congressional Primaries and the Politics of Representation*, Rowman & Littlefield, 2001, pp. 116－131.

明其要参加某党初选，以索取选票的方式表明其政党属性并登记（一般来说，州选举机关会将此资料提供给政党）。从开放式初选到封闭式初选形成了一个选举团范围从大到小的演变谱系：开放式初选是将全体选民作为选举团，而封闭式初选是将“党员”作为选举团。

第三，议会初选举办的时间会影响初选的竞争情势和投票率，这主要有两个原因。首先，在总统选举年，并不是所有州都在与总统初选的同一天举办议会初选。那些不在同一天举办初选的州，议会初选的选票和总统初选的选票就是分开的，所以就很难衡量总统初选带来的投票率变化的影响。其次，各州举办议会初选的时间也不同，早的在三月，晚的在九月。越早举办初选，就越有利于候选人筹集资金、做竞选准备；而且，越早举办初选，也意味着在任者没有更多时间来特别准备他所面临的挑战，初选的公平性相对更高。①

总的来说，初选的州际差异意味着无法提炼出一个具有全美通用的“普适性”初选制度模式。这或许也带来了一些疑问，那就是到底哪一种初选制度更好？实际上，由于议会初选的重要程度相对较低，竞争激烈程度也较低，实际上很难有确切案例证据来支持相关结论。这些制度各有特点，细微的差别或许会对政治实践产生不同引导作用，却并不能从根本上决定政治制度。不过，无党派初选制度却是一个例外。

三、美国议会初选的类型及其特点

相较来说，议会初选制度的形式虽然繁多，但复杂程度却要低

---

① Robert G. Boatwright, *Getting Primaried: The Changing Politics of Congressional Primary Challenges*, Ann Arbor, MI: University of Michigan Press, 2013, pp. 56—58.

于总统初选制度，它无须在全国范围内举办初选、无须经过全代会的民主形式、没有全国性关注度的竞争。换句话说，议会初选的运行主要是要回归到选区的具体情况。不过，各州对于最后提名方式有一些不同安排。一般来说，各州会通过选区或州的党代会来决定，也有州是通过党的选区干部会议来决定。议会初选制度从一开始就被纳入美国的选举制度体系之中，各州都会举办议会初选；在初选制度渐趋成熟之后，议会初选也形成了具有相对规律性的制度结构。这个结构和总统初选有一定的相似性。由于议员选举采取单一选区相对多数决制度，所以两党在不同选区就有不同的策略，但遵循的都是最大胜选可能原则。

在那些难以获胜的选区(比如共和党在民主党占据优势的"深蓝"选区、民主党在共和党占据优势的"深红"选区)，两党提名策略或有变化，或会考虑培养政治人物、推出黑马人选、鼓励非典型政治人物参与等。这种情况下，当选几率小的政党的初选往往会呈现十分冷清的局面。因此，政党的主要工作就集中在动员谁来参选的问题之上。而在那些本党的"安全选区"，竞争往往会相对激烈，所以初选的竞争性也会很高，参与初选的政治人物也会比较多，结果变数也比较大。这些不同情势在理论上被归纳为三种情形进行研究，分别是：在任议员追求连任时的本党初选，即有现任议员参与的初选(incumbent primary)；无在任议员追求连任时的本党初选，即开放职位的初选(open seat primary)；有在任议员追求连任时，另一党的挑战者在该党内进行的初选，即挑战者初选(challenger primary)。[①] 之所以做这样的区分，主要是因为对选举来说，有在任议员是非常重要的影响性因素。这些在任议员长期经营选区，在初选中自然是处在相当优越的位置，并且掌握了更多

① Robert Boatright, *Congressional Primary Elections*, New York: Routledge, 2014, pp. 107—109.

更有利的资源，也能够轻易排除和战胜那些挑战者。所以，如果选举中有在任者，那么他们的优势是很显著的，甚至这些选区的初选往往也是流于形式。来自党内或者党外的挑战者都会面对起步晚、影响力低、选情不热烈等不利因素，导致在初选中失利或者在正式选举中失利。

我们首先来看最简单的情形，那就是开放职位的初选。开放职位初选并不常见，它需要在任者不再寻求连任。如果出现了这样的情形，该选区就将吸引一大批不同党派的政治人物参与其中，参与人数或将远远超出其他类型的初选。而这种参选爆炸的动机恐怕只能用有希望获胜来解释。因此，开放职位的初选就是议会初选过程中最引人瞩目的类型（或选区）。在任议员不再追求连任的原因十分多样，多是这些现任者可能要退休或者要寻求竞选更高的职位。退休并不是研究的主要对象，它是政治人物个人政治生涯的规划，最主要的当然就是年龄因素。如果因为在任议员选择了“上升”，例如众议院议员选择去竞逐参议员——这种情况其实也不常见，因为它一般需要参议员不再竞选连任或者谋求更高职位的政治人物已经经营得足够久，那么这些议员在选区内或还会保持一定的影响力。还有一类原因是政治环境性的，例如选区划分发生了改变，不仅创设了新职位，也影响选区内的政党支持度；又如政治大环境的演变，政党支持度在全国范围内或全州范围内发生了重大变化，导致选区内的议员不再寻求连任，但这种情形比较少见，而且它对单一选区的影响并不显著。

即便如此，开放职位初选的竞争程度和运行过程依然是有差异的，甚至在部分选区，有些政党根本不用举办初选，例如在那些由选区或州的党团大会决定候选人的地方，或者只有一个人参与初选的选区，以及根本就没有人竞选的选区。政党在这类选区是可以不举办初选的，但必须得遵照州法——有些州规定了所有正式候选人都必须经过初选，即便没有对手，那也要同“写入对手”

(write-in)作竞争,或者只有其一个人印制在选票上供选民选择,这就意味着这些选区必须要举办初选。但有些州规定可以不将无对手的候选人列入选票或者列入其中,却不允许选民做出同意或者反对的选择,或做出其他选择,这就等于没有初选。不过,初选的竞争激烈程度并不是绝对可衡量的,这主要还是同选区的具体情况相关。如果该党在本选区有很大胜选可能,又出现了开放职位的情况,那么那些长期经营选区、等待竞选的政治人物则会积极挑战,造成初选的高度竞争性。在那些政党获胜几率不高的选区,即便是出现了开放职位,该党愿意加入其中的政治人物未必会很多。

我们再来看挑战者初选的具体模式与特点。自 1970 年以来的每次选举,至少 85%的在任众议员能够获得连任,而近五次选举中(截至 2014 年),98%的在任者能够获得连任。一个更显著的统计证据是超过 60%的在任者能够赢得连任选举。[①] 这表明,在正式选举中,挑战者是很难赢得在任者的。而这种难度(外在表现就是存在在任者)是影响对手政党的初选情形非常重要的因素。正是因为这样,很多现任者在大选中根本就遇不到真正的挑战者。在过去的四十年中,一共有 55 名在任者在正式选举中是没有对手的。[②] 这时候,就出现了一种"需要被挑战"的情形,这些候选人就被称为"被找来的挑战者"(the token candidate)。不过,理论上却很难说"被找来的挑战者"的定义是什么,但其特点都在于他们是对政党的支援,以避免在任者最后在正式选举中没有了对手。由此可见,挑战者初选模式存在的问题、遇到的竞争都有很大不同。

---

① Robert Boatright, *Congressional Primary Elections*, New York: Routledge, 2014, p. 146.

② Ibid., pp. 146—149.

如果没有竞争对手，则意味着在任者将在大选中轻易取胜，需要竞争的政党就等于说是放弃了这个选区。所以，大的政党一般会推出一个竞争者，但推出竞争者的过程往往不是以初选为主——协调出一个“被找来的挑战者”是更重要的任务。事实上，没有竞争对手的初选情况很常见。从原则上看，初选中只有一个候选人，并不意味着该政党就放弃了这个选区。它也可能表明这个唯一参选人的实力够强，从而吓退了其他候选人。初选中的竞争也不必然意味着竞选实际上很激烈。易言之，竞争者初选往往不够激烈，参与人数较少，政党奥援相对较少，他们在正式大选中获胜的几率也比较低。

如果挑战者初选中的竞争激烈，就将有助于拉抬挑战者的声势，这将有利于胜出的挑战者在正式大选中对决在任者。但发生这种情况的可能性并不大，除非是在任者遇到了难题，比如所在党的执政成绩较差、在任者出现重大疏失、对手政党发起了较为强大和凌厉的攻势等。而且，由于挑战者初选往往出现在该党的弱势选区，也会导致挑战者倾向于中间路线以争取胜选。这样一来，挑战者和在任者会在意识形态体系上靠近，呈现一种更为突出的选举融合状态。

最后再看在任者的初选。据统计，在 1970 年到 2012 年之间，72%的众议院在任议员在寻求提名时是没有遇到竞争对手的。对这些人来说，没有竞争的初选是很正常的，而出现竞争才是不正常的。不过，这种情势也在发生变化。据统计，在 1970 年到 1986 年之间，超过 100 名在任者遭遇了初选竞争，但 1986 年到 2012 年之间的四次选举就有超过 100 名在任者遇到了初选竞争。[①] 最近的最著名的例子是共和党众议院多数党领袖坎特在初选中败给了共和党内

① Robert Boatright, *Congressional Primary Elections*, New York: Routledge, 2014, p. 173.

保守派(茶党)支持的名不见经传的参选人,引起了高度关注。而且,在任参议员遇到的初选挑战要比在任众议员遇到的挑战多,或是因为参议员总体席次少、政治地位高,吸引了更多有实力的政治人物参与。

从表面上看,在任者寻求连任时的初选形态与其他形式的初选并无差异,与在任者还没有成为议员时、争取席位时的做法也没有太大差异。不过,在真实的政治实践中,政党、利益集团、媒体的干预往往会较多。当然,一个好的有实力的候选人应该在没有政党干预的情况下就能赢得初选,这才符合初选的政党提名功能意义。但实际上,在任者获得政党支持的可能性更大、支持程度也更高。而且,一般来说,在任者获得选区内的利益集团支持的可能性也比较大。这也就进一步放大了在任者的优势。质言之,在任者在选区里往往可以通过自己掌握的相对完整和严密的组织体系来动员选举、服务选民,这将有利于他们展开选举。同时,这些在任者往往是地方党部的核心干部,他们同样掌控地方的政治资源甚至政党组织体系。此外,在任者更容易得到政党领袖、党内政治明星的支持,尤其是在初选的早期以及资金募集阶段。这是因为这些在任者一般不需要通过政党来筹募竞选资金,因而早早就处于以逸待劳的位置。可见,政党机器的中立以及这种中立化所带来的选举利益在任者初选中会相对降低。

总的来说,根据真实政治实践中的情势划分初选的不同类型,体现了观察者们捕捉到了议会初选的独特之处。而正是这些特点,又影响了理论上要如何设计初选制度,例如制度设计是要有利于在任者还是有利于挑战者,是有利于传统优势选区还是向弱势选区倾斜。这种在规范和实践之间来回作用的过程,反映了制度所具有的引导作用以及实践对制度引导的反作用。这三类有差异的初选类型,体现了美国政治的真实面貌,也是美国议会政治和政党政治的主要影响因素。

四、英国的多层次初选办法及其效果

相较于美国,英国议会初选办法更为独特,因为两大党——保守党和工党都采用了一种更为复杂的混合式初选办法,称为"多层次初选制度"(assorted primary, multi-stage ladder)。[①] 这一制度的核心特点在于,初选是通过一个有层次的选举团来决定的,这些选举团逐步筛选可挑选的参选人范围,但最终决定权归属是明确的,那就是选区党部或者选区内的所有党员。英国两大党都在其党章或类似规定中对选区如何推出候选人做出了规定,并规定谁能参与以及如何管理这个过程。[②] 尽管英国政党在候选人挑选方面以高度中央化著称,但这个过程本身却是分权化的。[③] 在理论和实践中,英国议会的成员都是由各自选区内的小部分党员所决定的,所有有意愿参选的议员都必须经过地方(选区)党部才能成为候选人。[④]

2010 年,英国下议院大选的选区是 650 个,每个选区产出一名议员,其中英格兰有 533 个选区,苏格兰有 59 个选区,威尔士有 40 个选区。选区划分主要是以人口数为基础。苏格兰和威尔士还有自治性议会,那不同于英国国会及其选举方式。英国大选是每五年至少举办一次,换句话说,一届国会的最长任期是

---

① Pippa Norris, *Passages to Power: Legislative Recruitment in Advanced Democracies*, Cambridge: Cambridge University Press, 1997, p. 159.

② David Denver, Britain: Centralized Parties with Decentralized Selection, in Michael Gallagher and Michael Marsh (eds.), *Candidate Selection in Comparative Perspective: The Secret Garden of Politics*, London: Sage, 1988, p. 47.

③ Ibid., pp. 47—48.

④ Ibid., p. 48.

五年,但可以提前改选。英国议会选举的历史十分久远,早在1832年,下议院就走上了"普选"道路。议会选举一直采用无记名投票方式,后来也采用了目前通行的澳大利亚选票制度,选举制度和流程十分规范和科学。随着科技的快速发展,议会选举也开始采用电子投票的方式,但这种技术性调整与传统模式并没有实质性差别。

目前英国的两大政党——执政的保守党和它的主要竞争对手工党主导着政局,另外还有自民党、苏格兰民族党等中小政党,但小党的力量很有限。英国被认为是比较典型的两党制,[①]但自民党一度获得相当可观的席位,成为英国政治的"关键少数"。[②] 现如今,苏格兰民族党在苏格兰地区占据较多席位。两大党在几乎所有选区都展开竞争,就传统而言,工党在北部地区占据优势,保守党在南部有一定优势;工党偏向中下阶层,保守党偏向中上阶层。两党不同的意识形态、政策取向和群众基础,也影响了两党的竞选策略和候选人挑选的过程。[③]

工党和保守党都采用混合式初选办法来推出议会候选人。前面已经提到,一直以来,候选人挑选都是由选区党部(党组织)所保留的一项权力,但近几十年来,这种趋势逐渐发生了变化,那就是政党高层经常介入其中。这种介入也逐渐制度化,形成了多层次的结构。候选人挑选也成为党内权力分配和斗争的关键元素,尤其是中央党部和地方党部之间的博弈场域。[④]

图3.1能够显示出英国政党推出候选人的流程。

---

① Alistair Clark, *Political parties in the UK*, New York, NY: Palgrave Macmillan, 2012, p. 15.

② Ibid., p. 86.

③ Ibid., pp. 10—14.

④ Ibid., p. 55.

工党　　保守党

议员(650)

候选人

工党634　　保守党644

争取人选

工党	保守党
工党全国执行委员会背书 1人每席次	保守党选区总会议背书 1-3人每席次
选区选举团体推荐 1-8人每席次	选区执行会议 3-4人每席次
选区执行会议 1-12人每席次	挑选委员会短名单 10-12人每席次
支部提名人选 3-16人每席次	挑选委员会长名单 20-25人每席次
	选区申请人 400人每席次

全国范围的申请人

工党	保守党
不同类型名单 930人	全国批准的名单 750-800人
	全国挑选委员会 1500人
	申请人中央办公室 2000人

(由下向上的筛选过程)

图 3.1　英国两党候选人挑选的梯状图

图表来源:改自 Pippa Norris, *Passages to Power: Legislative Recruitment in Advanced Democracies*, Cambridge:Cambridge University Press,1997,p. 160.

就保守党来说,它面对的一个关键问题就是保守党经常被认为无法代表全体民众,它的民意代表往往来自中上阶层、白人男性、受到良好教育的精英团体等。之所以呈现这个局面,就与该党的候选人挑选程序有很大关系。一直以来,保守党挑选候选人的权力都属于地方党部,被选择出来的候选人去竞逐议员职位——通常是空缺出来的职位(不在任者的开放职位)。地方党部通常会筛选有意愿的政治人物,形成一个 3 至 4 人的名单,进入到最终的

“挑选会议”(selection meeting)。在这个会议上,参选人可以向有权做出挑选的“选民”陈述其主张,而由后者进行投票或表决。不过,这种局面近来发生了改变,那就是保守党开始调整这种所谓的“草根模式”,让党中央发挥更大的影响。改革的核心特点就是政党中央会提出一个优先名单,其中考虑到了女性、族群、多元化等因素的影响(至少包括了50%的女性和一定数量的少数族群、残疾人等)。① 当然,最终决定权还是在地方团体的选择程序中。不过,选择程序就转变为一种开放式初选,即由全体选民而非登记党员来投票决定。②

就工党来说,该党曾主要采用地方化的挑选制度,选区的政党委员会负责缩小挑选范围并最后选择候选人。不过,工党全国执行委员会(national executive committee)能够否决那些经过选区党部挑选的候选人。③ 改革者认为将挑选的权力委托给地方,就给了地方激进主义者太大的权力。因此,在1989年,初选程序进一步进行改革,主要就是将选举团改造为两个元素,分别是地方党员和地方政党组织。引入这两个元素的目的是减少选区党部委员会的权力。1993年再次推行了一项改革,即在候选人挑选中引入了党员一人一票制度(one-member-one-vote),这被认为是必要的,因为大量的普通党员要比那些地方激进主义者和“贸易协会组织”更为温和理性。不过,最主要的改革还是在选区进行挑选之前,就赋予了政党高层对名单的同意权。这也被批评为给了领导层太多的考量权力。尽管如此,工党候选人挑选的最终权力还是在选区党员的一人一票的选举之上。④

① Alistair Clark, *Political parties in the UK*, New York, NY: Palgrave Macmillan, 2012, pp. 55—58.

② Ibid., pp. 55—58.

③ Ibid., p. 77.

④ Ibid., pp. 77—80.

五、美国议会初选的影响因素

首先，最基本的问题就是谁能参加投票。然而，这个问题却并非那么容易回答，这既是因为初选模式不同，也是因为投票率差异，导致了大众参与议会初选的实际情况有很大差别。总的来说，在非总统大选年的初选中，投票率大约维持在25％－35％之间。有学者统计表明，在1960－1986年的非总统大选年初选（主要是议会初选）中，总投票率（投票人数在总的选民人数中所占比例）大约在25％－35％之间浮动，民主党选民的投票率高于共和党，西部和南部州的投票率高于东北和中西部州。[①] 议会初选的投票率的关键之一就在于它是否要与总统初选合并举行。中期选举的初选投票率明显低于总统大选年的议会初选投票率。[②] 这表明选民对于议会初选的热情较之总统初选要低。有学者就总结了为什么总统初选的参与度会高于议会初选，分别是：媒体报道的覆盖度不同，总统初选显然高于中期议会选举；选民的重视程度有很大差异，更重视总统候选人而非议员候选人；所涉及的议题重要性有差异，总统初选的议题更重要、多元且广泛；总统候选人会比议员候选人更有魅力和吸引力；总统初选的竞争激烈程度超过议会初选乃至议会选举等。[③]

当然，投票率与初选的竞争激烈程度有很大关系。选民选择出来投票，是因为他们觉得自己的这一票很关键。然而，初选的竞争激烈度往往比大选低，重要性也相对较低，这就导致了初选的投票

① Malcolm E. Jewell and David Olson, *Political Parties and Elections in American States*, Chicago：Dorsey Press，1988，pp. 108－111.

② Robert Boatright, *Congressional Primary Elections*, New York：Routledge，2014，pp. 78－80.

③ William Flanigan and Nancy Zingale, *Political Behavior and the America Electorate*, Washington, DC：Congressional Quarterly Press，2006，p. 45.

率低于大选的投票率。在那些几乎没什么竞争性的选区，选民对候选人的了解程度其实反而要低于竞争程度高的选区。因此，这也就出现了一种情形，即选民并不十分了解议员的意识形态和政策主张，却在议会选举中将选票"奖励"投给了总统大选中的政党。当然，这个结论似乎与初选并无直接关系，但也表明了议会初选存在的一些缺陷，那就是政党属性强化了，候选人的个人色彩则在淡化。

另一方面，政党对待初选制度的态度是复杂的。进步主义时期改革者期待他们所建立的初选制度的主要受益者是选民，初选制度能够影响乃至改造政党，但这个假设在现代却变得更为复杂。政党希望避免初选或者降低初选竞争程度的理由是相对直接的，那就是避免推出意识形态极端化的候选人，并且避免这些极端派影响本党候选人在正式选举中的策略和获胜可能性，甚至只是在最低意义上不要浪费宝贵的竞选资源。实际上，政党的首要目标是在选举中获胜，而由谁担任候选人以及他们的意识形态如何，都是相对次要的问题。① 然而，正如有学者所指出的，政党一直想要控制初选，而且政党能在多个方面从初选中获益。② 例如，奥巴马在 2008 年就从民主党的初选中获益，初选塑造了他的竞选技能，他获得了大量的媒体关注，而且初选也融合了民主党内的意识形态差异、团结了该党。③

实际上，政党并不能够完全控制和影响初选，而初选对政党的负面影响也没有想象的大。博特赖特(Boatright)曾研究过政党是如何影响初选的，例如他就比较分析了"政党背书"对于初选竞争程度的影响，并认为政党提名大会的存在会减少参与竞争的候选人的数目。

---

① Robert Boatright, *Congressional Primary Elections*, New York: Routledge, 2014, pp. 90—91.

② Alan Ware, *The American Direct Primary: Party Institutionalization and Transformation in the North*, Cambridge: Cambridge University Press, 2002.

③ Ibid.

而政党背书的问题在无党派初选中又有别样的表现。换句话说，政党的参与会降低初选的竞争程度。[①] 不过，这并不表明政党背书就会成为初选结果的决定性因素，它只是表明政党的"正式背书"将有助于那些有竞争力的候选人获得一定支持。当然，其他利益集团的背书支持也会影响到初选的结果，甚至一些强有力的利益集团（比如选区内的工会团体）的背书支持是政治人物选举获胜的关键因素。

然而，这些理论分析都无法精确理解那些非常重要的政党干预行为，比如政党对竞选过程的影响、对政治人物竞选的负面影响等。举例来说，政党领袖甚至地区党部能否鼓励一些人参选，并让一些人不去参选？毫无疑问，这种所谓的"协调行为"会发生并且经常发生。因此，在那些政党竞争度不高的选区，优势政党内或许会有很多人希望参选，但政党往往会协调出一名参选人。对于这个协调过程，外界却很难了解。不过，也正是因为存在这些问题，建立起一定的初选机制就是政党影响初选的一种路径，初选反而成为控制政党影响选举的一种制度模式。易言之，现代政党要求建立起民主的、直接的、开放的党内候选人提名机制，这正是民主的要求，也是政治过程有序开展的基本前提。

第三节　政党名单：权力交换的场域

与单一选区相对的是复数选区，即一个选区将会选出多名代表，[②]他们在我国台湾地区被称为"不分区民意代表"，本书沿用

① Robert Boatright, *Congressional Primary Elections*, New York: Routledge, 2014, p. 94.

② ［美］安德鲁·雷诺兹等：《选举制度设计手册》，鲁闽译，香港商务印书馆 2013 年版，第 38－47 页；何俊志：《选举政治学》，复旦大学出版社 2009 年版，第 57－59 页。

之。复数选区的选举制度主要有两种，分别是最常见的比例代表制(PR)，以及可转移单票制(STV)。[①] 比例代表的核心逻辑就是将选票按比例转化为议席，[②]但它的前提在于组织化——即政党成为选举的主要载体和对象，候选人反而居于次要地位。本书暂不考虑可转移单票制的情形。政党名单是比例代表选制的基本元素，它是选民投票的直接对象(在不同制度下，选民可以直接投政党，或者投政党推出的候选人，但都必须计算为政党票；最后的席次分配也是以政党票为主)，但这张名单却是政党和最后当选的民意代表的民意载体。换句话说，政治人物出现在民单上，就意味着它取得了民意基础。然而，这种民意基础的来源显然是复杂的，既可以是基于政党，也可以是基于名单上的人物，所以它就是一个"复合载体"。与单一选区所遵循的"有实力者胜出原则"不同，政党名单就成了政党权力交换的核心领域，也体现了政党的权力结构特点。目前有很多国家或地区采用名单制，最具特色的也是最有影响的政党名单制是以全国为一个选区的以色列以及最早采用该制度的比利时(1899 年首次采用)，它们也成为很多学者的研究对象。本节将系统阐释政党名单代表制的核心逻辑和运行过程，揭示提出政党名单所具有的推举候选人和平衡政党内部权力的政治功能，首先介绍不分区民意代表的特征，接着说明政党名单的类型与特点，然后解析提出政党名单的制度化倾向，并在最后说明提出政党名单所具有的权力分配效果。下一节还将重点探讨一些典型国家和地区的政党名单选制的特点。

---

① [美]安德鲁·雷诺兹等:《选举制度设计手册》，鲁闽译，香港商务印书馆 2013 年版，第 38—47 页；谢复生:《政党比例代表制》，(台湾)理论与政策杂志社 1992 年版，第 9 页。

② 谢复生:《政党比例代表制》，(台湾)理论与政策杂志社 1992 年版，第 9 页。

一、政党名单代表制的基础：不分区民意代表及其地位

由政党名单制产生的民意代表是不分区民意代表，我们要解决的第一个问题就是不分区民意代表相对于所属政党的独立性与依附性之间的两难。这是分析政党名单的独特逻辑以及提出政党名单的意义的理论前提。从根源上说，它是因为在当选的层面，不分区民意代表本身不具有独立性，它依附的是政党所获得的政党票，并依比例获得议会席次，而政党之所以提名其为不分区民意代表、政治人物愿意加入候选人名单，则是因为他们存在着"政党——党员"关系以及这种关系带来的理念、制度和纪律层面的约束。

不分区民意代表并非完全没有民意基础。民众投政党票可能并非是单纯因为政党，也可能是因为政党所提的候选人名单，即"投人不投党"，但亦不能排除"投党不投人"的可能。易言之，不分区民意代表的民意基础本身就是混合的，不能简单地说不分区民意代表失去政党支持后是否还有民意基础。不过，在这里要注意区分"当选基础"和"民意基础"这两个不同的问题，前者表明其能够当选民意代表，既包括了民意基础也包括了制度支持，而后者却并非能够让其成为民意代表。易言之，一个人能够成为民意代表，固然是有民意支持，但也应当通过民主选举的过程。这也可以从选举的提名模式中获得佐证，即政党往往愿意提名形象好的政治人物、社会知名人士等为本党不分区民意代表的候选人，以获得更多支持，期待获得更多政党票。在这个制度体系中，独立候选人想要当选的可能性就较低。

另一方面，政党必须为本党依比例产生的不分区民意代表的言行负责，并依党的理念、制度和党纪约束他们。有权力就有责任，有责任就要有承担责任的方式。固然有具体法律制度来制约不分区民意代表的行为（比如议员行为法则等），但从原理上看，政党对不分区民意代表的影响力或会大于对区域代表的，这也表明

了两种不同代表模式之间的差异。它要回到议员的代表性和身份的问题上寻找终极答案。[1]

首先需要强调的是,政党本身具有强烈的民意代表性,组织、传递和表达民意已经是政党的重要特征,让其具有独特的宪法地位。[2] 这也是现代政党国家传递民意的重要机制。政党有多重代表民意的压力和动力,对促进民意被代表发挥了积极作用。[3] 不分区民意代表由政党提名并依赖政党得票率而获得议会席位,上面已经提到的他们的当选基础和民主基础是复合的。在他们同所属政党之间的关系上,一方面他们(及其代表性)是

---

① 议员代表性和身份的问题是一个古老的问题,前文也曾讨论过,但它在不分区民意代表中的影响更为显著。议员经选举产生后,代表谁以及如何代表是法学和政治学上的经典问题。首先是关于议员是公法上的代表还是民法上的代理的争论,其次是议员的身份是"代表"还是"委托",还是"国家机关"。对于议员身份的不同定位会对议员的权利义务产生不同影响。例如,"委托说"将议员与选民之间视作是私法上的关系,且议员只忠于本选区选民。这种理论背后是主权不可分割说。"代表说"则是将议会全体视作是全体选民的受托人,议员和选民之间是特殊的代表。那么,个体的议员就不再完全受困于选区选民的意志。参见王世杰、钱端升:《比较宪法》,中国政法大学 1997 年版,第 194—197 页。学者们对议员身份的问题也展开过论述和研究。有学者指出,在阶级社会,代表首先且主要是阶级的代表。代表和选民的关系本质上体现了一种阶级关系。参见邹平学:《西方代表说理论评述》,《法学学刊》1992 年第 1 期。有学者通过分析不同理论的合理性与不足,指出"既是代表又是代理的身份决定了议员抉择的多层次性"。议员首先要遵守宪法和法律,其次要反映本选区选民的意志,在本选区选民意志与其他选区选民意志冲突时应当妥善调和处理,但仍要优先考虑本选区选民意志。参见马岭:《代议制下议员的角色定位》,《甘肃政法学院学报》2012 年第 2 期。德国《基本法》第 30 条规定,"议员为全体人民之代表,不受命令与训令之拘束,只服从其良心。"

② 参见陈慈阳:《宪法学》,元照出版社 2005 年版,第 269 页。德国《基本法》第 21 条也有类似规定,即政党有义务参与国民政治意志形成。

③ 齐春雷:《西方政党制度的民意代表及其启示》,载《中央社会主义学院学报》2010 年第 4 期。

建立在政党已经具有的民众支持和民意基础之上,另一方面,他们与政党存在"政党——党员"的权利义务关系,而且往往党的核心成员,以认同和接受党的理念、纲领和制度为前提,政党意志也就是他们的意志的一种集中体现。此外,他们还必须接受党的制度和纪律约束。因此,不分区民意代表的政党控制是民主制度的自然结果。

就事实层面来说,不分区民意代表由于完全依赖政党得票情况,其民意代表身份与政党的紧密度和亲密度都更高,也没有选区选民能够直接影响其意志和选择,所以往往带有更加鲜明的政党色彩。也正是因此,在并立式单一选区两票制的选举制度下,不分区民意代表往往被视为能够超越区域民意代表的局限。当然,如此制度设计的缺陷也是明显的,补救办法则是以设置区域民意代表来超越不分区民意代表的局限,以及让不分区民意代表受到来自选区选民的压力。这里讨论的不分区和区域都是动态的,因为它涉及了比例代表制的不同情形,包括中选区、大选区以及"全国不分区"等特殊情况等。

二、政党名单的类型与特点

政党名单有很多不同类型,各有不同特点。在选举之前,政党通常会提出一份有顺序的候选人名单,名额可以多于、等于或少于应选名额,选民针对名单投票,有些制度还允许更改名单中的排序,有些制度则不允许选民对排序表达意志。在投票结束后,依据各政党获得的选票多少分配席次,在政党名单中依照某种顺序来决定——有按照事先确定的顺序来决定和事后的选择决定等不同制度安排,这也就导致政党名单制度的类型化差异。

总的来说,政党名单有封闭式名单和开放式名单两大基本类型。所谓封闭式政党名单,是指政党名单的容量和顺序都是确定的,最后分配议席时也是按照确定的政党名单顺序依次进行分配,直到议席分配完毕为止。[①] 而开放式政党名单的最大不同就在于它的容量或顺序都可能是不确定的，选民或可以按照自己的意愿对名单内的候选人进行排序，名单内的候选人也可能因为在区域内当选而取得议席，从而在最后分配席位时实际上退出了名单。[②] 这两种类型的名单制是不同类型的选制，对于前者，选民的选择权实际上很小，以至于政党就是选举的主要对象；对于后者，选民的选择权相对较大，个别的候选人或能够影响到政党得票率。

还有所谓的准名单代表制，例如芬兰，政党在选前提出的名单之顺序并无意义，因为它是按照候选人的字母顺序进行排列的，选民在投票中的具体对象还是候选人。在投票结束后，将该党所有候选人之得票叠加在一起，作为该党之得票，并以此来分配政党席位，而政党内如何分配席位(决定具体由何人当选)，则是按照候选人的得票高低来决定。这种不真正的名单代表制将政党和候选人结合在一起进行考虑，让选举制度变得复杂。[③] 与之近似的是意大利的做法，政党提出的名单排序虽然有意义，但选民可以投给政党，也可以投给候选人，最后把候选人得票也纳入政党得票之中，在选举后按照政党得票来分配席位，但得票多的候选人会(优先)当选。[④]

三、政党名单的政治意义

我们已经知道了政党名单的形式与特点，现在有必要谈谈政党名单的结果以及这种结果所代表的政治意义。简单来说，

---

① [美]安德鲁·雷诺兹等:《选举制度设计手册》，鲁闽译，香港商务印书馆 2013 年版，第 118—120 页。

② 同上书。

③ 谢复生:《政党比例代表制》，(台湾)理论与政策杂志社 1992 年版，第 23—25 页。

④ 同上书。

提出政党名单不仅是政党选拔人才、推出候选人的行为,也是党内权力博弈之结果。由于取得议席是党内政治人物和势力博弈的最终结果,也是最大利益之所在,所以党内政治力量会在政党名单上“大做文章”,争取挤进政党名单,并会一直追求进入“安全区”,即排序上列入靠前的位置以确保当选。因此,党内博弈就变成了政治人物如何进入名单,以及如何进入安全名单(排序靠前)。

存在政党名单的安全区,主要是因为各大政党都会有一定的得票预期,而这个得票预期能够确保该政党在议会中取得一定数量的议席。对于那些需要排序的政党名单,排序越靠前,则意味着安全程度越高;处在预期内席次的位置就是所谓的安全区位置。① 因此,党内派系首先争取的就是安全区内的名单位置。事实上,议会中的某些席次尤其是那些党团领袖,往往都是由政党名单提前确定的——政党会把一些有实力的政治人物置于安全区内,从而确保他们能够当选。在这个意义上,政党本身实际上是取代了民意(选举过程)而直接做出了“决定”。

党内派系所争取的另一个目标是让所属派系的政治人物进入政党名单并争取排名靠前。这主要有两个考量。首先是因为进入名单就意味着有可能会获得席次,当然这与政党(名单)最后的得票情况有很大关系。其次是因为进入名单是一种培养和选拔政治人才的方式,有利于扩散政治人物的影响力和知名度,以有利于他们未来的参选。因此,对那些大党来说,当一张政党名单确定时,党内不同势力博弈的结果也就大致抵定。我们常常可以从政党名单中判断政治人物的实力、资源和能量。

政党名单制有很多优点。作为比例代表制的主要形式,政党

---

① 谢复生:《政党比例代表制》,(台湾)理论与政策杂志社 1992 年版,第 23—30 页。

名单制较能实现民主的“比例性”目标，符合“代表性”的原意。对民主体制来说，它有利于巩固民主、融合多元社会，最大限度发挥民意的代表性和选票的有效性，也有利于形成联合与稳定的政府；它也会限制“区域领地”的发展，避免形成一个长期的“赢者通吃”局面。[①]

政党名单制更容易实现现代民主政治的多元目标，包括确保平等、融合族群和分配资源。这也让政党政治走向成熟和稳定。例如，或是根据法律规定，或是根据吸引选票的目标，各政党推出的候选人中往往会有一定比例的女性候选人要求，或者一定比例的族群要求，这也要依靠政党名单提前确定。又如，在多元社会中，政党为了吸纳不同族群、阶层、地域等选票或者代表性，就会通过分配名单中的位置或者将名单拆散之后进行近似区域化的初选。

四、政党名单由谁确定：一种制度化倾向

由于政党名单是权力配置的主要工具，那么谁能确定政党名单，谁就是政党内部权力分配的主导者。名单的产生过程就能够说明政党权力分配的主要结构。它涉及了决定谁能进入政党名单以及如何安排政党名单的顺序两大核心问题。这就是本书的主题——初选（候选人挑选）机制——所要解决的问题。显然，这个问题并不等同于单一选区制的简单模型，而将转入到更为复杂的初选或候选人挑选模型中。在进行具体制度介绍之前，必须确定一个核心逻辑，那就是尽管提名制度差异甚大，但政党在提出候选人时都必须考虑最大胜选可能；在名单制下，当然希望政党得票越多越好，能够当选的席次越多越好。将这一逻辑视作候选人提名

① [美]安德鲁·雷诺兹等：《选举制度设计手册》，鲁闽译，香港商务印书馆2013年版，第80—86页。

制度的核心结构并不为过。“政党是为赢得选举而制定政策,而非在选举之后制定政策。”[①]这种“公共选择理论”思路下的政党选举战略表明政党为了赢得选举可以做很多工作,甚至可以认为其所有工作都是为了赢得选举。

在此逻辑下,政党名单制的目标就转变为如何塑造最大可能胜选的选举策略,易言之,政党必须考虑所提出的名单如何获得最多选票。显然,首要条件就是名单上的候选人要能够为选民所接受,这就要求遵循提出候选人的“民意”考量。这或许也是在名单制下推行初选的制度基础。在这个前提下,名单的形成还必须考虑政党的实际情况——毕竟政党是资源和权力的组合。推出政党名单还有一个核心原则,即权力配置的平衡。质言之,政党名单必须在最大程度上实现“党意”。因此,政党必须兼顾党意和民意,在两者之间达到平衡,太迁就党意,则可能推不出形象最好的候选人,而太迁就民意,则可能导致政党分裂,影响“选战”。[②]

在这种背景下,政党自然是更依赖制度化渠道来解决提名之间的民意和党意的冲突与两难。这里就产生了一个无法被证实的悖论,即党内民主是否有利于政党提出符合民意期待的名单结构。一般来说,越民主的制度结构和操作方式,民意的输入越充分。最极端的情形当然就是美国式的直接初选制度,这种制度自然是一种例外,且很难在名单制下适用。然而,这种逻辑在政党名单制之下却不那么准确。在相对温和的制度结构下,党内民主或会导致政党内部权力竞争趋于激烈,从而致使党意凌驾于民意之上,最后

---

① Anthony Downs, *An Economic Theory of Democracy*, New York: Harper Collins, 1957, p. 28.

② 谢复生:《政党比例代表制》,(台湾)理论与政策杂志社 1992 年版,第 26 页。

提出的政党名单是党内不同派别或路线的集合体，影响名单的民意基础。在相对专断的政党结构下，党内独裁反而有利于该党提出更符合民意期待的名单，尽管它未必完全与民意挂钩，却避免了政党内部派系的影响。

各政党为了回避这样的难题，都会尽力制度化其提名模式，核心特点就是采用一定的间接民主模式。这里的间接民主是相对于美国式的直接初选而言的，也是相对于完全的专断式决策模式。质言之，名单制就有间接民主和直接初选两种不同的基本形式。间接民主模式更能体现分配权力的色彩，即便是直接初选，也会保留一些间接民主的空间。在极端意义上，美国式的直接初选制度当然也能够应用于名单制，只不过目前尚未出现过类似例证。在另一个极端，那就是由政党最高领袖决定名单，但这种情形在现代已经非常少见了。这也凸显了党内民主的发展方向，为我们理解政党结构提供了一个好的窗口。

第四节　如何提出政党名单
——以比利时和以色列为例

在很长一段时间里，候选人挑选被认为是“政治的神秘花园”(secret garden of politics)，这一影响很大但稳定性较差、制度化程度较低的政治过程没有成为学者们的主要关注领域。[①] 候选人挑选办法的民主化已经成为一种主流趋势，但民主化程度显然有很大不同，美国这种以单一选区（单一职位）为主的国家就采用了直接初选法，但欧洲多数采用名单制的国家采用了以政党机构和党

① Michael Gallagher and Michael Marsh (eds.), *Candidate Selection in Comparative Perspective: The Secret Garden of Politics*, London: Sage, 1988.

员参与为主的初选（候选人挑选）办法。然而，正如前文所述，推出政党名单很难采用高度民主化的策略，通过党员投票来决定已经是民主化程度很高的途径，这就是本节将要论述的以色列和比利时的例子；不过，即便如此，这种"民主方法"也很难实现。本节将以这两个国家配置政党名单的具体方法、过程和考虑因素为主要论证内容，说明名单制下的初选如何具体操作。

一、候选人挑选的方法及其衡量标准

上一节已经提到，政党提出候选人名单的方式有逐渐制度化的趋势。从逻辑上看，确定政党名单一般至少要经历拟定名单、提出名单和通过名单的过程。在政党名单制之下，候选人挑选的方法直接影响着党内产生候选人的过程与结果，也表明了党内权力的分配方式。随着选举越来越以候选人为中心、越来越体现个人化特点，政党名单上面的候选人的挑选方法也越来越重要。[①] 在制度结构上，我们仍然可以采用前面的分析方法，从候选人资格、选举团范围、实质决定权归属和分权化程度等不同角度加以分析。[②] 因此也产生了一些衡量名单制下挑选候选人的具体指标。[③]

有学者主要从候选人资格（对政治人物参选的可能限制）、选举团（主要是考虑选举团范围的开放性和封闭性）、分权化程度、最后采用的投票制度或者任命制度（最后的候选人如何被提名）等角

---

① Gideon Rahat, Candidate Selection: The Choice Before the Choice, *Journal of Democracy*, Vol. 18, No. 1(2007), pp. 157—170.

② 参见本书第一章第二节。

③ Krister Lundell, Determinants of candidate selection: The degree of centralization in comparative perspective, *Party Politics*, Vol. 10, No. 1 (2004), pp. 25—47.

度加以描述。[①] 也有学者重点关注了另一个衡量标准，即挑选过程的制度化程度。在正式制度中，挑选过程会被细致地、清楚地、标准地加以规定，这些规则对其约束者和外部观察者来说都是很清晰的。但在非正式制度中，挑选过程就不那么清晰和稳定。[②] 前面就已经提到过，选举团和分权化程度是直接关系到政党权力配置的两大元素，但也有学者认为选举团和最后采用的投票和任命制度更为关键。[③]

在配置政党名单的过程中，候选人资格往往就转化为资格审查机构（委员会）的筛选过程。由于政党名单涉及的政治人物众多、利益结构复杂，它不再是一个选区以及选区利益的表达，而是一个复杂的权力配置过程，也是政党为了赢得选举而做出的行为。因此，选举团范围就显得比较重要。但问题就在于，如果没有来自选区的外在压力，没有很好的选举办法，没有明确的挑选标准，政党名单究竟要如何产生才能符合民主化的标准和要求呢？

从实践中看，单一选区制度下的初选往往是交给选区的选民或者党员来决定，但政党名单通常是由政党中央决定。这一方面是因为政党名单太长，无法交由选民进行选择，在技术操作上有困难，另一方面也是因为政党名单的制度逻辑就不同于单一选区下的民意代表和选民直接对应的联系。易言之，政党名单制的外在表现就是通过政党建立起来的选民和代表之间的联系。选民的投

---

① Gideon Rahat and Reuven Y. Hazan，Candidate Selection Methods：An Analytical Framework，*Party Politics*，Vol. 7，No. 3(2001)，pp. 297－322.

② Pippa Norris，Conclusions：Comparing Legislative Recruitment，in Joni Lovenduski and Pippa Norris (eds.)，*Gender and Party Politics*，London：Sage，1993，pp. 309－330.

③ Krister Lundell，Determinants of candidate selection：The degree of centralization in comparative perspective，*Party Politics*，Vol. 10，No. 1 (2004)，pp. 25－47.

票对象也就转换为政党，自然主要是基于对政党的信任而投票。政党名单所需要的民主基础也会逐渐降低。当党中央掌握了政党名单的配置权力之后，政党的集权化程度自然就大幅提升，这也将塑成强政党结构。

因此，提出政党名单往往难以通过选举的方式来完成，这就必然涉及要通过某一个“机构”或“团体”(选举团)来掌握最后的“实质决定权”。换句话说，提出政党名单的过程的核心将聚焦在“最后决定制度”之上。由此可见，拥有实质决定权来通过政党名单的“机构”或“选举团”如何组成或划分、遵循何种民主程序就成了问题的关键。下面将要介绍比利时、以色列的政党名单如何产生，它既涉及了政党中央或者大选区的政党组织如何提出名单，也涉及到了政党内部通过自行划定选区举办初选以强化政党名单的代表性。

二、比利时

比利时是最早运用政党名单制的国家之一。比利时主要政党的党内候选人挑选程序是适应于其大选程序的。从 2003 年开始，比利时众议院选举的选区改为 11 个，包括了 10 个省和布鲁塞尔大区(Brussels-Halle-Vilvoorde)，150 个众议院席次按人口比例分配至这些选区，每个选区的代表规模从 4—22 名不等。不过，在 1945 年到 1993 年之间，比利时的选区是 30 个，每个选区选出 2 到 23 名议员，共有 212 名议员。[①] 比利时在 2000 年更改了其比例代表制的选举模式，从准封闭式名单走向了开放式名单。然而，这种改革只是弱化了政党推举民意代表的“铁票”效应，当选民在考虑名单上那些安全区内的候选人、边缘性区域的候选人以及“无望当

① Michael Gallagher and Michael Marsh, *Candidate Selection in Comparative Perspective: The Secret Garden of Politics*, London: Sage, 1988, pp. 20—46.

选的区域"的候选人时,他们可以拒绝党内安排的结果,而党内竞争也会让名单上的排序变得不那么"安全"。不过,对主要政党来说,位于政党名单前列仍然意味着一个比较安全的位置,正式选举中的竞争仍然主要是在边缘性的和不安全的名单上展开。因此,党内竞争的一个重要目标仍然是名单上的排序。

比利时选举制度还有另一个特殊性,即它从1893年就启用了"公民强制投票"制度,但2003年选举制度改革之后,这项制度就未强制执行。不过,长期以来的惯性仍然使得该国选举的投票率偏高。这一制度的目标无外乎是强调投票既是权利,也是义务。然而,比利时各大政党对该制度并没有明显偏好。[①] 而且,自2002年开始,为了确保性别平等,法律规定政党名单中两性比例必须是平等的,以保证两性政治参与的平等,而且名单的前两名必须是不同性别的。这也会影响到名单要如何产生,政党会更注重发掘女性候选人。[②]

正如前面一直论证的,候选人挑选对政党来说至关重要,政党提出的名单也是以获得最多议席为主要目标。不过,就厘定政党名单来说,它是"政治的秘密花园",比利时主要政党的例子很能说明问题。一方面,比利时的政党比较多,选举制度较为繁复,他们推荐候选人的过程也比较复杂和多样。另一方面,正如前面提到的,推出政党名单并不必然是以争取最大限度的胜选为唯一目标,政党也并不完全尊重它们所制定的那些规则和制度,实践中的影响因素也十分多样,这就使得比利时政党提出名单的过程具有很大的随机性,制度化程度较低。这里采用的分析框架依然是前面

---

① 廖立文:《比利时政党政治的建构与治理》,《台湾国际研究季刊》2007年第4期。

② P. Meier, From Laggard to Leader: Explaining the Belgian Gender Quotas and Parity Clause, *West European Politics*, Vol. 35, No. 2 (2012), pp. 362—379.

提到的分析候选人挑选的主要结构性影响因素。[①]

总的来说，比利时的主要政党都没有将选举团扩大至全体选民，没有采用所谓的开放式直接初选。各大政党中采用的最宽泛的选举团也就是全体党员，而且主要是给那些定期登记注册的党员这样的权利来影响甚至决定候选人。不过，比利时政党中也存在另一个极端，即以政党领袖来决定候选人。问题的关键就在于候选人挑选的影响因素是复杂的、多样的。

在众多政党中，它们的候选人挑选方式包括了从最开放（党员决定）的到最封闭的（政党领袖决定），从最分权的（选区决定）到最集中的（全国统一决定）。在比利时政党谱系中，主要政党有新佛拉芒人联盟（右翼）、社会党（左翼）、基督教民主同盟（中间）、革新运动党（中右）、弗拉芒利益党（极右）等。首先要解决的是这些政党是通过何种机制——选举团范围——来决定其候选人，其次要解决的是政党在哪个层面上决定其候选人，比如是在全国范围内统一决定，还是在选区范围内决定。这两个制度事实能够告诉我们政党候选人挑选的开放性程度和分权化程度，因而是比较容易观察到制度本质的元素。不同政党对于名单的最终决定权的规定也是不同的。此外，最终决定权与选举团范围之间的关系也值得考虑——选举团做出的决定或是终极决定，或只是影响着有权决定的机构。[②]

社会党（PS，该党主要位于法语区）通过党代表会议来决定其

---

① 参见本文第一章第三节。

② See Audrey Vandeleene, Lieven De Winter, Conrad Meulewaeter and Pierre Baudewyns, *Candidate Selection: Explorations beyond the Secret Garden of Politics*——The Case of Belgium, Paper presented at the panel "Toegang tot de politiek: actoren in het rekruteringsproces van politiek personeel" of the 12th Political Science Conference Politicologenetmaal, Ghent, 30－31 May 2013.

政党名单，但它是在选区层次上加以决定的。基督教民主同盟(CD&V，该党主要位于荷兰语区)是通过党员来决定其政党名单，也是在选区层次上来决定的，体现了比较显著的开放性和权力分散性。而右翼主要政党、也是第一大党的新佛拉芒人联盟(NVA)则是通过扩大的政党领袖会议来决定，并且它是在全国范围内统一决定，这就体现了比较显著的集权色彩。而另一大党革新运动党(MR，主要位于法语区)是通过政党领袖决定其名单，但是根据选区情况来衡量的。

有学者根据这些事实，进一步推论出比利时主要政党选举候选人的模型。具体来说，谱系最开放的一方是基督教民主同盟、生态党(Ecolo)以及绿党(Groen)，它们都是由党员在选区层面决定其名单。接着是法语区社会党(PS)、荷语区社会党(SP. A)，它们是在选区层面召开党代表会议决定名单人选。再接下来是新佛拉芒人联盟和弗拉芒利益党(VB)，它们采用了全国性政党领袖扩大会议来决定。而最极端的就是德戴克尔党(LDD)，它是由全国性政党领袖来决定。① 具体情况可参见图 3.2。

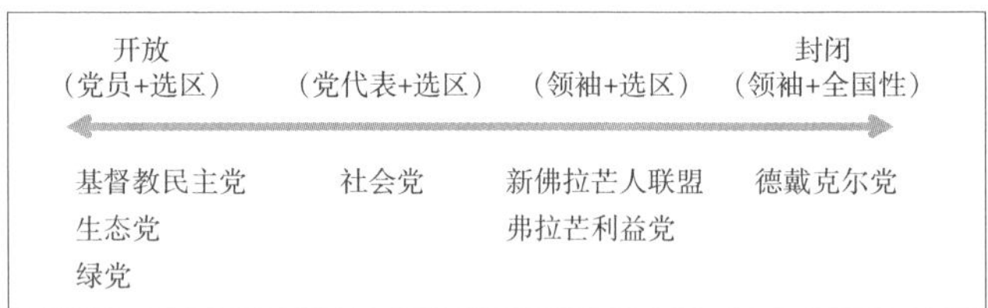

图 3.2　比利时主要政党候选人挑选方式的民主化程度

---

① Audrey Vandeleene, Lieven De Winter, Conrad Meulewaeter and Pierre Baudewyns, *Candidate Selection: Explorations beyond the Secret Garden of Politics*——The Case of Belgium, Paper presented at the panel "Toegang tot de politiek: actoren in het rekruteringsproces van politiek personeel" of the 12th Political Science Conference Politicologenetmaal, Ghent, 30—31 May 2013.

三、以色列

以色列的议会选举采用全国不分区的比例代表制,各大政党都必须提出一份政党名单供选民选择,并采用封闭式名单制度,在议会选举中获得1.5%选票的政党可以分得议席。以色列国会(Knesset)目前共有120席议员,总理由负责组阁的多数党领袖担任(以色列在1992年选举制度改革中曾采用总理直接选举体制,即所谓的两票制,但施行三次后,在2003年又改回为纯粹的议会制,取消了总理直选)。以色列被认为是一个不成文宪法国家,它在1951年就通过了《选举法》(后来又经历多次修正),后来又于1958年通过了《国会法》、1969年进一步修正了《国会选举法》,并于1992年通过了《政党法》。它们都是有关选举制度的直接强制性规定。《国会法》第4条就规定:"以色列国会选举,根据国会选举法规,以全国为选区,基于普通、直接、平等、秘密的原则和比例方式进行,除经国会议员半数同意外,不得改变。"

以色列的议会体制和选举制度塑造了该国政党所采用的候选人挑选方式。以色列议会多党林立,在近几次选举中,传统的两大党利库德集团和工党都无法取得过半数议席而独立组阁,因此一般形成执政联盟或联合政府。目前,以色列国会中有利库德集团、锡安主义联盟(原工党和运动党)、未来党、Kulanu(新成立的政党)、犹太家园党、夏斯党等多个政党,其中很多政党在选前都会发生分裂或者重组,也出现了很多新政党。

在全国不分区的背景下,以色列政党也没有分权的问题——实际上,以色列的中央和地方关系就突出表现为中央集权,地方差异较小,分权程度较低。政策通常是由中央政府厘定,再交由地方政府执行,地方政府因而被视为中央政府的"臂膀”。[①] 因此，政党也没有中央和地方分权的问题，候选人挑选也就没有分权化的问题，所有的权力都是由政党中央来掌控。

一直以来，以色列政党主要有两种挑选候选人的方式，其一是由政党领袖或党中央决定，其二就是采用党员投票的初选制度。显然，前者是一个相对封闭的制度结构，后者则是开放的制度。此外，由于以色列允许政党在选举中组成政党联盟并在议会中回归各党，所以一些政党会在选举中联合提出名单，这种形式之下通常就采用政党领袖决定的模式。

和全世界的趋势一样，以色列政党的候选人挑选也正在走向民主化。候选人挑选方式的民主化会导致政党稳定性下降并形成“治理同盟”（有利于政党联合），也会增加党员人数，强化在任议员的优势以及降低封闭性团体（政党领导层）对政党的控制等。[②] 1992 年，工党较早采用了初选制度，赋予其注册党员权利来影响政党名单。一些候选人是在全国范围内选出，另一些候选人则是根据工党内部将全国划分的两个选区分别选出，这种在政党内部划分选区的办法将鼓励候选人经营地方并且在选举中重视地方议题。这些候选人将有更多机会和可能性接触选民，并且有利于他们服务所在选区。工党所采用的初选制度取得了一定的积极效果，也影响到了其他政党。[③]

在 1996 年第 14 届议会选举之前，工党和利库德集团都采用了初选制度，共同之处是两大党都将全国选区划分为一些小选区，并保留了一些不属于某个选区的“独立区域”。这样一来，两

---

① 郭秋庆：《以色列的多党政治与联合政府组建》，载《台湾国际研究季刊》2011 年第 4 期。

② Gideon Rahat and Reuven Y. Hazan, Candidate Selection Methods: An Analytical Framework, *Party Politics*, Vol. 7, No. 3(2001), pp. 297－322.

③ Osnat Akirav, *Candidate Selection and a Crowded Parliament: The Israeli Knesset (1988－2006)*, Vol. 16, No. 1(2010), pp. 96－120.

党都会在三个层次上推出候选人:全国范围内的初选,选区范围的初选和保留区域内的初选。[①] 注册党员以投票方式决定这些选区内的政党名单。以色列所采用的党内自行划分选区的制度,能够促使候选人必须表现出个人魅力并且积极经营选区。在两大党采用初选制度的同时,另外两个政党梅雷兹党(Meretz)和 Tsomet 也举办了初选,但这两个党的领袖都保留了相当大的权力来影响初选结果。在第 14 届国会选举中,有超过 80%的候选人是经历过党内初选的。[②] 然而,到 1999 年选举时,这种蓬勃发展的初选制度就面对困境,例如工党在 1999 年依然采用初选制度来推举名单以及总理候选人,但利库德集团则是采用了政党中央委员会来决定其政党名单。这种复杂局面一直持续到了今天,尽管以色列政党又发生了许多次重组,但制度逻辑仍未有根本性变化。

本章小结

本章全面讨论了议会初选机制的主要结构、具体途径和结果,分别以美国和英国为例介绍了单一选区制度下的议会初选模式,以比利时和以色列为例介绍了政党名单制下的候选人挑选模式。议会初选是政党配置权力的重要过程,也是一次重要的民主实验。在单一选区制度下,议会初选主要表现为一种民

---

① Yael Shomer, Candidate Selection Procedures, Seniority, and Vote-Seeking Behavior, *Comparative Political Studies*, Vol. 42, No. 7(2009), pp. 945—970.

② R. Hazan, Constituency Interests Without Constituencies: The Geographical Impact of Candidate Selection on Party Organization and Legislative Behavior in the 14th Israeli Knesset, 1996—99, *Political Geography*, Vol. 18 (1999), pp. 791—811.

主实验,选区内党员或选民拥有决定权,这也凸显了单一选区制度的特点,以及这种制度下政党与选民之间的密切联系。在政党名单制度下,议会初选更多表现为一种权力分配方案,政党既要推出最好的名单以求得胜选,也要通过名单来平衡党内派系的压力,政党名单能够反映出党内不同势力的政治实力。通过本章的解析,我们会对议会初选有更全面的认识,这也是后面进一步分析初选制度的民主效果的重要基础,构成了本书的核心部分。

第四章　初选塑成的政党内部民主制度化

前两章分别讨论了总统初选和议会初选，它们是我们了解初选的主要制度和实践基础，也构成了我们认知初选机制的民主效果的主要经验来源。本章将转向讨论初选机制所产生的直接政治效果，那就是它对政党结构及其运行的影响。这是一个相对来说较为复杂的问题域，本书并不沿用政治学的一般思路，而是运用宪法工程的理路，分析初选制度如何影响政党内部结构、政党政治运行以及政党体制。总的来说，初选塑成了政党内部民主的制度化，是党内民主的主要制度基础和核心表征。本章首先将在一般意义上分析“迪维尔热定律”及其应用，揭示选举制度设计影响政党的一般逻辑和原理。其次将论证初选表征政党内部民主的特点，揭示“政党国”原则的内部意义及其民主要求。第三部分说明初选宪制化和民主化对政党结构产生的影响。第四部分将从党内民主的视角考察不同初选机制的特点与效果，从而抽象出一个属于“理想状态”的初选模型。本章从宪法工程的视角，论证了初选是政党内部民主制度化的主要塑成元素，这将重塑我们对政党制度的认知。

第一节　初选作用政党结构的机理

在宪法和政治科学领域很少有所谓的定律，但“迪维尔热定律"(Duverger's law)却被广泛接受并被充分讨论。[①] 它用于解析选举制度对政党体制的影响。选举制度被认为是一个非常有效和特殊的工具,是影响整体宪制的重要变量,"选举制度是操纵政治的最具体工具。"[②]"选举是对分裂社会中实现适应和和谐来说最有效的宪法工程,正如它是实现其他制度目标的最有效工具一样。"[③]选举被认为是实现民主的重要途径,其基本内涵就是把选举中选民所投的选票转换成政党和候选人赢得的议席。[④] 作为游戏规则,选举制度对政治实力之分配和消长产生着直接和重要的影响。这主要涉及分析两大基本类型的选举制度的效果(优劣),分别是比例代表制和多数代表制。这两大类型之下又还有非常多不同类型的选举制度。例如,在比例代表制之下有名单比例代表制和单记名可让渡投票制两大类(单记名不可让渡投票制被视为半比例代表制,因为它在原理上使用多数代表制,也经常出现多数制的效果);在多数代表制之下有相对多数代表制、绝对多数代表制(两轮投票制)和选择投票制等类型。[⑤] 后来德国又创造出了混合制(单一选区两票制),结合了比例代表制和多数代表制,它是指每个选民有两次投票行为,导致同一议院由两种不同性质的代表组成。混合制又有德国式的联立制和日本式的并立制两大类型。简单来说,联立制(又称补偿制)是指同一选区的每位选民将做出两个选择(可能在同一张选票上完成,也可能是两张选票),一次选人、一次选党,两次选择合并计算,以政党得票最终决定席次分配

---

① 张千帆:《宪法学导论》,法律出版社 2008 年版,第 400 页。

② Giovanni Sartori, Political Development and Political Engineering, *Public Policy*, Vol. 17(1968), pp. 261—298.

③ Ibid.

④ [美]安德鲁·雷诺兹等:《选举制度设计手册》,鲁闽译,香港商务印书馆 2013 年版,第 7 页。

⑤ 同上书,第 38—47 页。

（扣除单一选区获得的席次）。并立制相对简单，选民有两张选票，一票选人、一票选党，两张选票独立计算；一般是在单一选区内选人，在大选区内选党（政党名单）。[①]

一、“迪维尔热定律”及其应用

不同的选举制度各有政治效果，并且它们能够适应不同国家和地区的制度需求。关于这一机理，最常见的讨论就是围绕着“迪维尔热定律”[②]展开的选举制度对政党制度所产生的影响。该定律明确揭示了简单多数制的影响，但迪韦尔热也提出了另外几种关系，从而形成了该理论的两大内容：多数选举制导向两党制（定律 1，被称为狭义的“迪维尔热定律”）和比例代表制导向多党制（定律 2，也称为“迪韦尔热假设”）。迪韦尔热认为社会利益和议题的多元化导致冲突的多元以及多党制，因此可以从选举制度设计的角度分析政党的走向，尤其是选民所握有的“选项”的多少会影响政党数目。[③] 例如，定律 1 可以延伸出一轮投票的多数选举制度（相对多数制）会阻碍小党的建立和发展，或消除现存小党；两轮投票的多数选举制度（绝对多数制）会促进有两大党的政党制度的形成，或是把现存的多党制转变为两党制或分为两大派；而两党制又会倾向于建立一轮投票的多数选举制度，排斥小党的发展。

在迪韦尔热看来，两党制是两大党为政府权力而斗争并轮流掌权的制度。当然不会有纯粹的“两党制”，因为一个民主国家的政党是多元的、多样的，但如果两大党交替掌权处于稳定的状态，则很容

① ［美］安德鲁·雷诺兹等：《选举制度设计手册》，鲁闽译，香港商务印书馆 2013 年版，第 38—47 页。

② Maurice Duverger, *Factors in a Two-Party and Multiparty System*, *in Party Politics and Pressure Groups*, New York: Thomas Y. Crowell, 1972, pp. 23—32.

③ Ibid.

易被界定为两党制。“社会的自然运动趋向于两党制，……尽管如此，两党制似乎与事物的本性相和谐，即政治选举总的来说相当于在两个方案之间做一个选择……不存在中间倾向，没有中间主张。”①迪韦尔热拒绝了有数个解释变量的多因果研究途径，而是聚焦到选举制度之于政党结构和政党制度的强大的独立的影响。②

“迪韦尔热定律”提出后产生了很多争议，也有很多学者展开经验验证的研究。例如，有学者就指出，多数选举制度被认为是两党制的一个必要且充分条件，若最大的政党持少于70%的授权，两个最大的政党在选举后的授权必须达到至少90%，则它就是两党制。③“除了存在强大的地方性政党的情况之外，多数选举制总是与两党竞争相联系，只有在少数党很弱的地方（地区），其他选举制度才跟两党竞争相联系。”④

加拿大和印度被认为是该定律的两个异数。“（加拿大）不光是在全国层次上作为一个整体，也不光是在省的层次上作为一个整体，而是每一个区，年复一年，加拿大的选举通常都不是两党（或两个候选人）的事件。”⑤加拿大被认为是“2.5个政党”或“多党”，而不是迪韦尔热所设想的两党。该学者的结论就在于多数选举制度产生两党制的有效性上，美国最符合，其次是英格兰和苏格兰，加拿大则是处于最末端。⑥ 同样的，印度虽然采用多数选举制，但

① M. Duverger, *Political Parties: Their Organization and Activity in the Modern State*, London: Methuen, 1967, p. 425.

② [挪威]斯坦因. U. 拉尔森，《政治学理论与方法》，任晓等译，上海人民出版社2006年版，第62页。

③ Douglas W. Rae, *The Political Consequences of Electoral Laws*, New Haven: Yale University Press, 1969, p. 93.

④ Ibid., p. 95.

⑤ Brain J. Gaines, Duverger's Law and the Meaning of Canadian Excepetionalism, *Comparative Political Studies*, Vol. 32, No. 7, 1999, p. 847.

⑥ Ibid., pp. 835—861.

却政党林立。不过，也有学者指出印度多党体制不是对迪韦尔热定律的背离，恰好是对其的间接证明：在国大党始终处于较强优势地位时，其他林立的小党没有动力和能力结成与之分庭抗衡的另一大党。[①]

二、选举制度的优劣之辩

"迪维尔热定律"揭示了选举制度与政党制度之间的联系，但同时也引发了另一个讨论，那就是何种选举制度更好。问题就转换为，何种选举制度更有利于塑造稳定而有效的民主政体？这正是宪法工程理论的经典问题。我们首先要解决的就是选举制度要设定哪些目标，以及这些目标是如何作用于稳定而有效的民主政体的。

霍洛维茨提出了选举制度的六大目标，分别是(1)比例代表性(proportionality)，即席次与选票之间尽量成正比关系，以确保选举公正；(2)责任性(accountability)，即选举出来的行政首长和民意代表能够对选民负责，选民也能够追责；(3)任期性(durability)，即因选举而取得政权的合法性、稳定性以及任期制度带来的交替性；(4)让实际上获胜的候选人能够当选；(5)促成族群、宗教的和谐，政党或候选人能够取得最大限度的认同；(6)弱势族群或团体具有代表性。这些目标之间可能是相互矛盾的，所以选举制度要达至一个平衡。[②] 一般来说，选举制度在宪制层面要促成的目标应该包括了公平分配各政党的资源和权利、平衡不同族群和利益

---

① William H. Riker, Duverger's Law Revisited, in Bernard Grofman and Arend Lijphart (eds.), *Electoral Laws and Their Political Consequences*, New York: Agathon Press, 1994, pp. 19—42.

② Donald L. Horowitz, A Primer for Decision Makers, in Larry Diamond and Marc. F. Plattner(eds.), *Electoral Systems and Democracy*, Baltimore: Johns Hopkins University Press, 2006, pp. 115—127.

团体的代表性、重视政府的合法性和稳定性以及效率、提升国会的效率、提升政党的效率以及让政治人物回应选民要求、给予选民有效参与的机会等。如果选举制度不佳,则可能会影响政治稳定和效率,造成国会分裂、政党恶斗以及政府的不稳定,也会加剧社会分裂并侵害少数族群的权利。

针对迪韦尔热的理论,萨托利表达了不同意见。他的《政党和政党体制》一书以及《比较宪法工程》一书都对选举制度的政治效果作了全新的解读,又以后者为主,提炼出他的选举制度的政治效果论。[①] 萨托利认为,"相关的政党"才是讨论政党制度的对象,选举制度并没有增加政党数目的能力,而是只能维持或限制议会内的政党数目。萨托利认为,简单多数制确实容易形成两党制并且容易产生多数党政府,但这只限于议会制的情形,在总统制下就未必有多数党政府——恰恰是经常出现分裂政府,因为选民会热衷于分裂投票。他同时指出,多数制未必会强化选民和代表的联系,代表品质能够得以提升的推论也一般只是出现在不安全选区之中。而且多数制容易形成"地方主义政治"。[②] 针对比例代表制,萨托利并不认为它一定会促成政党分化和政府"短命"(不稳定),他认为政党体制反映民意极为重要,只要政党间异质性不是太高,就不会是太严重的问题。然而,纯粹比例代表制容许各种错杂政党的存在,增加了政治的复杂性,因而需要设计一定的门槛或者混合模式加以调和。[③]

① [美]萨托利:《政党和政党体制》,王明进译,商务印书馆 2006 年版,第 171 页以下,第 184 页以下。Giovanni Satoria, *Comparative Constitutional Engineering: An Inquiry into Structures, Incentives and Outcomes*, New York: New York University, 1997, pp. 53—82.

② Giovanni Satoria, *Comparative Constitutional Engineering: An Inquiry into Structures, Incentives and Outcomes*, New York: New York University, 1997, pp. 3—8, pp. 53—57.

③ Ibid., pp. 7—10, pp. 58—61.

萨托利认为两轮投票的绝对多数制是最佳选择，因为它可以消除极端意识形态和狭义地方主义，兼蓄了两种制度的优点。[①]

利普哈特在分析和比较了比例代表制和多数代表制两种不同的选举制度的逻辑和特点以及在18个成熟民主国家的运用成效之后，认为比例代表制和共识性民主更符合代表原则，也更好地表现少数意志，但多数主义可能会提供更高效的政府；比例代表制能够提供更优越的代表性，而多数代表制在稳定公共秩序、管理经济方面表现不佳。[②] 围绕着选举制度，利普哈特建立了共识性民主（协和式民主）的理论，"在一个多元社会里建立并维持稳定的民主政府形态，或许是困难的，但并非全然不可能。在协和式民主国家里，多元社会固有的离心倾向，因不同族群的政治精英彼此间的合作态度与行为而抵消了。"[③]

霍洛维茨也对选举制度具有的政治效果作了解析，并突出选择投票制（Alternative Vote，也译为排序复选制）的价值。[④] 他在1991年出版的《一个民主的南非？分裂社会中的宪法工程理论》（A Democratic South Africa? Constitutional Engineering in a Divided Society）一书中，就直接对宪法工程的应用效果进行了描述和分析。在该书中，霍洛维茨先对南非的政治和社会

① Giovanni Satoria, *Comparative Constitutional Engineering: An Inquiry into Structures, Incentives and Outcomes*, New York: New York University, 1997, pp. 61—69.

② Arend Lijphart. Democracies: Forms, performance, and constitutional engineering, *European Journal of Political Research*, Vol. 25, No. 1 (1994), pp. 1—17.

③ Arend Lijphart, *Democracy in Plural Societies: A Comparative Exploration*, New Haven: Yale University Press, 1977, p. 19.

④ Donald L. Horowitz, *A Democratic South Africa? Constitutional Engineering in a Divided Society*, Berkeley, Calif.: University of California Press, 1991.

条件进行了分析，这是讨论制度设计的基础，也是制度移植和改造的前提。“分裂”是这个国家最大的特点，尤其表现为长期以来形成的种族分裂和社会阶层间的分裂。正是因为分裂，南非的民主制度设计才更显重要。它是一个讨论民主问题的非常好的例证。[①] 他还讨论了这些条件对民主制度造成的制约。[②] 分裂社会需要更有融合力的民主制度，这既是巩固民主的必要条件，也是真正实现民主的途径。霍洛维茨认为分裂社会才能真正体现出选举制度设计的重要性，多数原则或者比例原则在这样的社会中会造成完全不同的政治势力对比并影响政治的稳定性。[③] 一如他在分析尼日利亚第二共和国、斯里兰卡时的观点一样，他主张更具有向心性的选举制度——为此批评了简单多数决和政党名单比例制可能存在的问题，以及选择投票制的优点，他认为分裂社会需要的选举制度是促进政党合作，并让中间选民成为决定力量。[④]

三、初选的制度形态与作用方式

“迪维尔热定律”主要是用于解析选举制度对政党体制的影响，它并不与本书讨论的初选与政党结构之间的关系有直接联系，却揭示了一个非常重要的问题，那就是选举制度是如何影响政治人物、政党策略与选民行为的。这也引发了初选制度的优劣之辩，从而为本书将要进一步展开分析的初选影响政党结构的机理提供理论基础和资源。

---

① Donald L. Horowitz, *A Democratic South Africa? Constitutional Engineering in a Divided Society*, Berkeley, Calif.: University of California Press, 1991, preface.

② Ibid., pp. 124.

③ Ibid., pp. 164.

④ Ibid., pp. 163—166.

作为党内竞争的形式，初选逐步制度化，并形成比较稳定的制度结构，也有不同的样态，比如在提名方式上采用投票制或决定制，以及初选投票或党团会议或民调的具体形式，在单一选区下采用多数决制和在名单制下采用的复数投票制（比如全票制、单记名可让渡投票制等），在选举团的差异层面采用全民投票、党员投票、党代表投票、政党精英投票或决定、政党领袖决定等不同形式。前文论述过初选类型化的主要特点与结果，[①]这些类型化之后的初选机制都有各自的结构特点和不同的作用路径与机理。显然，不同形态的初选对政治的影响是不同的，这里其实很难提炼出一个类似“迪维尔热定律”的理论形态。

总的来说，由于初选是党内竞争，政治人物为了争取政党提名，会根据初选机制而调整行为、政策和竞选策略。政治人物的行为受到初选机制引导的效果将决定政党的整体走向。从激励和约束机制的角度看，政党、政治人物以及初选机制纳入的民主元素，构成了一种复杂的交互影响关系。

一般来说，初选机制越是分权，则政治人物越有动力去接近选民，也会更加贴近选区利益，而越是集权，则政治人物会更靠近政党内部势力，也会更遵循党意。这种简单逻辑在实践中会演化出不同形式，例如在美国的开放式初选中，政治人物一般会向中间靠拢，议员候选人也会更加重视经营选区，从而导致政党结构的松散化；但在英国的复合式初选结构中，政治人物受到多重限制，既要考虑选区利益，也要争取政党中央的认同，从而塑成了一个强有力的政党结构。比较有争议的是我国台湾地区的政党初选中以民调形式来决定候选人，在原理上是采用了直接开放式初选，却比它走得更远，那就是民调方式会促使政治人物更趋向中间化。易言之，选举团范围其实是影响乃至决定初选机制整个作用路径的关键。

---

① 参见本书第一章第四节。

由于政党结构、政治人物和初选机制(核心就是选举团的范围)之间存在着交互影响的关系,通过设计初选机制,政党能够有效引导政治人物的行为,而这种制度设计显然又是政党结构本身的发展目标。这就是本书所采用的宪法工程的理路。这种作用关系就是我们探究政党制度以及党内民主制度化模式的核心内容,然而,它却可能超出政党制度本身的范围,而进入到更为直接的政治行为领域。它们的关系可参见图 4.1。

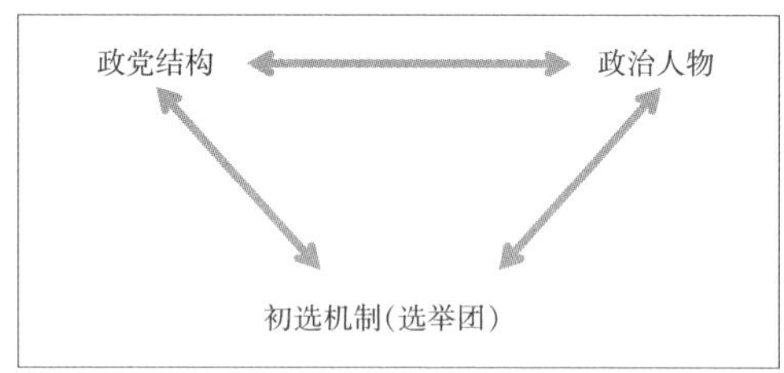

图 4.1 初选机制、政治人物和政党结构之间的影响关系

四、初选对政党结构的影响:一个分析框架

"迪维尔热定律"用于分析正式选举制度对政党体制的影响,初选制度较之差距甚远,因为初选是解决党内的问题——党内权力分配显然不同于政党之间的竞争,也不同于正式选举制度对政党结构的影响。然而,初选对政党结构、政党内部权力分配以及政党政治运行也有着直接影响。哈赞(Hazan)和拉哈特(Rahat)从民主的参与性(participation)、代表性(representation)、竞争性(competition)和回应性(responsiveness)四个方面分析了候选人挑选的政治效果。[①] 这四个方面都是现代代议制民主政治的基

① Reuven Y. Hazan and Gideon Rahat, *Democracy within Parties: Candidate Selection Methods and Their Political Consequences*, Oxford: Oxford University Press, 2010.

础。公民能够参与到挑选政党推出候选人之中，而这些候选人之间展开竞争，目的也是更好地代表人民，而选上的代表们也将更好地回应人民的需要。[①] 尽管这些问题都是国家层面的，也是全国层面的，但政党作为民主体制中最主要的部分，也能体现出相应的逻辑，甚至是能够直接回答这些问题。这里就简单介绍这个理论框架，它能够为我们提供一个衡量和评价初选机制的标准。

参与是民主的重要基础。在代议制民主中，公民有权来选择他们的代表，这是其基本原理。那么，政党内部的参与主要体现在哪个层面呢？正如前面我们分析的那样，候选人挑选方式越来越开放，这被视为民主化的主要表现，许多政党挑选候选人所采用的选举团逐渐演变为全体党员甚至全体选民。事实上，当全体普通党员都能够参与、影响乃至决定候选人——而非是由党代表大会、党中央执行委员会乃至党的领袖来决定，就意味着参与程度的改变。同样重要的还有初选的投票率——参与的数量和质量的问题，它们也能够反映出参与程度的差异。因此，我们可以通过分析民主化的初选机制对参与的影响——特别是选举团范围的变化——来表明初选对政党的影响。[②]

代表性是一个复杂的概念。关于代表关系，理论上有很多解读，比如可以将其解释为一种授权，或者一种信托。代表性的问题可以分别从理论层面和从经验层面进行表述，后者才是本书语境下较有意义的概念，因为它反映了社会在统计学意义上的构成，或者对政党来说，它反映了投票群体在统计学意义上的组成。[③] 在选举的意义上，所谓代表性就是政党得票的比例能够最精确地转

---

① Reuven Y. Hazan and Gideon Rahat, *Democracy within Parties: Candidate Selection Methods and Their Political Consequences*, Oxford: Oxford University Press, 2010, p. 88.

② Ibid., pp. 89—90.

③ Ibid., p. 106.

化为议会席次。换句话说，符合比例性是代表性的一种特点，[①]这也是我们对民主选举的一般要求。尽管最后按比例选出的议会在统计学意义上并不是最具代表性的，但政党是否在挑选候选人时能够解决这个问题？学者们一般都认可政党在影响代表性方面的作用，尤其是政党在减少供正式选举中选择的参选人的范围方面的角色。[②]

民主意味着自由竞争。竞争性比较容易理解，那就是民主所需要确保的自由竞争，政党、民意代表参与选举活动就是代表不同利益、价值和认同的角逐，他们需要定期接受选民的选择和检验。党内竞争同样是民主的要求，政治人物要接受其支持者的检验，无论这些支持者是党员、党代表、政党精英还是单一的政党领袖。竞争性也被认为创造了责任性和回应性的基础，那就是在任者为了获得连任，会积极回应其支持者，也会对其行为更加负责。[③] 然而，尽管适度竞争对民主来说是必要的和正面的，没有竞争对民主来说是很不好的，但竞争过度也可能造成一些问题。例如，如果在任者不再追求连任，那么他们还有动力来投入精力、服务选民、承担责任吗？过度竞争也会造成金钱、资源大量甚至过度投入，从而让金钱控制政治以及形成腐败。[④]

回应性是同代表性直接联系在一起的。这是因为我们认为代表(性)对其选民来说就意味着回应性，意味着责任性。代表的回应性就是积极回应其选民的利益、需要和诉求。[⑤] 不过，这里也关

---

① Reuven Y. Hazan and Gideon Rahat, *Democracy within Parties: Candidate Selection Methods and Their Political Consequences*, Oxford: Oxford University Press, 2010, p. 106.

② Ibid.

③ Ibid., p. 124.

④ Ibid.

⑤ Ibid, p. 145.

涉到代表理论中的“授权——独立”悖论，即选举出来的代表获得授权后是否将独立行使议员权力。不过，无论是授权，还是独立，都要求代表为其行为向选民负责。授权理论表明代表只是代理人，这就简化了代表的概念，当然也就要求代表们有更高的回应性。代表就必须更多考虑选民的立场，并按照选民意志来行使其权力。而针对代表的奖惩机制与他们的回应性程度直接相关——回应性程度高，则有利于他们获得更多支持并获得连任或者高升，回应性程度低，则可能流失选票导致落选。独立理论则认为代表是信托人，他们要按照自己的意志来行动，考虑的是公共利益，而它有可能不同于他们的选民的具体利益。① 只不过，在现实政治中，议员的独立性从未使得他们会完全脱离选区利益。

第二节　政党国的内部意义：初选的宪制化过程

政党政治是现代民主的必要条件。② 一方面，现代民主国家的政权组织和政治决策大部分受制于政党运作，民主显示出与政党不可分割的关系并越来越依赖政党。另一方面，人民意志的形成、汇集和表达也大都需要通过政党来完成，政党是最重要的“形成人民意志的机构”。因此，政党是立宪时不得不考虑的问题，政党国被认为是现代宪法的基本原则之一。本节要讨论的问题是，初选构成了政党国(原则)的内涵之一，这也反映了初选机制的宪制化趋势，而它也要符合现代宪法的一般原理。具体来说，初选既

① Reuven Y. Hazan and Gideon Rahat, *Democracy within Parties: Candidate Selection Methods and Their Political Consequences*, Oxford: Oxford University Press, 2010, p. 145.

② 周淑真:《政党政治学》，人民出版社 2011 年版，第 195 页以下。

是政党形成、汇集和表达民众意志的通道，也是塑造党内民主的制度基础。初选机制能够实现政党的目标，影响政治人物的行为，同时控制政党的结构与政党政治的运作。一个好的初选制度可以确保政党的开放、温和与稳定，让政党及其成员接受民众检验，而非受政党领袖控制。本节将首先介绍政党国原则的内涵，特别揭示其要求政党内部民主的意义，接着将表明政党的宪法地位和民主功能，然后从党内民主的视角分析初选的宪制地位，表明初选所具有的独特功能，最后将说明初选促成的政党法治化，表明初选机制在政党法治结构中的地位。

一、政党国原则及其内涵

德国基本法第 21 条规定："一、政党应参与人民政见之形成。政党得自由组成。其内部组织须符合民主原则。政党应公开说明其经费与财产之来源与使用。二、政党依其目的及其党员之行为，意图损害或废除自由、民主之基本秩序或意图危害德意志联邦共和国之存在者，为违宪。至是否违宪，由联邦宪法法院决定之。三、其细则由联邦立法规定之。"该条规定对政党以及政党制度的发展来说具有里程碑式的意义。"政党的行动领域不仅仅局限于代表人民，还延伸到了国家的机构和组织中，因为它们决定了人事和议程。这个国家就表现为一个'政党国家'。"[①]政党制度成为国家民主制度中最重要的组成部分之一，并被宪法接纳；宪法也确立了政党的宪法地位和行为规范，规制政党和政体之间的关系，约束政党的价值取向和行为。

基本法明确规定政党的地位以及党内民主的要求，与纳粹时

---

① Dierter Grimm：Political Parties，in E. Benda，W. Maihofer，H. J. Vogel，K. Hesse and W. Heyde（eds.），*Handbuch des Verfassungsrechts*，Berlin，1994.

代的惨痛教训以及两德分裂时期独特的政治环境有密切关联。通过这一规定，德国希望实现政党的良性发展和政党政治的规范运作。基本法第 21 条第 3 款还进行了明示的宪法委托，这为后来制定《政党法》提供了宪法依据。不仅如此，联邦宪法法院还通过一系列的判决和宪法解释为政党的宪法位阶提供了更多的依据。[①]因此，政党和政党制度是德国民主制度与宪法秩序中颇具特色的一部分。德国宪法理论上逐步形成了政党国原则，它是德国宪法理论体系的基础，也是德国宪法的基本原则。[②]

关于政党国原则的内涵有不同的理解，但其核心内容是指由基本法建立起的一种法律秩序。这一秩序下，政党具有一定的宪法地位；国家以政党为形成、汇集和表达人民意志的主要渠道，并使政党成为人民意志与国家意志联系之纽带；国家并形成了对政党的细密保障措施，尤其注重保障政党之间的平等和政党内部民主，并形成"自卫型民主"(Militant Democracy)来控制、规范政党的目的和行为。这种法律秩序就被称为"政党国"，是为对政治事实的一种描述。[③]

作为宪法的基本原则和基础理论，政党国实际上是将制宪者的意志以及立宪主义的精神和价值实定化而进入宪法，因而形成了一定的宪法规范。"政党国原则"的首要表现是政党在国家宪法

① 张千帆：《西方宪政体系(下)》(欧洲宪法)，中国政法大学出版社 2001 年版，第 285—300 页。

② 陈慈阳：《宪法学》，(台湾)元照出版 2005 年版，第 261 页。陈慈阳教授在该书中将"政党国"与"法治国"、"民主国"、"社会国"等并列，将其视为宪法的基本原则之一。[德]康拉德·黑塞：《联邦德国宪法纲要》，李辉译，商务印书馆 2006 年版，第 131 页。黑塞教授在基本法基础一章中论述了政党及其在德国宪法理论和基本法中的地位，并将政党制度视作了民主的当然和基本的内涵，将政党国体作为了德国宪法的基础之一。

③ 陈慈阳：《宪法学》，(台湾)元照出版 2005 年版，第 261 页。

中有明确的地位。关于政党的宪法地位问题，德国学界曾有长久的争议。① 传统观点认为政党乃一"准国家机构"，这与美国当下关于政党的性质定位相类似。但也有学者认为既然政党已经成为国会国家（代议制民主国家）之意志的形成机器，就应当将政党视作"国家机构"。② 有学者则持不同观点，认为政党毕竟不是国家机器，其本质仍为"人民社团"，只不过它具有一定的特殊性（而要受到特殊保护）。③ 联邦宪法法院对其宪法地位的观点也有一个变迁的过程，最初曾将政党视为了国家机构，后来则采纳了所谓的"政党宪法位阶理论"，即政党是一国规范体系中的一部分，且为最高司法判决"描述之对象"，即政党在一国宪法法秩序中具有宪法位阶；同时，也不否认和排斥政党的社团属性，即承认政党在宪法位阶外还具有民法上的特性。④

由此可见，政党的宪法地位与宪法对政党的规范密切相关。从理论上看，宪法规范可以对政党做出细致的规定，包括（1）公民享有组成、加入和退出政党的自由；（2）政党内部必须形成民主秩序，并受制于宪法；（3）政党间必须是平等的；（4）政党得以自己的名义进行权利救济，例如得提出宪法诉愿和宪法诉讼；（5）现代政党可以从国家财政中获得资助，并且政党接受政治献金必须遵循一定的规则；（6）政党必须履行一定的宪法义务，比如公布政党财产并接受广泛的监督和审查，政党的政治纲领必须公开，政党须遵守自由民主的宪法秩序而不得试图去破坏该

---

① 张千帆：《宪法学导论》，法律出版社2008年版，第414页。

② Battis/Gussy, Einfuhrung in das Staatsrecht, 3. Aufl. 1991, Rdnr. 86. 转引自陈慈阳：《宪法学》，（台湾）元照出版2005年版，第268页。

③ Maunz/MDHS, Kommentar zum GG, Stand: 1993, Art. 21, Rdnr. 3. 转引自陈慈阳：《宪法学》，（台湾）元照出版2005年版，第268页。

④ 陈慈阳：《宪法规范性与宪政现实性》，翰卢图书出版有限公司2007年版，第137—139页。

秩序等。[①] 这些规定可以体现在宪法原则、基本权利和义务、政治制度等部分，例如公民的结社与组党自由、公民和法人的请求救济权、平等原则、选举制度和政治献金法等。因此，尽管基本法第 21 条是专门针对政党的，在基本法的其他部分也可以找寻到相关的依据。但基本法第 21 条第 1 款规定的组党自由的保护程度相较于结社自由更高，因为基本法规定的组建、加入和退出政党都是自由的，而且与其他社团相比，政党享有更高级别的保护以免于被解散（“自卫型民主”可以认为是解散政党的合宪事由）。[②]

政党受宪法规范的另一重要表现是政党的内部民主。基本法第 21 条第 1 款的第 2 句“其内部组织须符合民主原则”，明确规定了政党内部必须符合民主秩序。这是宪法介入到政党事务的表现，表明了政党国原则的特别内容。我国台湾地区“人民团体法”第 49 条也规定了政党内部民主的具体内容（尚未制定《政党法》）。陈新民教授认为，党内民主要求党章明确并符合宪法规定；党员享有宪法基本权利，党员享有入党及退党权、言论权、党内外结社权等；在遭遇党纪处分或其他不公待遇后，党员可以请求党内的独立的公正的仲裁；更为核心的是，参与选举的政党候选人推选制度（即“党内初选”）必须符合民主的原则和民主的程序。[③]

---

① [德]康拉德·黑塞：《联邦德国宪法纲要》，李辉译，商务印书馆 2006 年版，第 136—146 页；陈慈阳：《宪法规范性与宪政现实性》，翰卢图书出版有限公司 2007 年版，第 137—139 页；Dierter Grimm: *Political Parties*, E. Benda, W. Maihofer, H.-J. Vogel, K. Hesse, W. Heyde (eds.), *Handbuch des Verfassungsrechts*, Berlin 1994.

② [德]康拉德·黑塞：《联邦德国宪法纲要》，李辉译，商务印书馆 2006 年版，第 136 页。

③ 陈新民：《德国公法学基础理论》（上册），山东人民出版社 2001 年版，第 262—274 页。

二、政党的民主功能及其宪制化

德国的政党可以被称为民主政党，或者说政党国原则下的政党应当是民主政党。这一方面是因为政党国原则对政党内部民主做出了具体规定，另一方面也是因为政党在政治与社会发展中发挥着民主功能。[①] 民主政党不同于一般的政治社团。这种不同首先在于民主政党具有高度的政治性，即为了一定的政治目的而成立，并以参加选举和影响国家意志为任务。[②] 民主政党还具有比较强的组织性，比如政党活动具有连续性，政党往往希望通过政党活动来汇集、影响和表达国民意志。政党往往具有一定的纪律性，并且为实现其目的而提出政纲或者党纲。政党的党纲或者政纲原则上不应抵触宪法，不能违背自由民主的宪法秩序，但如何界定或者认定需要进一步考虑。

政党充分发挥其功能是民主制度的基础。政党国原则之所以能够在德国形成和发展，也是基于政党在社会政治生活领域发挥了越来越重要的作用。[③] 这些作用包括民意的形成、汇集和传递，

---

① 关于政党的民主功能，参见祁刚利：《政党民主论》，中央编译出版社2011年版，第50—70页。

② 有学者认为政党的终极目的在于执政。但本文认为，政党并不以有成为执政党的目的为必要，例如有些政党就公开宣称其只是为了特定的目的而成立或组建（例如为辅助特定人物而成立，革新某一既有政党而成立等）。这些政党也参加选举并在积极影响国家或地区的政治意志形成，并不能以其不以执政为目的而否认其政党地位。因此，德国《政党法》第2条第1款规定："政党是在联邦或州的领域内长期影响政治意愿的形成并且代表国民参加德国联邦议会或者州议会的公民结社，但以他们凭借自己的资格和参与条件，尤其是其组织的规模和力量、党员关系以及在公众中的表现所提供的充分保障为限。只有自然人可以成为政党的成员。"

③ [德]康拉德·黑塞著：《联邦德国宪法纲要》，李辉译，商务印书馆2006年版，第131页。

以及形成国家政策，组织、参与和动员选举，组织国家政权，并且培育人民民主，承担部分国家监督职责等。联邦宪法法院认为，政党之所以能够在一国法秩序中占据重要地位，是因为它"是作用于所有公共生活领域内之国民政治意志之形成，在此所有领域内，政党特别是对公共意见的形成具有影响，对政治意见的形成可提供建议或可提供可深入的探讨，它亦可促进国民积极的参与国家政治生活，去训练及教育有能力负担公共任务之民众来经由政党之提名参与国家选举。"①

政党的民主功能具体可以分解为如下几个方面：(1)在选举中的作用，包括形成、汇集和表达民意，组织和动员选举，降低选举成本；(2)在政权组织中的作用，包括组织和形成政府，传递、表达和表征民意；(3)在政策形成和实施上的作用，包括形成、制定政策，政策宣传和政策辩护；(4)民主教育功能，即政党能够承担起促进民主思想的传播、推动民主教育发展的责任，促进人民积极参与国家政治生活，训练及教育有能力担负公共任务之公民来经由政党提名而参与国家选举；(5)民主监督的功能，即政党是重要的民主监督机构，竞争性的政党制度构成了广义的监督制度的一部分。

三、初选机制的宪制地位与审查基准

随着政党地位的宪制化，党内民主也变得日益重要，初选作为党内民主的重要表征，也逐步取得了宪制地位。尽管初选的作用形式和具体操作方式在不同国家有不同表现，但初选机制整体运用于促进党内民主的思路却是相同的。事实上，挑选候选人参加选举是政党最核心也是最重要的任务，初选也因此决定了政党的核心任务和主要激励模式，这就从根本上确定了初选之于政党的

① Hervorhebung nicht vollig im Originak-Vgl. BVerfGE 24,264 ff. 转引自陈慈阳：《宪法学》，(台湾)元照出版 2005 年版，第 269 页。

地位和价值。正如前文所述，党内民主是政党国原则的核心价值之一，而初选又是党内民主的直接体现，这种联系就能够凸显初选的宪制地位。

在美国，初选是法律的明确规定，也是美国选举制度体系的一部分。尽管宪法没有任何关于初选的规定，但这并不妨碍初选在宪制结构中的地位。由于初选被法律详细加以规定，美国政党的国家化和制度化非常明显，而这也是初选的直接政治效果。在德国，尽管初选的民主化和分权化程度不如美国，但基本法确定的政党国原则为初选提供了相当稳固和深厚的基础。在一些国家或地区，初选完全属于党内问题，比如法国、以色列和比利时，这些国家或地区的政党推举候选人的制度会经常变化。不过，它们影响政党结构、候选人行为和议会的情势十分显著，也是这些国家或地区的政治的主要影响因素之一。

曾经引起广泛关注的我国台湾地区国民党2016年大选领导人提名过程中的争议，能够比较清楚地阐释这个问题。中国国民党为2016年领导人选举制定了初选办法，洪秀柱作为唯一符合条件的参选人依照该办法通过初选，并在党的全国代表大会(2015年7月19日召开)上正式成为该党决议的2016年领导人选举的候选人。这是国民党第一次通过初选办法产生领导人选举的候选人。然而，洪秀柱获得提名后，由于民调低、选举情势低迷、党内反应较差，遭遇到该党部分政治精英乃至大众党员的反对。该党于2015年10月17日召开临时全国代表大会，通过了废止提名洪秀柱参选的决议，并通过了征召时任党主席的朱立伦代表该党参选的提案。这就是新闻报道中所谓的“柱下朱上”、“换柱风波”。

在初选举办之前，国民党就定有2016年领导人选举提名办法(简称“初选办法”)，却又通过党的临时全国代表大会做出了废止提名按照此办法产生的候选人的决议，同时在该大会上按照新的程序(党代表连署提案)通过了提名其他人代表该党参选的提案。

这其中涉及的宪法和政治问题比较复杂,显然会产生比较大的理论争议。由于它未能成案,按照不诉不理的原则,法院无法介入来阐明其中的争议。但它仍然能够引发我们对相关问题的思考。这里关注的焦点就在于:这种做法符合民主要求吗?政党自行制定的初选办法可以被忽视吗?按照此办法产生的候选人可以被弃置吗?这样做又需要什么条件呢?

民主是一个相当复杂的概念,从程序上解读民主能够有利于我们这里的讨论。罗伯特·达尔关于(多元主义)民主"最低限度的程序"的八大制度保障(标准)分别是:(1)成立和参加社团的自由;(2)表达自由;(3)选举权;(4)担任公职的资格;(5)政治领袖通过竞争获得支持和选票;(6)未经筛选的消息来源;(7)自由且公正的选举;(8)政策制定受制于选票与选民意志。[①] 它或许与党内民主程序有别,却有助于提示我们对此问题的认识。无论是我国台湾地区的"人民团体法",还是各国通过的"政党法",都将"民主"原则视为政党组织与运作的最根本原则。这也是政党国原则的核心内涵。政党民主原则既要求多数人意志得以彰显,也要求少数人利益得到保障,这种现代民主精神在党内的贯彻也应该是基本共识。而这两项基本标准自然也成为控制政党最高权力机构的标准——其实也是权力运行的标准。

政党内部民主的基本内涵在于政党不得违反国家的自由民主秩序,这正是德国《基本法》第 21 条确立的原理。如果政党危害到国家的宪法秩序,那就会受到国家权力的干涉,政党或被宣布为违宪而遭解散。这可以被视为审查政党民主化程度的一项标准。[②] 由此推之,国家(司法)介入政党内部组织运作可以建立起不同的

① Robert. A. Dahl, *Polyarchy: Participation and Opposition*, New Haven: Yale University Press, 1971, pp. 2—3.

② 陈慈阳:《宪法学》,(台湾)元照出版 2005 年版,第 273—284 页。

审查基准，最强者正如《基本法》第21条的规定；如果政党内部违反民主原则，同样应当接受审查，此为中度审查标准；如果政党行为符合民主原则，那么国家权力应当尊重政党的自主性，或仅采用宽松或低度审查标准。此种原理的建构应当很容易被理解，因此问题就转换为如何衡量政党违反民主原则的具体行为和判定依据。

国民党要正当化其处理领导人选举中的候选人提名问题（初选的民主化问题），需要有法律的强制性规定和党内法规的明确规定作为依据。依据国民党党章，党的全国代表大会是党内最高权力机关，这一机关可以决定党内重大事务，这是政党自治的基本原理，也是政党民主体制的一部分。[①] 因此，即便国民党党章没有列明全国代表大会有撤销提名的权限，但全代会依然可以做出类似决定。问题在于，这需要接受司法的审查，因为它会出现侵害利益相关人的可能性，即洪秀柱已经获得提名，却在没有党章依据的前提下被撤销提名。这种规范之间的冲突会成为解决这个问题的关键。同时，国民党制定的《公职人员选举提名办法》中也没有撤销洪秀柱提名的依据（只列定了在出现一些贿选、暴力等违法负面行为时，政党中央机构可以剥夺已获得提名的候选人的资格）。那么，国民党及时修改党章和《公职人员提名办法》可行吗？这或许涉及能否溯及既往的问题，同样是司法领域的争议。

当发生了政党自主与党员权利保障之间的规范冲突时，法院应当如何裁判呢？在这个案例中，从原则上看，国民党通过临时全代会“废止”洪秀柱提名的做法缺少党内规定作为依据，而法律又没有明确授权。国家权力应当尊重政党自主性行为，如果未进入司法争议，则不需要接受审查；但如果这一行为接受审查，其合法性会遭遇挑战，国民党或许只能依赖抽象的政党自治原则——党

① 参见祁刚利：《政党民主论》，中央编译出版社2011年版，第140－144页。

的全国代表大会具有政党权力基础的角色。如果这一过程涉及侵犯党员合法权益的可能性，从保护党员权利的角度，政党的行为应该接受更为严厉的审查。易言之，如果洪秀柱提起诉讼，国民党败诉的可能性会很大。

当引发侵害党员权益的司法诉讼时，政党行为尽管欠缺依据，却可以通过民主原则补强其正当性，这就是更换候选人需要经过党的临时全国代表大会的理由。在这种情况下，洪秀柱又没有提起诉讼，国家权力就不宜直接或主动干涉，这正反映了党内民主的要义和政党自主性的原理。尽管没有明确依据，国民党依然可以按照各种理由来撤销洪秀柱的提名资格，因为它符合基本的多数原则。然而，政党如此操作，却可能整体承受政治后果——例如来自选民的惩罚，这正是民主责任制的要义。

四、初选与政党法治化

1967 年，德国颁布了世界上第一部《政党法》，将政党正式纳入法治的轨道，形成了一套完善的规范政党的法律和制度体系，并引领了世界立法潮流。德国《政党法》为世界政党法治化提供了范本，有学者统计，截止 2009 年，至少有 35 个国家制定了专门的政党法。[①] 实际上，德国的政党法治化并不仅仅依赖《政党法》，《基本法》和《选举法》的规定也发挥了很大的作用。政党法治化进一步改变了政党在政治和法律结构中的地位，促使“政党国家化”——政党因而取得了一种准国家机构或者制度化机构(institutionalized)的地位。政党立法明确了政党的性质与宪法地位，为政党在国家政治和社会生活中发挥作用奠定了基础。德国《政党法》第 1 条就说明了政党的地位是“宪法所要求的自由民主秩序的不可或缺的组成部分。政党以其在自由地和持续地参与国民政治意

① 叶海波：《政党立宪主义研究》，厦门大学出版社 2009 年版，第 6 页。

愿的形成方面尽其所能地发挥作用，以履行基本法所赋予的公共职责。”关于政党的定义以及对政党的具体要求是德国《政党法》做出的比较明确和有操作意义的规定，它要求政党必须将其目标列入政治纲领中，并特别规定了政党的退出机制：“如果一个政党连续 6 年既没有提名候选人参与联邦选举，也没有提名候选人参加州选举，它将失去其作为政党的法律地位。”这表明，提名候选人参与选举是政党的核心任务之一。

政党立法也是党内民主的保证。《政党法》第二部分详细规定了政党的“内部秩序”，对政党民主提出了具体的要求，包括党章必须明确党员的权利和义务以及惩处党员的纪律措施，政党必须设置地区分支机构，必须成立党员大会或者党员代表大会（党员大会及党员代表大会和委员会是必要机构）等。这些规定无疑介入到了政党内部自治的事务，同时也是将政党内部进行民主化的必要条件。此外，政党立法一般也明确规定了违宪政党被取缔的条件、程序和结果。正如前文所述，政党违宪是德国政党国体和民主制度的重要内容，但基本法却没有明确政党违宪的细节。《政党法》就是具体化基本法第 21 条第 2 款的表现。不过，越来越多的国家或地区的宪法直接规定了政党取缔程序。

政党法治化所确立的党内民主原则、法治原则共同构成了政党推动初选制度的基础。一方面，党内民主就要求政党权力的下放，而作为最核心的提名候选人的权力自然十分突出，成为政党民主化改革的首要对象。另一方面，党内民主要求确保党员的权利，而参与推举候选人逐渐演化为党员的核心权利之一。而法治原则同样重要，既表现在初选制度应当符合宪法和法律的规定，符合民主原则，也表现在初选的具体规则要有明确性和实效性。不过，由于德国《选举法》先于《政党法》，有关初选的规定主要出现在《选举法》之中，而非《政党法》之中。《选举法》的有关规定同样也构成了政党法治化的主要内容之一。

第三节　初选与政党结构的演进

正如前文所述，在政党取得宪法地位之后，政党内部民主也成为基本法律秩序对政党的要求，初选逐渐宪制化，对政党结构自然也发挥了决定性作用。在初选趋向民主化的过程中，政党结构也发生了演进和变迁。政党采用初选方式推出候选人会带来政党结构的演进，具体表现为从集权到分权、从中央化到地方化、从强政党结构到弱政党结构、从精英型政党到大众型政党。本节将首先说明初选的民主化特点，并借用前面提出的理论框架来说明初选是如何影响政党结构的，接着重点分析初选是如何影响政党权力分配的，特别提出初选遏制"寡头统治铁律"的功能，第四部分将反过来证成初选与政党统一性之间的关系，最后将分析初选如何影响政治人物的行为动机。

一、初选所影响的政党特性

政党类型是政党理论（"政党学"）的重要内容，不同类型的政党有不同特性。一般认为，英国在 18 世纪出现的辉格党和托利党是现代政党的源头。在现代政党理论中，群众型政党和干部型政党（精英型政党）一直是重要的分类方式。干部型政党主要是"议会中的政党"和"作为选举机器的政党"，政党推荐候选人（举办初选）时的角色和作用是非常显著的。群众型政党的党员和党组织在不同层面都十分活跃，议会外的政党组织平时也积极活动，选举反而是由一个相对较窄的团体来经营和操作。迪韦尔热详细论述了这种类型划分，同时还特别指出了类似纳粹党那样的"信徒党"。[①] 不

① M. Duverger, *Political Parties: Their Organization and Activity in the Modern State*, London: Methuen, 1954, pp. 61－132.

过，随着政党政治日趋完善，政党竞争逐渐多元化，这种类型的区分已经不再那么明显。

有学者提出了“全方位政党”（全民型政党）的概念，基于社会阶层分化的淡化，群众型政党正在转变为在意识形态和政治价值观上态度温和的全方位政党。在全方位政党之中，政党为了获得更多选民的支持，逐渐淡化其意识形态和阶级属性，政党逐渐同政府和国家利益结合，不再追求独立的政党目标，政党精英和中央组织发挥了更大的作用，利益集团与政党之间的结合得更为紧密。[①]在学者看来，全方位型政党会取代以往的精英政党和群众型政党，这种新的政党类型会产生一种非结构化利益氛围（Climate of Unstructured Interests），对选民和政党本身均会带来迷惑。[②]

针对迪韦尔热将群众性政党作为分析对象的做法，有学者提出了“卡特尔政党”的概念。[③] 这种观察政党结构的理论认为政党和国家之间的界限逐渐减少，随着国家干预社会的程度逐渐加深，政党和国家之间转入融合，政党在国家政治和社会生活中发挥了更为“粘合”的作用。当政党逐渐取得了“准国家机构”的地位，政党国原则也逐渐成为宪法的基本原则。实际上，这一理论认为政党本身就是一种政治体制，政党内的三种力量——普通党员的组织、执政组织和官僚机构的组织之间会不断斗争，也会结成同盟；执政组织通常希望降低普通党员组织的影响力来获得更大的行动

① Otto Kirchheimer, The Transformation of the Western European Party Systems, in Joseph LaPalombara and Myron Weiner (eds.), *Political Parties and Political Development*, Princeton N. J.: Princeton University Press, 1966, pp. 177—200.

② Ibid.

③ Richard S. Katz and Peter Mair, Changing Models of Party Organization and Party Democracy: The Emergence of the Cartel Party, *Party Politics*, Vol. 1, No. 1(1995), pp. 5—28.

自由。卡特尔政党不再属于公民社会，而融入国家之中。因此，卡特尔政党与国家财政支持的关系密切，政党中央和地方组织之间的关系也变得疏离，主要政党之间的共谋与合作关系更为突出。[①]

政党类型的划分依据十分多样，民主化程度始终扮演着重要角色，它又直接关系着政党制度化或者国家化的程度。初选本身被视为政党民主化的一项重要表征。前面已经论证过，从逻辑上看，初选意味着政党将其最重要的事务和最核心的权力下放至地方党部、党员乃至大众选民，这种内部权力配置模式的转换意味着党内民主进入到不同层次，这将影响我们所认识的政党类型。具体来说：

首先，候选人挑选是政党的核心权力，初选机制即意味着一种政党权力的分配或分散模式。初选的模式影响了政党的权力分配结构。前面已经论及，初选机制本身就有分权程度的差异，越是开放的、直接的、层次多的、决定权下移的初选模式，分权化程度就越高。这种分权化程度其实就是政党的分权化程度的表征，也就决定了政党的内部权力结构特点，例如集权式政党和分权式政党的类型划分就主要来自于此。

其次，初选机制在很大程度上决定了政党的开放程度。美国政党所采用的直接初选，就是高度开放性政党的表征，开放式初选更是将全体选民作为选举团，美国政党也因此被视为最开放的政党结构类型。与之相对的就是那些由单一政党领袖或者政党核心干部群体来决定候选人名单的政党，往往被视为封闭的政党结构。开放与封闭之辩，也被认为是政党民主化程度和现代化程度的表征之一。

---

① Richard S. Katz and Peter Mair, Changing Models of Party Organization and Party Democracy: The Emergence of the Cartel Party, *Party Politics*, Vol. 1, No. 1(1995), pp. 5—28.

第三,初选在一定程度上可以作用于政党的群众基础,扩大政党的核心支持者范围,从而进一步强化政党的民主色彩。越是开放的、分权的初选类型,政党的群众性基础越广泛和牢靠。易言之,初选也可以影响政党的组织类型。采用更加民主化的初选模式,则意味着走向群众型政党的可能性较高,若相反,则意味着政党可能还停留在精英型政党或者干部型政党的层次上。

第四,初选的制度化程度影响政党的法律和政治地位,突出表现为政党的宪制化,也涉及前面提到的政党卡特尔化。这在美国表现得最为显著,由于美国初选是由立法直接规定的,因而政党也变得高度制度化和国家化。事实上,对美国政党来说,选拔政治人才、举办初选几乎就是最重要的政治任务。这也反映了不同国家或地区的政党自治界限。

二、初选影响政党民主的理论框架

前文借用了哈赞(Hazan)和拉哈特(Rahat)的理论,提出初选影响政党结构的理论框架,是初选分别在参与性、代表性、竞争性和回应性四个层面所能发挥的作用。[①] 那么,初选制度究竟是怎么影响政党民主的呢?哈赞(Hazan)和拉哈特(Rahat)也提出了一系列的问题域。首先要考虑的是,初选方式是否能够表达民主的标准(参与性和竞争性),以及能否产出民主的结果(代表性和回应性);第二,初选方式是否有助于权力扩散的自由标准;以及第三,初选方式是否有助于强化政党作为实现民主的重要政治组织的健康。[②]

---

① 参见本章第一节第三部分。

② Reuven Y. Hazan and Gideon Rahat, *Democracy within Parties: Candidate Selection Methods and Their Political Consequences*, Oxford: Oxford University Press, 2010, p. 166.

如果民主是按照具体标准来运行并且还会产生具体结果的话，我们来衡量初选办法是否有利于民主，就要看它是否有助于促进前面所论述的民主的四个元素。这四项元素涉及我们关于民主的一般观念：民主是一项制度，它允许所有公民参与选择候选人和政治团体来更好表达他们的利益和价值，候选人通过彼此竞争来取得选民的支持，在当选后要对他们的选民保持适度的回应性。[①] 哈赞（Hazan）和拉哈特（Rahat）认为参与性和竞争性是最低限度的民主的两个最基本标准，而代表性和回应性是民主制度所产出的两个相关结果。[②] 由此看来，民主化的初选方式应该有助于满足如下四个方面的要求：更高的更有意义的政治参与，形成和容纳有力的多元的社会观点，党内的实质性竞争以及来自选举压力而形成的候选人或者当选人与选民之间的回应性关系。[③]

民主也是一种分配权力的制度。党内民主最主要的目标之一就是限制乃至阻止米歇尔斯提出的“寡头统治铁律”。[④] 在这个意义上，政党权力的扩散对民主来说就十分关键。显然，如果候选人挑选的选举团范围过于狭窄，将这一重要权力集中在政党领袖或精英手上，那么它是不利于党内民主的。不过，这并不意味着“寡头统治铁律”就一定要求选举团范围扩大到要求由全体选民或者全体党员来决定候选人。事实上，这个定律会要求我们限制采用某种单一的选举团，无论它是地方性的还是全国性的，是极端开放的还是极端

---

① Reuven Y. Hazan and Gideon Rahat, *Democracy within Parties: Candidate Selection Methods and Their Political Consequences*, Oxford: Oxford University Press, 2010, p. 166.

② Ibid.

③ Ibid., pp. 166—167.

④ [德]罗伯特·米歇尔斯：《寡头统治铁律——现代民主制度中的政党社会学》，任军锋等译，天津人民出版社 2003 年版。

封闭的。[①] 易言之,它要求采用某种能够分权制衡的选举团模式,而非信任单一的选举团,后者也容易造成不民主的结果。[②]

众所周知,政党是现代民主中不可或缺的角色。候选人挑选作为政党最重要的权力和任务,它也提供了一个机会给那些忠诚和积极的党员,使他们能够对谁能成为候选人以及谁能成为民意代表发挥影响力。通过推举候选人,政党能够配置资源和特权。易言之,初选能够为党员和政党积极分子提供动力,也能够保留和强化党内的积极元素。[③] 不过,初选也会造成一定的危机,那就是党内的竞争和冲突可能破坏党的团结以及政党运用政治资源的能力。[④] 由于政党在民主中的特殊地位,候选人挑选之于政党的意义也就表明其之于民主的意义。好的候选人挑选办法应当不去伤害政党以及不损及政党之于民主制度的意义。[⑤]

三、初选影响的政党权力和资源分配

这里需要特别讨论初选是如何影响政党的权力和资源分配的。作为政治组织,政党在其内部承担着分配政治权力和资源的任务。“现代政党是由多数人组成的正式政治组织,它通过各种可能的方式来争夺政权、谋取政治职位、影响政府政策,以实现其价值追求或利益追求。”[⑥]这种界定政党的方式指出了政党的特点与

① Reuven Y. Hazan and Gideon Rahat, *Democracy within Parties: Candidate Selection Methods and Their Political Consequences*, Oxford: Oxford University Press, 2010, p. 167.

② Ibid.

③ Ibid., pp. 167—168.

④ Ibid.

⑤ Ibid.

⑥ 刘红凛:《政党类型与党内民主分析》,《中国人民大学学报》2010 年第 5 期。

任务，同时也说明了政党所具有的权力和资源分配的功能。政党所具有的这种功能也使得党内竞争乃至党内民主成为其核心结构特点。初选能够作用于这些核心问题，从而影响政党结构乃至政党体制。

这种从政治社会学的角度考察政党内部结构与功能的方法早就引起了关注，那就是德裔意大利籍政治学家米歇尔斯所提出的“寡头统治铁律”。尽管它的论证受到很多批评，但这一概念仍被广泛引用。米歇尔斯认为，组织会呈现被选举人统治选举人、被授权人统治授权人、被委派代表统治委派代表的情况。组织处处意味着寡头统治。[①] 由于在组织中需要协调、交流、通讯和联合行动等，技术因素导致领导和成员之间产生距离。[②] 组织成员逐渐需要领导，而领导本身却很快追求领导和统帅的欲望。[③] 米歇尔斯认为，领导在所有形式的社会生活中都是一个必需现象。[④]

总的来说，在米歇尔斯看来，组织从来就是寡头的组织，任何社会都由组织（政党）来实施统治，而组织又是由少数领袖（寡头）来实施统治。“组织是寡头统治的温床。”因此，寡头统治是任何试图实现集体行动的组织的必然结果，是任何有着良好愿望的人们无法改变的“铁律”。米歇尔斯认为大众统治是不可能实现的，因此不必去追求完美的理想的民主，而是要探求民主在何种意义上是可能的、民主在何种程度上能够保持其理想状态。在人才选拔上，这种寡头体制拥有一套严密的人才选拔机制，该机制对官僚主

① ［德］罗伯特·米歇尔斯：《寡头统治铁律——现代民主制度中的政党社会学》，任军锋等译，天津人民出版社 2003 年版，英文版前言第 1 页（李普塞的评论）。

② 同上书，第 18—36 页。

③ 同上书，第 40 页以下。

④ 同上书，第 18 页以下。

义者或伪善者总是情有独钟,[①]并且对新生代来说,通往权力的道路总是困难重重……为了不失时机地增强自身影响力,(老的)领袖往往根据自己的意愿而滥设职位,这样,领袖们便日益形成一个封闭的小圈子……[②]

在候选人提名过程中,"我们也发现另一种严重的带有寡头特性的现象,即裙带关系。候选人挑选总是被控制在一小撮人的手里,他们包括一些地方领导人及其助手,正是由他们向普通工人大众推举自己中意的候选人。"[③]显然,对政党来说,候选人挑选方式的民主化将抑制政党的寡头统治。这一论断的逻辑是很清楚的,那就是初选将政党最重要的权力和资源分配方式制度化,并且转移到更为宽泛的选举团(直至全体党员乃至大众选民),其开放性、分权化特点将制约政党领袖和精英层的"寡头"权力特点。实际上,制度化是解决寡头统治的一种有效办法,制度化竞争能够打破暗箱操作,从而控制权力的垄断,并且制度化带来程序公正和公开,也有利于外部监督。[④] 候选人挑选方式的制度化,尤其是带有民主性的初选方式的制度化,就是最重要的抑制寡头统治的办法。

四、初选影响的政党统一性

政党何以为政党?一个重要特征就在于其具有组织性,[⑤]而

---

① [德]罗伯特·米歇尔斯:《寡头统治铁律——现代民主制度中的政党社会学》,任军锋等译,天津人民出版社2003年版,第89页。

② 同上书,第89页。

③ 同上书,第91页。

④ 胡荣荣:《政党"寡头统治铁律"及其超越——基于新加坡的制度创新经验》,《党政干部学刊》2013年第1期。

⑤ 楚树龙、唐虹编著:《政治学概论》,清华大学出版社2006年版,第164页。

其组织又依赖于一定形式的党纪的约束。这就意味着政党会呈现出一种统一形态，被称为政党统一性(party unity)或一体化(party cohesion)，甚至是政党团结性(party solidarity)。[①] 政党统一意味着它在组织结构、纪律规范、政策主张、意识形态等方面具有一定的一致性，政党的团结则意味着政党的成员尤其是核心成员必须服从政党决议，使之对外形成一致的意志。这又突出表现为在议会活动中体现正当性。[②] 然而，绝对的统一是很难做到的(政党统一和政党多元之间长期存在张力)，政治学为此发展出一种政党统一性指标(party unity score)的理论。[③] 根据政党团结性的差异，理论上也对政党做了相关分类，例如按政党集权的程度而划分的分权型政党和集权型政党，按政党对党员的控制力而划分的强控制型政党和弱控制型政党。[④]

在民主过程中，政党如何确保其成员行为一致、齐心协力，是政党政治有效实现的基本要求。政治过程是不同利益集团参与并发挥影响的过程，他们通过各种各样的途径和渠道去影响立法或政治决策的主体，也就导致了政党成员意志的进一步多元化和复杂化。[⑤] 在合议制的议会活动中约束政党成员是现代政党政治的

---

① See Reuven Y. Hazan Does Cohesion Equal Discipline? Towards a Conceptual Delineation, in Reuven Y. Hazan (ed.), *Cohesion & Discipline in Legislatures*, Routledge, 2013, pp. 1—11.

② Richard Forgette, *Congress, Parties & Puzzles: Politics as a Team Sport*, Peter Lang, 2004, pp. 53—56.

③ Larry Sabato and Howard R. Erns, *Encyclopedia of American Political Parties and Elections*, Infobase Publishing, 2009, p. 268.

④ 参见刘红凛:《政党类型与党内民主分析》,《中国人民大学学报》2010年第5期。

⑤ See Arthur Bentley, *The Process of Government; a Study of Social Pressures*, General Books, 2009. 也可参见 D. B. 杜鲁门:《政治过程:政治利益与公共舆论》,陈尧译,天津人民出版社2005年版。

基本逻辑，是发挥政党主体作用的核心条件。它自然要求党籍议员按照党的意志行事，尽量减少个人意志。然而，议员都是独立的个体，他们并不是政党的传声筒。他们不仅要受到不同压力集团的影响，更重要的是议员还需要面对选民和社会大众——讨好选民、照顾选区利益是他们不得不做的工作。

简单来说，一定程度的统一性是政党的核心结构特点，但这种统一性却很难实现。在实践中，这就表现为需要强化政党在政治过程中的聚合性。而聚合程度主要表现为在政府机构（立法、行政）中的党员（通常也被认为是政党的核心成员，包括党籍政务官和议员）对党中央或党团决议的尊重程度。[①] 这尤其体现在政治过程的核心地带——议会活动中，因为党籍议员是否按照党团决议或党中央要求进行投票，是考验其忠诚程度的主要标志。如果党籍议员不问政策内容，无论何种情况下都一律表态和投票支持本党决议，则党的聚合程度就高；如果经常有议员跑票，则党的聚合程度就低。政治过程的聚合效应正是政党政治的核心特点，而它需要一系列的制度加以实现。

初选与政党统一性之间的关系是两面的，既可能通过制度化党内竞争方式而塑成或强化政党统一，也可能因为初选要求政治人物争取选举团的支持及其责任性和回应性，而成为强化政治人物独立行为的因素。初选可以影响政治人物的行为，从而对政党统一性和团结性产生影响。在民主政治条件下，民意代表都要代表选民、回应选民的利益诉求，但民意代表与政党意志之间就可能发生龃龉乃至冲突。为了捍卫政党统一性，政党会通过党纪制度来约束党籍民意代表。初选作为政治人物晋升

① 它类似于前面提到的"政党统一性指标"理论。See Larry Sabato and Howard R. Erns, *Encyclopedia of American Political Parties and Elections*, Infobase Publishing, 2009, p. 268.

的主要制度性通道，自然影响政治人物对待党的意识形态、政策主张的态度。

总的来说，初选较有可能导致弱政党结构，这在美国表现得比较显著，突出表现为在单一选区制、公办初选和开放式初选三重结构共同作用之下，美国两党都极为松散。在我国台湾地区，由于采用了党员投票和大众民调相结合的加权式初选办法，政治人物更为注重普通选民的意见，也导致了政党的松散化。在政党名单制度下，采用初选方式也较容易导致政党结构松散化，政治人物的自由度较高。那些采用复合式初选办法的国家或地区，例如英国的工党和保守党，尽管是单一选区的选制，因为在初选过程中强化了政党中央的角色和功能，政治人物服从政党中央的动机更为强烈，政党统一性也会比较高。

正如前文所述，美国的例子清楚表明开放式直接初选塑成了一种弱政党结构。然而，美国的例证却不足以说明这个原理，至少我们可以找到英国和加拿大的例证来反驳。这或许也表明了总统制和议会制的差异。在总统制之下，总统初选吸引了太多的注意力和瞩目，致使议会初选和选举比较冷清，无法表明其作用路径和效果。那么，在单一选区制度下，到底是什么塑成了美国的弱政党结构，而英国和加拿大又为什么形成了强政党结构呢？事实上，单一选区本身并不必然弱化政党。恰恰相反，单一选区表明地方党部在政治中扮演着重要角色。政治人物以获得政党提名为主要目标，能否当选主要依赖个人实力，而与政党的关联度相对较低。换句话说，单一选区选出的民意代表往往会以选区利益为重，从而导致政党的统一控制力减弱。这就是为什么会有单一选区与政党控制力减弱之间的逻辑关系。

然而，这里就涉及另一个问题，那就是党纪制度的严厉性的不同表现。在英国和加拿大，很大程度上是因为党纪制度塑造了政党的强势结构。政党之于议员，首先是意识形态序列上的归属，选民可以通过候选人的党籍而很容易地辨认其意识形态和政策主张，从而投下自己的一票。其次，政党还可以通过政治资源的投入影响候选人，包括基层组织、竞选经费、竞选团队（尤其是党内高级干部的辅选支持）等。此外，政党也是议员提升的主要渠道，议员通过政党可以维持其议员地位并可能担任更高级别的党团干部或担任行政职务。易言之，对于议员来说，尊重党纪在一般情况下是有利的，至少接受党纪约束的议员能够规避党纪制裁的风险，从而处于安全位置。这一原理简单表述为，党纪能够控制议员的脱序行为，使尊重党纪的议员获得利益，违反党纪的议员接受惩罚。当议员为了维护选区利益，或者基于种种原因，需要违反本党决议进行投票或表态时，他就将受到党纪的制约，违反党纪可能使之受到惩罚，最严重的就是开除党籍，从而失去了他依附于政党的利益。

在总统制下，因为总统具有独立的民主基础，其与议会之间距离相对"遥远"，政党所属议员与政党控制的政府之间经常无法同步，政府所需的政党奥援亦相对较少。更重要的是，因为选民对总统和对议会采取不同态度，对议员的期许不同于总统，从而所要求的议员和政党决议一致性的程度要更低，导致议员违反本党决议所受到的选民惩罚力度要小得多。因此，政党对本党议员的控制力度也就因此减弱，党政关系就不如议会制亲密。后者恰恰形成了执政党统一控制的结构，因为政府是由议会内政党推举产生，一般执政党高级干部都会进入到政府，党政合一的程度相对较高。较有差异的是半总统制，在不同国家和地区有不同的表现，所受到的包括选举制度在内的其他制度影响更为显著。

选举制度的影响更为复杂。按照相对多数制选举出来的议员，对政党尤其是党中央的依赖程度相对较小，政党提名也不得不考虑议员在选区的实力。这种情况下，议员自主行动的可能性自然更高,党纪的实际效用就相对降低。然而,因为单一选区下议员候选人对政党的忠诚度也会成为其选票的基础,所以这种选举制度仍然不会导致议员行为的大幅出轨。而在比例选举制度下,党中央有较大权力决定议员是否进入政党名单及其排序,议员与政党关系更为紧密,受到的控制自然也就更多。此时,党纪的作用显著,其效力更为突出。在英国这样的混合式初选结构下,强化党中央的权威和作用,有利于控制议员候选人,从而塑成更为统一和团结的政党。

五、初选影响政治人物的行为动机

初选已经成为政党培育和选拔政治人物、推举候选人的主要通道,不同派系和政治势力的党内角逐主要是通过初选机制来完成。这种制度化的通道也因此成为党内竞争的平台,它就改变了传统的政治交易、利益交换模式,因而更有利于政党的良性发展。在这个意义上,建立初选机制是政党和政治人物的共同意愿,也代表了一种规范化的党内竞争趋势。

在党内竞争制度化和规范化的背景下,初选就会强化候选人向选举团争取选票的行为动机,如果选举团范围逐渐扩大,则意味着政治人物必须讨好更多的选民,而非忠于政党领袖。既然有了制度化通道和模式,那些想要通过初选方式赢得候选人职位的政治人物就必须经营其欲挑战的选区,那些在任的议员们为了赢得连任也会投入更多精力来回应选民的需要,政治人物维持自身政治形象和实力的动机更强,投入的时间和精力也会更足。

初选与政党的党员构成关系密切,突出表现在以党员为选举团的初选制度设计中,谁控制了党员,谁就能赢得初选。这主要涉及了三个具体问题,分别是投票率、派系以及地方组织实力、人头党员难题。

初选的投票率一直是备受诟病的问题。一般来说,投票率越高，则意味着参与的程度越高，竞争性会相对增加。有学者统计了很多国家的政党的初选投票率，例如以色列政党初选的平均投票率是57.6%，从工党在1996年的74.6%到前进党（Kadima）在2009年大选之前的44.1%；工党的投票率持续下降，但利库德集团和前进党却从未达到那么高的层次，它们多在50%左右徘徊。[①]在不同国家、不同政党采取的不同初选方式中，投票率是有差别的。哈赞（Hazan）和拉哈特（Rahat）得出两个结论，分别是党员的总体投票率一般在50%左右，或者更低，一般会在25%——70%之间变动；在开放全体选民参与的开放式初选中，投票率会更低。[②] 美国各州初选的投票率都比较低，通常在30%左右。如果初选的投票率过低，也会产生由少数积极分子、派系主导初选的问题，这就绑架了政党提名候选人的过程，进一步恶化政党运作模式，让政治人物积极靠拢少数激进派、靠拢派系。

另一个直接相关的议题就是党内派系造成的影响。党内派系是十分常见的，一些派系有很强的组织体系和意识形态特点，从而在党内又凝聚了一些支持者。这些派系就能号召和动员其成员和支持者来参与初选，从而形成一股势力，以帮助特定政治人物赢得初选。不过，这种模式也就影响了党内结构和势力对比，因为派系介入初选往往容易造成党内竞争的恶质化乃至分裂。近来引起很多关注的就是美国共和党党内的“茶党”（Tea Party）所产生的影响。获得茶党支持的政治人物（茶党分子）在近几次选举中“战绩”突出，尤其值得一提的是，茶党推出的挑战者在议会初选中战胜了多位共和党政治“大佬”，包括政党领袖，引起广泛注意。

---

① Reuven Y. Hazan and Gideon Rahat, *Democracy within Parties: Candidate Selection Methods and Their Political Consequences*, Oxford: Oxford University Press, 2010, p. 93.

② Ibid., p. 94.

而最关键的问题其实是党员认定标准的问题，这就是所谓的“人头党员”难题。由于是党员投票，那么党员投票的资格条件是什么呢？这在不同国家、不同政党是有不同标准的。在美国，由于初选的高度开放性，所以党员认定标准相对较低，这在那些半开放式初选以及封闭式初选中也是一样的。但在其他以党员投票为主的政党中，认定党员的标准就显得尤为重要，这是初选公平性的基本前提。通常来说，基层党组织比较容易辨认那些连续交纳党费、参与政党活动的党员；但不可避免的就是由派系代为缴纳党费和供养的“人头党员”。这些“人头党员”就成为派系或参选人的一种“武器”。

第四节　初选的理想类型

——一个政党内部民主的视角

探讨初选的理想类型——准确地说，应该是初选结构的理想类型——是本书的重要目标和任务。本书的第一章就介绍过，理想类型是一种分析概念或逻辑工具，是高度抽象出来的、反映事物本质特征的分类概念。“一种理想类型是通过片面突出一个或更多的观点，通过综合许多弥漫的、无联系的、或多或少存在和偶尔又不存在的个别具体现象而形成的，这些现象根据那些被片面强调的观点而被整理到统一的分析结构中。”①通过理想类型的概念“以便确定它的差异或同一性，用最清楚明白的概念对它们进行描述，并且从因果性上对它们进行理解和说明。”②“参照一种理想类型，我们可以使这种关系的特征实际地

① ［德］马克斯·韦伯：《社会科学方法论》，杨富斌译，华夏出版社1999年版，第186页。

② 同上书，第140—141页。

变成清晰的和可理解的。对于启发的和说明的目的来说，这一程序可能是必不可少的。理想类型的概念将有助于提高我们在研究中推断原因的能力：它不是‘假设’，但它为‘假设’的构造提供指导；它不是对现实的描述，但它旨在为这种描述提供明确的表达手段。”①理想类型法，实为纯粹类型法，就是通过构建理想的类型或纯粹的类型来理解研究对象的方法，而我们所谓的“初选的理想类型”就是达到理想状态的那些类型。本节将从党内民主的角度探讨不同类型的初选的效果，一个简单标准就是不同的初选制度是如何影响党内民主的，以及它所影响的党内民主的界限是什么。其实前文也已经论述过相关问题，在本节中，我们可以重点关注如下几个方面的问题：首先是选举团的范围，其次是实质决定权的归属，第三个元素是政党中央和地方的分权化程度，第四个元素是初选制度的稳定性和法治化程度，最后一个可衡量元素是初选在实际操作中的效果，比如竞争性、投票率和竞选资金投入情况。本书主要从政党内部结构的角度分析初选的理想类型特点，简单来说，理想的初选类型既要满足民主化的目标，也要能够有利于实现政党在民主政治中的作用、本质与主要任务，有利于政党的健康发展。

一、选举团越宽泛越好吗？

关于初选的一种简单印象就是选举团越宽泛越好，认为最好的初选结构就是将全体选民视作选举团。选举团范围的确是整个制度设计的关键，它直接决定着初选的开放性程度。哈赞(Hazan)和拉哈特(Rahat)认为选举团的范围直接影响了政党内部的参与性、代表性、竞争性和回应性四个元素。如表 4.1 所示。

① [德]马克斯·韦伯：《社会科学方法论》，杨富斌译，华夏出版社 1999 年版，第 185—186 页。

表 4.1　政党内部的参与性、代表性、竞争性、回应性与不同选举团之间的关系

选举团	参与性	代表性	竞争性	回应性
政党精英	低	高	低	政党性
党代表	中间	中间	高	主要是政党性
党员	高	低	中间	政党性与非政党性均有
全体选民	最高	最低	中间偏低	更多体现为非政党性

表格来源：Reuven Y. Hazan and Gideon Rahat, *Democracy within Parties: Candidate Selection Methods and Their Political Consequences*, Oxford: Oxford University Press, 2010, p. 169.

对多数国家和地区来说，选举团范围是一个可以由政党自行决定和调整的问题。公民可以参加选举，选出人民代表和行政首长，但这并不意味着所有公民都可以参与政党初选。美国一些州所举办的封闭式初选曾被挑战，认为它侵犯了第十四修正案所保护的公民的投票权利，但最高法院在 Nader v. Schaffer 案中并未支持这种主张，而是认为选民如果不参加政党初选，他在大选中仍然有行使权利的资格和机会。①

显然，国家确保的是公民享有的选举权和被选举权，而非在党内决定候选人的权力，后者是党内民主的问题。通常来说，党员和党代表是较为常见的初选的选举团，这是许多国家和地区主要政党所采用的方式。在 1969 年改革之前，美国总统初选也主要采用党代表投票的模式，而目前很多州采用的半开放式初选和封闭式初选，实际上就是将那些宽泛认定的党员作为选举团的初选模式。

① Nader v. Schaffer, 417 F. Supp. 837 (D. Conn.), summarily affirmed, 429 U.S. 989 (1976).

当国家立法强制政党必须采用全体选民为选举团时，也就意味着它可能破坏政党的组织结构和体系，政党在民主政治中的功能或许也就无法充分实现。美国的开放式初选是初选制度谱系中比较极端的情形，无党派初选更是在很大程度上改变了初选的内涵与功能。将选举团扩展到全体选民的开放式初选同样引起了宪法争议，主要是它可能造成与结社自由的冲突——当初选的范围扩展到全体选民，如何确保政党的主体性以及党员的结社自由就是首要问题。[①]

哈赞（Hazan）和拉哈特（Rahat）的理论认为，如果为了追求更深层次的参与，则应当主张最开放的选举团，但这样的制度安排是要付出代价的——参与范围的提升会导致参与质量的下降。一个可取的方案是在候选人挑选的参与性方面设置一定的障碍，例如要求一定标准的党员资格作为参与门槛（入党时间、缴纳党费情况等）。[②] 而越封闭的选举团范围会导致更好的代表性。换句话说，在初选过程中，“选民”也是要有“代表性”的。当然，可以采用一些特殊机制来实现既运用了更宽泛的选举团，却通过限制选民的选择范围来确保代表性，例如配额制度。不过，使用这种机制是有风险的。[③]

至于竞争性，从民主的角度看，未必要选择最具竞争性的挑选方式。其他的一些因素，比如选举制度和选民的行为，也会影响竞争性。如果制度层面的竞争性是充分的，其实没有必要要求党内竞争达到相同标准的竞争程度。政党应当希望最小限度的竞争和一定限度的投票率，目的是确保在任者的回应性和责任性，同时也

---

① NAACP v. Alabama，357 U. S. 449 (1958).

② Reuven Y. Hazan and Gideon Rahat，*Democracy within Parties：Candidate Selection Methods and Their Political Consequences*，Oxford：Oxford University Press，2010，pp. 169－170.

③ Ibid.，p. 170.

给那些寻求竞逐职位的政治人物一定的希望。① 这四种选举团类型所导致的回应性差异可以通过特定民主观念来进行描述：政党中心化的观念可能导致偏向更封闭的选举团，相反，大众化的观念就会导致更加开放的选举团。②

二、越分权越好吗？

政党的地域性分权程度是讨论初选时无法回避的问题，它主要发生在议会初选之中，但其实也和全国性行政首长的初选、全国性政党名单的初选直接相关。前面已经提到，政党具有统一性，既表现在政党要塑成统一意志，也表现为政党必须在全国范围内保持一致。这自然要求控制政党的地域性分权结构特点。不过，根据历史、地理、人口特点划分选区，是现代政治尤其是选举政治的一般特点。既然有了选区，推举候选人自然就需要适度尊重选区的意见，这就产生了初选过程中的分权结构特点。然而，是不是将政党权力全部交给地方才是最民主的呢？对政党来说，这是不是最好的呢？最简单的讨论模型就是，分权化会带来更好的代表性和回应性，但却可能削弱政党的统一性，甚至损害政党的功能发挥。

在单一选区制下，政党以选区为单位来举办初选、将权力交给地方比较容易理解，但单一选区制度下政党中央也可以掌控提名，最常见的方式就是采用复合化的初选机制，将实质决定权或者影响力收归政党中央。在政党名单制度下，似乎是集中了提名权，但政党也可以自行划分选区——将大选区划分为若干更小的选区，

① Reuven Y. Hazan and Gideon Rahat, *Democracy within Parties: Candidate Selection Methods and Their Political Consequences*, Oxford: Oxford University Press, 2010, p. 170.

② Ibid.

并在初选中实现让政治人物经营选区、巩固选票的目标。这样做的目标主要是政党为了经营和巩固选区、增进选民与候选人的理解、最大限度争取选票。政党将大选区自行划分为若干小选区，再安排政党名单上的不同政治人物主要经营这些选区，初选自然也就主要是以这些小选区为主展开。这种制度安排是比较有特色的政党为了赢得胜选而采取的策略。

总的来说，在政党名单制度下，党中央在初选中所具有的权力和地位更为显著；在单一选区制度下，分权会体现得更为显著。初选制度的设计者总是在根据不同情形调整这两者之间的矛盾，在单一选区制度下强化政党中央的作用，在政党名单制度下突出地方的作用。由此可见，更高的分权化程度并不必然是初选机制的目标。制约分权化程度的因素比较多，它们共同构成了我们探究理想类型的初选机制的问题域。

三、一种复合的初选结构

初选结构的复合化主要是指选举团层面的复合化，它是初选制度发展的一种趋势，突出表现为比利时主要政党曾采用过的混合初选、英国两党的多层次初选以及我国台湾地区主要政党的加权式初选。哈赞（Hazan）和拉哈特（Rahat）认为，没有一个独立的选举团模式能够满足他们所追求的制度目标——表达民主规范并产生促进民主、权力分散和政党组织的健康发展的结果，因此他们主张复合化这些选举团类型。[①] 使用不同层次的、不同开放性程度的选举团能确保政党克服采用某种单一的选举团而产生的问题。这也就意味着挑选候选人必须在政党中

① Reuven Y. Hazan and Gideon Rahat, *Democracy within Parties: Candidate Selection Methods and Their Political Consequences*, Oxford: Oxford University Press, 2010, p. 171.

心化和政治人物的个人回应性程度之间达致平衡。而且，采用多个选举团有助于达致权力更加分散的民主观念。进一步来说，政党可以采用更宽泛的选举团，同时给予政治活跃分子更大的参与选择动机，让他们在政党内部比那些消极的普通党员们扮演更加重要的角色。①

复合式初选结构不仅有选举团的差异，也有最终归属权的不同安排。将最终决定权下放到党员是候选人挑选制度发展的潮流，但通过不同层级的政党组织（政党中央和地方党部等）筛选有意愿参选的政治人物，这就构成了一种多层次的初选结构。英国两大党都采用了这种制度安排。加权式初选相对来说更为复杂，例如我国台湾地区国民党曾经采用的提名办法：党员投票占总结果权重 30%，民意调查占总结果权重 70%，共同计算初选结果。国民党在 2015 年制定的 2016 年领导人初选办法还设置了“多重门槛”，要求参选人参与初选必须先取得一定数量的党员连署，尔后再采用对比式民调；若只有一人参选时，参选人必须获得超过一定门槛的民调。

从构造上来说，复合式初选还可以被设计得更为复杂。首先当然是要采用某种多层次初选结构，运用不同层次的选举团来发挥不同作用，例如通过初级的筛选委员会提出“长名单”（long list），通过选举出来的相对中立机构提出“短名单”（short list），再由党员投票决定，最后报由政党中央或党的全代会通过。这种设计可见图 4.1。

① Reuven Y. Hazan and Gideon Rahat, *Democracy within Parties: Candidate Selection Methods and Their Political Consequences*, Oxford: Oxford University Press, 2010, p. 171.

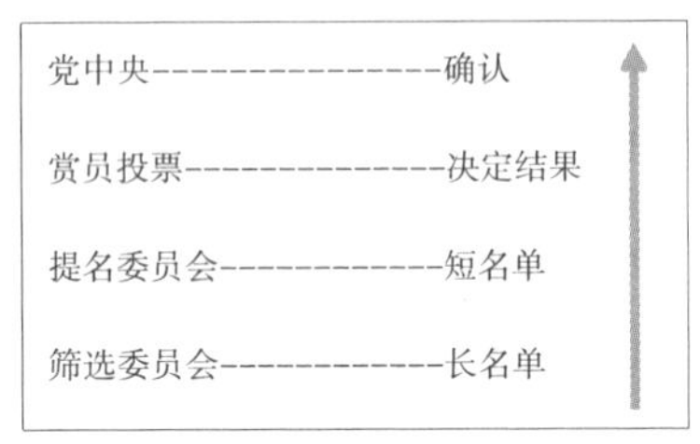

图 4.1　一种自下而上的复合式初选结构

哈赞(Hazan)和拉哈特(Rahat)则是提出了一种全新结构,设计一种立足于三个不同选举团的三层次挑选办法,对候选人资格要求、参与性以及党中央的作用都做了全面考虑。[①] 他们认为这种设计体现了古老政治学传统中的“好的政体”,后者就是一种混合不同力量的平衡结构,融入了不同元素来促进民主。[②] 这个过程首先就是通过一个相对封闭的“选举团”(机构)来过滤候选人,这个审查委员会(screening committee)审查并最后提出一个短名单,大约是最终真实名单的两倍。[③] 审查委员会的作用就是筛选、剔除那些不符合政党要求的潜在候选人,而非决定哪些人应当被选择。接着就通过一个相对要开放一些的选举团——政党代表,他们发挥两种作用:首先,它能够修正由审查委员会通过的名单,但方式是受限制的;其次,它可以通过或者否决在任者。这个机构可以是相对独立的开放式机构,例如党的中央委员会、全国代表大会或者议会成员,或者一个由党员选出的特别代表大会。最后一个过程是一个最开放的选举团——党员,从前面提出的名单中最后决定候选人。这个过程可以是在选区或者是在复合选区中的更

---

① Reuven Y. Hazan and Gideon Rahat, *Democracy within Parties: Candidate Selection Methods and Their Political Consequences*, Oxford: Oxford University Press, 2010, pp. 171—174.

② Ibid.

③ Ibid.

低层次的区域内进行。[①]

四、初选的民主化界限

由此可见,即便是从党内的视角看,初选机制也并非“越民主越好”。一个好的初选机制,不仅体现了民主性,也要能够有利于政党的健康发展。这两个目标在多数时候是一致的,却也会发生龃龉而导致冲突。从政党结构的视角上看,厘清初选的民主化界限,正是现代民主政治发展的一个关键性指标。在一般意义上,初选要有利于汇集和表达民意,这种直接的民主功能必须体现出来。易言之,它排除封闭性的初选结构。然而,初选不能破坏政党结构,使其无法在民主政治中发挥自身角色。因此,一个理想的初选制度类型必须实现“适度民主化”的目标。

前文中已经举出了大量的初选机制作为例证,这里有必要检讨美国的初选机制和政党制度。这两者之间的关系可以为我们认知初选的民主化界限提供理据和启示。正如前面所详细介绍的,美国的初选机制在整体上是高度开放的。而美国政党的显著特点就是松散式、分权式的大众型政党结构。两党都注重现实政治而非执着于理念与主义,重视解决具体政策问题,而非执着于理想。这种政党形态既是因为政治竞争的残酷现实,也是两党的政党结构使然——而这一结构恰好受制于美国的初选机制。

两党的地方组织(州党部)都强于全国组织,州的党组织逐渐成为两党的核心结构。党的全国代表大会每四年举行一次,主要功能就是确认总统候选人及其竞选纲领,实质意义也大幅下降。两党的全国委员会也只是在总统选举年才发挥作用。两党的州党

---

① Reuven Y. Hazan and Gideon Rahat, *Democracy within Parties: Candidate Selection Methods and Their Political Consequences*, Oxford: Oxford University Press, 2010, pp. 171－174.

部及其下属组织才是政党活动的主要载体,不仅经营选区,也维持政党的必要运作,成为两党的基础所在。初选和正式选举大约都需要回归到选区,这在议会选举中体现得更为明显。然而,两党的各级组织之间并未建立起严密的领导关系,尤其是党的全国委员会并不能直接指挥州党部。严格来说,两党的各级组织都是相对独立的自主性团体,各级党组织(尤其是全国委员会和州党部)可以通过财政支持发挥影响。这种组织上的独立性也成为政党体系分散结构的主要原因。在这种情况下,两党都没有固定的可以统一全局的政党领袖,纵使是执政党的总统也不能控制所在政党,遑论政党的下级组织——州党部及其以下的政党组织。各党推出的总统候选人主要也不是依靠资历或者派系资源等,而需要综合考虑知名度、形象、号召力等各方面因素。

美国的初选机制所塑成的松散式、分权式政党结构,成为进一步分析初选制度设计之优劣的例证。前面就已经提到,初选制度设计必然是带着政党结构发展的目标。如果政党要保持适度的独立性,那么一个更为强大的政党中央、更为严密的政党组织体系以及更为统一的政党结构就必不可少。在这个意义上,适度控制初选的民主化程度,或许能够实现改造美国两党结构特点的目标。

具体来说,将开放式初选收拢为封闭式初选,改变初选的功能——将一种选举形式转变为提名候选人的过程,恢复到原初意义的制度设计目标。将封闭式初选的党员认定标准严密化,无异于缩小了参与的范围,它将游戏严格限定在党内。设计一个复合式初选结构,强化两党全国委员会的角色,将会极大影响各州党部的地位。这样一来,美国的政党结构和政党人物会随之调整。这表明初选民主化界限的改变,将会极大影响到政党结构的演进。然而,这是否适应美国政治呢?或许,它就是另一个问题。[①]

本章小结

本章全面讨论了初选对政党结构及其运行产生的影响，突出表现为它塑成了党内民主的制度化乃至宪制化。初选机制作用于政党结构的原理有些特殊，它可以从“迪维尔热定律”及其争议中得到启示。选举制度优劣之辩正是民主制度设计的关键问题。初选机制作用于党内民主可以从参与性、代表性、竞争性和回应性四个方面进行分析。政党国是现代宪法的基本原则，其内涵之一就是要求政党民主，而党内民主需要建立起规范化和制度化的初选机制，这也为初选的宪制化提供了更为充分的理据，初选演化成为一种宪法民主制度逐渐取得了共识。初选影响政党的特性，作用于政党内部的权力和资源分配，抑制“寡头统治”，并且通过影响政治人物的行为来影响政党统一性和政党结构。从党内民主的视角出发，我们可以探究理想的初选类型的一些特点，并非越开放、越分权的初选就是越好的，从政党结构的视角看，更容易强调初选的民主化界限。相反，我们强调一种复合的初选类型，它或许更为接近理想类型的初选制度设计。

① 对美国初选机制、政党结构的批评不绝于耳，但它显然不是本书的论述目标

第五章　初选的制度设计与政治体制

上一章运用宪法工程的理路分析了初选制度设计对政党结构的影响，揭示初选影响政党结构及其运行的主要逻辑，表明初选是政党内部民主制度化的主要塑成因素。本章将主要探讨作为一种宪制设计的初选对民主体制所产生的影响。初选通过作用于党内竞争、政党结构、正式选举过程以及影响政治人物、政党的行为动机和政策，从而对政治体制的塑成、民主巩固以及因为政党内部竞争、分裂和博弈而造成的民主崩溃产生影响，也直接影响性别平等、族群平等与社会融合以及少数群体的利益保护。总的来说，作为一种制度的初选是政治体制的组成部分，也是民主的塑成元素。本章首先论述作为政治制度的初选如何实现宪法的平等原则，重点探讨美国两党在党代表选择过程中如何贯彻平权原则和一些国家为确保性别平等而采用的女性配额制度。第二节将论述初选对于融合多元社会所具有的促进作用，它有助于融合分裂社会。第三节将论述初选与转型的关系，对新兴民主国家和地区来说，良好的初选制度有利于政党发展和良性竞争，从而有利于民主的巩固与稳定。本章阐明了初选所具有的影响政治体制的政治效应，它表明了本书所欲论证的宪法工程理路，凸显了宪制设计的现实意义。

第一节　初选的平等促进功能

在国家政治结构中，初选已经取得了宪法制度的地位，它对于实现民主的目标有着积极而显著的作用。民主是一个复杂的概念，但民主制度却相对容易理解。民主制度设计是人类建设好的政治生活的必要元素，这就涉及本书所采用的宪法工程理路。平等作为一种宪法的目标和追求，已经深刻影响了不同的政治制度设计。现代宪法精神和实践要求政党在挑选候选人时也要遵守非歧视原则，保证性别平等并保留少数族群席次。这种制度设计将有助于实现平等和融合，它们正是现代民主的核心精神，凸显了初选塑成民主体制的作用。本节将首先说明初选作为宪法民主制度的内涵与意义，接着具体论述政党提名的非歧视原则，重点阐述美国两党党代表选举中的平权原则，以及一些国家和地区的政党推荐候选人采用的女性配额制度。

一、初选作为宪法的目标

一部宪法必须要回答“何者为权力”、“权力从何来”、“权力如何配置”以及“权力如何实现”的问题，这是宪法作为国家根本法的核心意涵之一。近代以降，人民主权已经被广为认可，不仅宣示人民是权力的拥有者，还要建立起人民行使权力的制度结构，这已经是民主内涵不可缺少的部分。[①] 民主不是抽象的观念，也并不是简单的口号。真实的民主必须要落实到现实之中、制度之中，形成具体的规则和制度结构，而这些规则发挥功效又会形成某种形态的民主模式，进而影响社会整体的秩序结构。质言之，作为国家的根本法，宪法始终面临着创建民主体制、维护民主制度、实现民主目标、确保民主效果的任务。民主和宪法之间存在着复杂的交互影响关系，突出表现为民主的宪法化和宪法的民主性。

所有的宪法都要完成组织国家（政府）的任务，所有的宪法都

① [美]萨托利：《民主新论》，冯克利、阎克文译，东方出版社1998年版，第32页。

必须对国家制度做出规定——宪法和政治理论一直强调的“分权”就是表现，这些制度又是宪法民主属性的直接体现。这构成了宪法学研究的重要对象——宪法制度，它既是指宪法中部分规范的集合，也是指这部宪法整体的民主结构、功能以及精神。它也是民主宪法的核心依据、基础和直接表现。民主制度凸显了宪法的品性和独特作用，揭示了宪法的“政治法”属性，是宪法不同于其他法律的重要之处；更重要的是，它构成了宪法影响政治乃至社会发展的主要基础，是宪法之核心目标和真实功能的体现。

民主宪法既是指宪法中体现民主制度的规范的集合，也是指宪法表征民主的特性——一种精神和结构安排。无论是在理论上还是在实践中，“民主宪法”(democracy's constitution/democratic constitution)的说法都十分常见，但表意却是各有不同；它的常见内涵是表明一部宪法具有民主的特性(因而称之为民主宪法)，约莫是相对于“专制宪法”或“独裁宪法”而言，[①]或者说明宪法是来源于民主而非君主，[②]或是指宪法的去神学性或超然性，甚至是作为对立于“法院的宪法”而存在[③]。这些理解固然没错，但却无助于我们从方法论上推进宪法学的研究。因此，本书要将“民主”二字落实下去，表现为具体的宪法精神、原则、规则和制度，以及它们在实践中的表现和功能。凯斯·桑斯坦(Cass R. Sunstein，也译为凯斯·孙斯坦)在论述他所谓的民主宪法时提到要从政治生活

---

① 例如著名政治学家达尔对美国宪法的不民主性的论述多是在这个意义上使用它。See Robert A. Dahl, *How Democratic Is the American Constitution?*, New Heaven: Yale University Press, 2003.

② 关于宪法的一种基本分类就是君定宪法、民定宪法和协定宪法。

③ See Neal Devins and Louis Fisher, *The Democratic Constitution*, New York: Oxford University Press, 2004. See also John Denvir, *Democracy's Constitution: Claiming the Privileges of American Citizenship*, Chicago, Illinois: University of Illinois Press, 2001.

中理解宪法的民主性，这种理解与传统、平等甚至正义都各不相同；宪法促成了一个运作良好的政治秩序，并且捍卫这个秩序。①它也是从对象上说明了民主宪法的意义。

作为政党内部民主和结构塑成元素的初选，随着政党地位的宪制化而逐渐取得宪制地位。② 民主本身是可以被这些民主宪法加以体现的（尽管民主可能是有不同形式的）。当我们说分权之于宪制的意义，实际上说的是分权决定的民主形态。从民主的视角来看，初选机制已经取得了宪法民主制度的地位。一方面，初选是民主精神的体现。民主是现代宪法的基本原则，初选作为实现民主的一种方式，逐渐成为宪制结构的核心环节。另一方面，初选的核心意涵仍然是一种权力分配方式，这种权力分配制度的宪法化恰恰表明了初选能够成为本书所称的民主宪法的目标。尽管宪法一般不会直接规定初选的制度，但政党内部民主的要求可以导出初选，这也从侧面反映了初选机制的宪制地位。

那么，将初选定位为重要的民主制度有什么意义呢？民主制度的逻辑和结构进入宪法学的视野需要借用更为精密的理论工具，初选机制是带有强烈宪法目标的制度设计，接下来将要说明的在初选过程中和结果上贯彻平等原则就是重要的内容。厘清制度的民主效果是其作用于民主实践的前提，在本书的框架中，初选机制就具有更为直接和有效的地位。

二、初选过程中的非歧视原则

非歧视是现代宪法的基本精神。所谓非歧视原则，简单说就

① See Cass R. Sunstein, *Designing Democracy: What Constitutions Do*, Oxford and New York: Oxford University Press, 2001, preface and conclusion.

② 参见本书第四章第二节。

是不带偏见的公平对待所有人。它与平等的观念和原则直接相关,[①]平等也被各国宪法以及国际公约确定为一项基本权利,绝大多数国家或地区的宪法以及国际文件都会宣称平等的价值并承诺禁止对个人权利的不分种族、肤色、性别、语言、宗教、政治乃至国籍、出生地以及身份的歧视或不平等对待。[②] 不过,平等的具体内涵也存在很大争议,突出表现就是形式平等和实质平等、机会平等与结果平等的冲突与差别。[③] 亚里士多德早就说过,平等是相同事物相同对待,不同事物得到不同对待。这些关于平等的争议,不仅影响了这里将要论述的非歧视原则,同样还会作用于下面将要讨论的平权措施与少数群体权利的特殊保护。

在现实社会中,种族、肤色、性别、语言的差异影响着政治生活。在一个高度多元的社会中,如果资源在不同群体之间分配不当,或者高层政治的代表性不足,这些差异可能会造成社会的分裂和对立。因此,现实政治应当是既能够维护社会整体利益、公共利益,也要能够确保不同群体的特殊利益。前者被视为是政治运行的一般逻辑和目标,后者则成为平等与非歧视运动的主要目标。质言之,在多元社会中,社会资源应当按照法治程序平等加以分配,以使不同群体都能够得到公平对待,取得相应的自身利益。

在政治领域贯彻非歧视原则,不仅要求公平对待所有的社会群体,让其取得平等代表性,其实也是要求不同情况不同对待,尤其是特殊对待特殊群体,突出表现就是对少数或者弱势族群的特殊保障。在选举制度设计中,于是就出现了代议机关对少数族群的保留席次以及政党提名过程中的配额制度。在这种情况下,政党提名(挑选候选人)的过程就是实现平等、完成“配额”的主要政

---

① 张千帆:《宪法学导论》,法律出版社 2008 年版,第 494 页。

② 同上书,第 237—251 页。

③ 同上书,第 489—496 页。

治过程，初选制度因此也就负担了更为复杂的宪法民主制度的意义。

政治参与的非歧视原则也是平等的要求。例如，美国民主党2008年党代表选择规则中就明确提出了非歧视的要求。为了确保民主党在所有层次上都是一个开放的包涵所有人参与的政党，民主党在其党代表选择规则中拟定了平权措施（制度）计划。该规则所界定的“歧视”是相当广义的，它禁止在政党事务中的基于身份（status）的行为。[①] 该规则提出，为了继续维持民主党持续做出的在党内确保不同群体的代表性和利益，无论是基于种族、族群、年龄、性别、残疾等的差异，每个州党部都应该制定并且提交政党的宣传计划，包括了人才培养、教育和培训，以确保在代表选择过程中以及政党的所有事务中不同群体的全面参与和多样性。[②] 这也体现了民主党中央关于非歧视原则的统一制度安排。

三、初选过程中的平权制度

在政党提名过程中的平权制度（平权措施）（affirmative action）是我们这里要讨论的重点。实际上，政党提名要遵循非歧视原则、采用平权行动规则，已经成为政治共识——正如前面提到的，在政党提名候选人的过程中确保平等是当下的主要制度选择。然而，平权措施是一个内涵相当广泛的概念，它用来描述那些用于支持社会中的弱势群体的一些政策，而这又主要是基于历史的、现实的“损失”（不公正对待）、歧视与偏见，但用于人权保护时其实是模糊不清的。平权制度在美国宪法体系中占据着非常重要的位置，但它的执法规范却并不明确。有两项基本的实施平权措施的执法模式，其一是行政规则和执行性规定强制联邦的合同方和公

① 2008 Delegate Selection Rules for the Democratic National Convention.

② Ibid.

共的雇主采取平权措施,其二是法院有权在1964年民权法案的VII条款下强制执行平权措施。[①] 而且,平权措施被理解为排除了配额制度。然而,美国的成文法尤其是行政法律实际上并没有规定平权措施的明确内涵。换句话说,法律所要求的补偿性正义以及在这个意义上的反歧视的程度并不是明确的。美国宪法和成文法对于平权措施的规定是一致的,但都需要从实质上加以理解,那就是平权措施在不同领域和层次上的具体表现。州法自然是更严格执行相关的规定。在实践中,美国的平权措施涉及了不同领域和层次,例如选举、教育、就业等,它成为宪法体系内非常重要的制度安排,是补偿正义的重要制度基础。美国两党的全国委员会在其每年发布的党代表选择规则中都明确提出了选择党代表时要采用平权措施。

民主党2008年挑选全国代表大会的党代表规则规定了详细的平权规则,并将其作为党代表挑选的核心原则。在其规则中,民主党承认过去的平等投票和选举政府将及于所有美国人民的承诺并未完全实现。[②] 从历史上看,一些特定的族群并没有得到这样的权利,或者在权利行使过程中受到了歧视。平权措施正是基于这些来自历史上的歧视或者不公正对待的补偿性举措,尤其是基于种族的、性别的歧视。它将鼓励不同族群和团体的人参与到民主党党代表的选择过程以及政党事务之中。

民主党在其规则中特别指出:第一,平权措施的目标应当在代表选择的全部过程以及所有层面的政党组织之中加以体现,具体表现在这些特别提到的团体应当在民主党的选举团中出现。第

① Ann Peters, Women, Quotas, and Constitutions: A Comparative Study of Affirmative Action for Women under American, German and European Community and International Law, Boston: Kluwer Law International, 1999, p. 31.

② 2008 Delegate Selection Rules for the Democratic National Convention.

二，在代表选择过程中或任何政党事务中，这个目标不能直接或间接通过强制性配额来实现。第三，在选择各个州的全州性代表(state's at-large delegation)的过程中，如果需要创设优先选择权来满足平权措施所要求的代表选择计划，优选选择权应该给予那些非裔美国人、西班牙裔美国人、印第安人(原住民)、亚裔或太平洋裔美国人和女性。这些补偿性的措施正是为了克服过去歧视的影响。将全州性代表用于满足平权措施的目标，正是为了避免打乱州党部选拔、教育和培育政治人物的一些安排。①

在平权制度计划下的举措和党代会代表的组成应该被认为是在挑战任何州代表规则时的有利于政党的相关证据。州党部在它们的代表选择计划中应该有与该州选举制度相一致的合理的详细的平权措施方案。在州的党代会的全体代表(包括承诺和非常诺代表)之中，代表选择计划应该在女性代表和男性代表、候补男性代表和候补女性代表之间提供平等的部分。这一规定不仅适用于州层面，也适用于地区或选区层面。每个州的平权措施都应该包括一些举措来鼓励实现中低收入群体的参与和代表性，以及包括了一个详细的计划来帮助支付这些代表的费用，以避免他们无法参加全国性党代会。

四、初选过程中的女性配额制度

配额(quotas)是利益配置过程中实现性别平等的重要制度方案，性别配额/女性配额(gender quotas)也因此成为一些国家和地区初选过程中的重要制度设计。女性配额不仅是保护女性权利的重要途径，也会对政党产生影响，突出表现在它影响了政党培育和选拔人才、选举、政策以及他们巩固群众基础的策略和方向。然

---

① See 2008 Delegate Selection Rules for the Democratic National Convention.

而，女性配额制度也引起了很多争议，例如它不是一个完整的民主过程、女性的观点似乎被过于看重、资源的不合理利用等等。[①] 尽管这些举措有利于提升女性的政治地位，但其效果并不显著。然而，它仍然是目前世界上最广泛采用的确保女性政治地位的制度安排，而政党就是推动和实现女性配额制度的主要载体。

诺里斯(Norris)和洛文达斯琪(Lovenduski)提出了一个分析女性为什么难以在候选人挑选中胜出的著名的理论框架。他们认为候选人挑选的"供需模式"在两个方面不利于女性：其一是在需求端，政党不愿意挑选女性是因为歧视，而这种歧视可能是直接产生的，也可以传来的结果，前者例如政党领袖本身的态度(政党领袖决定候选人时尤甚)，后者例如选民或者支持者的态度。其二是在供给端，政党往往难以选拔出符合胜选条件和资质的女性。[②] 这也就导致了女性在政治竞争中会处于下风。为了确保女性的代表性以及性别平等，一些国家和地区的立法明确规定了政党提名的平等/非歧视原则，设置女性配额就是常用的制度安排。

例如在德国，实行政党内的配额制度是基本法第 21 条关于政党国条款的自然延伸。1986 年，新成立的绿党在其党内职务选举和议会候选人选举中都采用了 50％的配额制度，这一制度很快就被民主社会党(PDS)采用，后者在东部地区有很高的支持度。在 1988 年，社会民主党在所有党内公职中引入了 40％的女性配额制度，在政党名单中引入了 33％(从 1998 年开始改为 40％)的女性配额制度。1996 年，基督教民主同盟(CDU)修改党内法规，建立了一个可变动的"法定人数"标准——党内公职和政党名单的三分

① Rainbow Murray, *Parties, Gender Quotas and Candidate Selection in France*, Palgrave Macmillan, 2010, pp. 2—3.

② P. Norris and J. Lovenduski, *Political Recruitment: Gender, Race and Class in the British Parliament*, Cambridge: Cambridge University Press, 1995.

之一的配额制度。[1] 这些实践表明党内的配额制度在不同层次上发挥作用，它能够作用于在大选中供选民选择的候选人的任命，当然也能够影响到党内选举的过程。[2] 这些配额既可以是由立法规定的，也可以是政党自行制定的政策。不过，立法规定配额制度容易侵犯政党的自主性——尽管宪法授权立法可以规定政党内部事务，但它仍是以确保组党自由和政党自主为界限的。

那么问题是，针对党内公职的配额制度首先可能侵害男性候选人在平等基础上起步的权利，其次也可能干预党员平等选择党内公职的权利。同样的，在政治选举中提名候选人的配额制度，可能侵犯男性争取成为候选人的权利，限制人们政治意愿的形成。[3] 不过，配额制度的合宪性早就被证明。[4] 实质平等的理论要求给特殊群体一些特殊待遇（特权），但这些“优惠”在何种层次上是合理的，可能需要落实到具体领域之中。照顾女性在政治生活中的特殊地位，确保政治的平衡发展，已经被日渐接受。对于实现宪法民主制度的目标来说，女性配额制度广泛运用的意义是十分显著的。

那么，女性配额制度在选举中能否被规避呢？法国国民议会选举采用单一选区多数决制度，政党挑选议员候选人的方法受到政治选举制度和法国多党体制的影响，各政党挑选候选人的方法并不统一。有些政党通过一个高度中央化的机构来完成，有的政

① Ann Peters, Women, Quotas, and Constitutions: A Comparative Study of Affirmative Action for Women under American, German and European Community and International Law, Boston: Kluwer Law International, 1999, p. 222.

② Ibid.

③ Ibid., p. 223.

④ Ibid., pp. 222—223.

党则主要通过地方党员投票来决定，但多数政党是采用混合模式。[①] 法国法律同样规定了政党提名候选人的性别平等原则和女性配额要求(50%)，但这些规定的效果并不显著。有学者指出，诺里斯(Norris)和洛文达斯琪(Lovenduski)提出的框架在法国政党挑选候选人的模式中得到验证和强化，那就是党内的事业发展结构并不有利于女性，因为女性经常在政治事业的早期难以取得优越位置。尽管政党并不明显歧视女性，但他们设定的条件或者模式更偏向于男性。[②]

在单一选区制度下，政党推出候选人的目的是为了胜选，获得选票对于政党来说至关重要。政党推荐候选人会最大限度考虑赢得选票，而非实现宪法上的平等目标。在这个目标的指引下，所有政党都认可在任者的优先地位，以及政治经验丰富者的优先地位，这就在事实上为女性取得平等地位增加了难度，那就是在任者和以往的在任者多是男性。[③] 而在选举中，女性的性别优势并不显著，男性候选人的表现一般会更为突出，因此左翼和右翼政党都倾向于将女性安排到难以胜选的选区。[④] 这样一来，尽管在候选人提名过程中实现了性别平等的要求，但各政党实际进入议会的女性议员比例是很低的。

第二节　初选的融合功能：多元社会的制度选择

平等的另一内容就是特殊群体的特殊对待，这也引申出少数

---

① Rainbow Murray, *Parties, Gender Quotas and Candidate Selection in France*, Palgrave Macmillan, 2010, pp. 46—57.

② Ibid., pp. 57—74.

③ Ibid., pp. 85—89.

④ Ibid., pp. 99—103.

族群特殊保障的原则。它成为民主制度设计时的重要考量，突出表现为在多元社会或者分裂社会中如何实现族群的融合。这成为宪法学和政治学的重要问题领域，宪法工程被认为是直接作用于融合多元社会的研究和实践理路。著名的“利普哈特—霍洛维茨争论”(Lijphart-Horowitz Debate)，[①]两位学者围绕着分裂社会所需要的民主类型和制度技术展开了细致分析，形成了针对碎片化的政治社会尤其是多元族群国家和分裂社会的共识民主和向心式民主的不同主张。[②] 政党和选举制度是作用于社会融合的重要平台，初选同时作用于这两者，因而也成为融合分裂社会的制度选择。本节首先说明选举制度作用于分裂社会的原理，揭示选举制度的功能路径，接着将提出一个初选融合分裂社会的理论框架，最后简单介绍比利时的经验和教训。

一、选举制度作用分裂社会的原理

不同的民主模式有不同的制度元素，并适应不同的政治和社会条件。“利普哈特—霍洛维茨争论”中提出的协和式民主(后来被作者发展为“共识民主”[③])和向心式民主的不同主张，都重视选举制度的功用。

协和式民主的倡导者利普哈特说：“在一个多元社会里建立并

---

① 这两位学者之间的争论产生了很大影响，许多著作都介绍或者参与到其中，例如 Andrew Reynolds (ed.), *The Architecture of Democracy: Constitutional Design, Conflict Management and Democracy*, Oxford University Press, 2002. 也可参见 Sujit Choudhry, Bridging Comparative Politics and Comparative Constitutional Law: Constitutional Design in Divided Societies, in S. Choudhry (ed.), *Constitutional Design for Divided Societies: Integration Or Accommodation?* , Oxford University Press, 2008.

② 参见本书第四章第一节。

③ [美]阿伦·利普哈特：《民主的模式：36 个国家的政府形式和政府绩效》，陈崎译，北京大学出版社 2006 年版。

维持稳定的民主政府形态，或许是困难的，但并非全然不可能。在协和式民主国家里，多元社会固有的离心倾向，因不同族群的政治精英彼此间的合作态度与行为而抵消了。”[①]他的协和式民主有四个要素，分别是大联合政府、相互否决权、比例性原则（尤其是主张形成选举制度的比例性原则，反对多数制）、族群自治。[②] 其中，比例性原则要求以每个群体人口数量的不同比例作为政治代表、公职任命以及公共资源分配的主要依据，因此，利普哈特倾向于在多元社会中采用比例代表制的选举制度。[③] 它能够充分显示出社会中不同群体的代表性和力量，可以提供给少数群体一定的发言权，有利于小党的生存与发展。

同样是著名的民主理论家，拉里·戴蒙德（Larry Diamond）也指出：“在原则上，特别是在高度分化的社会中，代表不同的社会团体和利益的最纯粹的方法是借助比例代表制。实际上，在社会分歧是多重的、深刻的，并已转化成政治动员的地方，通过放弃比例代表制，借助政党制度来阻碍这些冲突的再现，将面临可能减少威胁民主政治的稳定性的政治异化、骚乱和暴力的风险。比例代表制的形式越纯粹，对于一个政党进入议会所要求的选票的最低比例就越低，在此，政党越举足轻重，议会就越倾向于在它的政治构成中反映社会中的社会、文化和意识形态的利益的平衡。”[④]

向心式民主更注重选举制度的运用，也被称为“选举诱因派”，主张通过选举制度来奖励温和派，排斥极端派，促使政治力量趋向

① Arend Lijphart, *Democracy in Plural Societies: A Comparative Exploration*, New Haven: Yale University Press, 1977, p. 19.

② Ibid., pp. 25－52.

③ Ibid.

④ ［美］拉里·戴蒙德：《民主政治的第三个悖论》，载刘军宁编：《民主与民主化》，商务印书馆 1999 年版，第 134 页。

温和并寻求联合。霍洛维茨为此设计了四种方案，分别是选择性投票、建立承诺型联盟(中间派联盟)、地域性总统选举制度和行政联邦制。[①] 向心式民主通过选举制度来诱导政治力量的流变，不仅让他们进入到政治权力分配格局中(如同协和式民主主张的比例代表制的效果)，而且试图通过选择投票、中间派联盟等消弭不同政治力量在政治上的分歧，进而缩短族群差异，显示了更为宏大的目标。

霍洛维茨特别推崇偏好制的选举制度，并突出了选择投票制(排序复选制)的价值。[②] 他以南非、尼日利亚第二共和国以及斯里兰卡等国家为例，认为分裂社会中需要更有融合力的选举制度，多数制或者比例代表制都会造成完全不同乃至对立的政治势力，从而影响政治稳定性。[③] 尤其是比例制，容易造成政治上的极端主义。选举诱因能够对政党、政治人物的行为产生激励和有效约束。霍洛维茨主张的向心式民主模式希望实现"推动各政党达成温和、妥协的政策，并在一个极度分裂的政治光谱中发掘和巩固中心地带"。这个模式就是促进不同群体合作的政治过程，而关键就在于选举制度——偏好投票制才是关键。有学者归纳了向心式民主的特点：(1)提供了一种选举诱因，能够为政治候选人联系和吸引自身所代表的族群之外的选民，从而鼓励他们在潜在的分离议题上保持温和的态度；(2)存在一个协商平台，使来自不同群体的政治行动者在互惠的选举支持、甚至更具实质性的议题方面能够达成合作；(3)形成中立、聚合的

① Donald. L. Horowitz, *Ethnic Groups in Conflict*, Berkeley, Calif.: University of California Press, 1985, pp. 365—395.

② Donald L. Horowitz, *A Democratic South Africa? Constitutional Engineering in a Divided Society*, Berkeley, Calif.: University of California Press, 1991.

③ Ibid., p. 164.

多族群政党或政党联盟，从而能够表达跨族群的利益诉求，为选民提供复杂多样的政策选项。①

二、初选机制的融合逻辑

自由社会里的制度设计都会面对如何实现社会统和的问题。罗尔斯的社会契约理论实际上是建立在分散的自由个体的基础之上，他认为在自由主义社会中，“每个人所追求的生活目标、价值和伦理的理念都彼此相异、难以相容，而且容易产生冲突。而且，他们不可能同意任何一个道德权威，也无法一致同意道德价值的秩序或者自然法则的意义。”②当自由民主运用于多元社会时，宗教、族群、地域、语言、文化、意识形态等差异都会成为统和这个国家、融合不同群体的巨大障碍。和选举制度一样，初选同样具备融合多元社会的功能，而且因为是在处理党内问题，它有更为多样的作用途径。事实上，政党提名候选人的过程和结果对于政党在多元社会中的定位以及在民主巩固中的作用都十分显著，它不仅仅是利用初选的过程来聚合不同的群体，或者实现不同政治势力的协商，也是要通过初选的结果或者政党提名候选人的情况，影响政党的力量对比以及最后的议会组成。而这种逻辑的重要前提仍然是利普哈特所提出的“高度多元社会的政治共识和稳定基础是精英的合作与包容”。③

首先，在多元社会中，国家会在代议机关和正式选举制度中设计特殊职位保障制度，保留给特殊族群一定的席位（代表性）。例

① Benjamin Reilly, Electoral Systems for Divided Societies, *Journal of Democracy*, Vol. 13(2002), p. 159.

② John Rawls, *Political Liberalism*, New York: Columbia University Press, 1993, p. 130.

③ Arend Lijphart, *Democracy in Plural Societies: A Comparative Exploration*, New Haven: Yale University Press, 1977, p. 53.

如在所谓的原住民选区需要选出原住民代表，各大政党需要推荐原住民候选人。又如在少数族群聚集的选区选出该族群的代表，各大政党需要推荐少数族群候选人。这个过程以及结果都是典型的保护少数群体、融合多元社会的表现。前面提到的美国两党在党代表选择过程中所遵循的平权规则，也带有类似特点。

其次，初选是平衡党内不同政治势力以及代表性的过程，也是规范化和制度化党内竞争的主要方式。作为融合不同利益团体的组织和分配政治资源的平台，多元社会中的政党本身就要带有强烈的融合功能。一方面，初选或会加剧党内激进势力和活跃分子对政党的绑架，所以在多元社会中不断扩大选举团，强化党内民主，或许正是遏制政党极端化的重要方式。另一方面，初选会促使政党向中间派靠拢，以争取更多选民的支持。下文将要分析的比利时政党就偏离了这样的逻辑，选举和政党制度让比利时政党越来越极端和保守，反而不利于社会融合。

第三，多元社会并不全都适宜完全采用开放式初选的模式。这里的问题是，开放式初选会加剧社会分裂吗？一般认为，开放式初选以大众选民为选举团，政党和政治人物也因此会受到激励而趋向中间和温和。在多元社会中，这将会淡化政党的族群色彩、阶级色彩，从而有利于不同群体的民主协商。然而，当政党是按照族群、地域、语言、宗教等因素聚集的时候，这种开放式初选就会破坏政党结构，从而导致更为复杂的问题。易言之，在这种情况下，政党组织和结构的特点是决定采用何种初选方式的关键因素。

总的来说，初选既可以从过程中也可以从结果上实现社会融合，既可以在选举过程中也可以从政党结构上产生影响。初选机制对多元社会的融合功能的逻辑是立体而全面的，然而，采用何种初选机制才能实现具体的目标，或许在不同国家有不同表现。下文就将简单介绍比利时的经验和教训。

三、比利时的失败教训

前文曾介绍过比利时在政党名单制下候选人挑选的过程，它凸显出这个多党制国家的“分裂”特点，这也影响了该国的政治稳定。事实上，比利时常常出现“无政府”（看守政府）状态，并创下长达541天的无政府记录。[①] 该国的两大语区——荷语区和法语区——在政治上逐渐走上了“分道扬镳”的道路，新兴的“弗莱德运动”也为这一族群（弗莱德人）和语言（弗莱芒语区）扩展了空间，导致这样一个成熟的民主国家陷入分裂之中。比利时的联邦制被认为是“伪联邦制”，该国被划分为四大社区、四大语区、三大地区，每个区的独立程度相当高。按照语言划分社区和地区以及选区的做法无助于进一步的国家融合，中央权力大幅转移到地方（社区和地区），政党也因此逐渐窄化为具有强烈的地区代表性，而失去了全国代表性。[②]

前面已经介绍过，从2003年开始，比利时众议院选举的选区改为11个，包括了10个省和布鲁塞尔大区（Brussels-Halle-Vilvoorde），150名众议院席次按人口比例分配至这些选区，每个选区的代表规模从4－22名不等，形成所谓的“中选区”规模的名单制。[③] 比利时政党比较多，正式选举制度也较为繁复，他们推荐候选人的过程也比较复杂和多样。在多元社会的背景下，这些政党推出政党名单时，并不必然是以争取最大限度的胜选为唯一目标——例如它们还需要稳固其在语区、地区的地位，突出表达其意识形态等，政党也并不完全尊重它们所制定的那些规则和制度，实

① 《比利时：541天无政府全记录》，载《浙江日报》2011年12月12日。

② 程迈：《在社会分裂中求得政治稳定——李帕特协商联合民主理论评述》，载《环球法律评论》2011年第2期。

③ 参见本书第三章第四节。

践中的影响因素也十分多样。总的来说，比利时政党提出名单的过程具有很大的随机性，制度化程度也相对较低。

在比利时众多政党中，它们的候选人挑选方式包括了从最开放（党员决定）的到最封闭的（政党领袖决定），从最分权的（选区决定）到最集中的（全国统一决定）。① 表 5.1 大致表明了比利时政党在 2007 年时的候选人挑选方式。

表 5.1　比利时政党的候选人挑选方式

政党	选举团	决定层次
法语生态党（Ecolo）	党员	选区
法语社会党（PS）	党代表会议	选区
法语人道主义民主中心党（CDH）	党员	选区
法语革新运动党（MR）	政党领袖	选区
荷兰语基督教民主党（CD&V）	党员	选区
荷兰语开放自民党（VLD）	党员	选区
新佛拉芒人联盟（NVA）	扩大的政党领袖	全国性
弗拉芒利益党（VB）	扩大的政党领袖	全国性

资料来源：Audrey Vandeleene, Lieven De Winter, Conrad Meulewaeter and Pierre Baudewyns, Candidate Selection: Explorations beyond the Secret Garden of Politics——The Case of Belgium, Paper presented at the panel "Toegang tot de politiek: actoren in het rekruteringsproces van politiek personeel" of the 12th Political Science Conference Politicologenetmaal, Ghent, 30—31 May 2013.

① See Audrey Vandeleene, Lieven De Winter, Conrad Meulewaeter and Pierre Baudewyns, Candidate Selection: Explorations beyond the Secret Garden of Politics——The Case of Belgium, Paper presented at the panel "Toegang tot de politiek: actoren in het rekruteringsproces van politiek personeel" of the 12th Political Science Conference Politicologenetmaal, Ghent, 30 — 31 May 2013.

从上表可以发现，比利时政党的区域色彩十分显著，主要政党都是立足于本选区来决定候选人，作为第一大党的新佛拉芒人联盟(NVA)又是通过全国性政党领袖统一决定候选人，这都加剧了政党的区域性色彩。在这种情形下，要求政治人物(候选人)尊重本党意识形态就是绝大多数政党的基本要求。尽管一些政党并没有在其党章中做这样的规定，但选举制度和过程会促使政治人物做这样的选择。同时，政治人物密切联系选民、回应选区需求的特点也就更为显著。这凸显了分权式的选举制度的一般特点。而且，一些政党还特别要求限制“个人化的政治”(personalized politics)，主要是限制以个人为中心的竞选活动，以及以政治人物个人为中心的政治活动。

然而，比利时呈现出一种在政党主导政治的背景下倾向于以候选人为核心的选举模式。[①] 这在政党名单制度下确实十分罕见，而且尽管比利时采取了开放式政党名单——选民可以就名单顺序进行偏好选择，但实际上很少有候选人是根据偏好得票而当选。出现这种情形的原因是多样的，例如选区规模、政党规模、名单安全区以及他们在党内的资历等。[②]

总的来说，候选人挑选方式是加剧比利时分裂的原因之一。如此复杂而细致地以语言为区分标准的选举制度、政党制度的直接后果就是，政党几乎无法在全国范围内发起统一的选举活动，它至少需要根据两种语区的不同情况准备两份选举名单。[③] 根据语言而进行的自我割裂，进一步限制了政党的发展和扩展，主要政党都希

---

① Lieven De Winter and Pierre Badudewyns, Candidate Centred Campaigning in a Party Centred Context: The Case of Belgium, *Electoral Studies*, Vol. 39(2015), pp. 295—305.

② Ibid.

③ 程迈:《在社会分裂中求得政治稳定——李帕特协商联合民主理论评述》,载《环球法律评论》2011 年第 2 期。

望稳固其在选区的地位。当这些地区政治精英来到逐渐被掏空的中央政府时,他们更加没有热情来捍卫联邦政府的利益。①

第三节　转型国家的初选制度选择

民主是宪法秩序的重要侧面,宪法发展的动力既来自人权保障之需要,也来自政治秩序变动和变革的压力。重大的变革会带来宪法秩序的重大改变甚至重构,民主转型正是对应着这样的现实与问题,它必须进行制度设计甚至重构,这就是本书的另一个核心概念——宪法工程的具体内容。它将规范视作转型的条件和资源,讨论制度的优劣、意义以及制度造成转型成败的问题。“好的宪法设计能够为民主提供便利条件并驯服宗教激进主义,也能够鼓励行政权适时依据新情势以修正宪法的方式进行回应;而坏的设计会加剧冲突、延续不公正,以及阻碍转型等。”②然而,初选究竟如何作用于民主转型和民主巩固,却并非十分清楚的问题域。宪法工程的实效性往往需要通过考察实践经验来展开,这也促使我们去观察新兴民主国家和地区(transitional democracy)的转型例证,发掘它们的政党究竟是如何挑选候选人的。本节首先简单介绍民主转型的宪法学的主要内容和旨趣,接着说明新兴民主国家的政党设计初选制度时的主要考虑(影响)因素,以及这种制度作用于民主转型的主要逻辑,最后介绍西班牙和智利的政党是如何挑选候选人的。尽管这并非“西方”的例证,但说明了西方政党初选机制的基本逻辑与原理以及它们的运用情况。

① 程迈:《在社会分裂中求得政治稳定——李帕特协商联合民主理论评述》,载《环球法律评论》2011 年第 2 期。

② Tom Ginsburg (ed.), *Comparative Constitutional Design*, London: Cambridge University Press, 2012, introduction, p. 10.

一、转型国家的宪制选择难题

民主转型是指一个国家或地区由非民主的政体转为民主的政体，包含从极权型政权转变为民主政权和从威权型政权转变为民主政权两种。[①] 转型是一个复杂的过程，它是"一个制度与另一个之间的过渡期"。[②] 民主转型必须有形态上的转变，例如美国没有政权类型的转变，所以美国就没有民主化。民主化或民主转型既然是一段时期，就应该有起点和终点，也就需要一个从非民主转变为民主的门槛、民主的基本标准或最低标准，但李普塞特（Seymour Martin Lipset）并没有提供这样的标准，[③]理论上对此却有不同的认识和界定。[④]

围绕着民主有很多宪法问题，民主体制与宪法之间的复杂关联就是核心内容，突出表现为在民主转型过程中宪法制度的角色和作用。这也凸显了宪法的特点——"宪法是被创造的，而非被发现的。"[⑤]无论我们采用什么样的理念和制度，以及何种民主观念，都无法回避政治和社会发展的现实。民主转型的宪法学，围绕着民主的过程建立理论框架，确立民主转型和宪法工程在宪法学理论体系中的位置和意义。它解决的问题是基于现实的，既要从宪

① 吴文程：《政治发展与民主转型：比较政治理论的检视与批判》，吉林出版集团有限责任公司 2008 年版，第 22 页。

② ［美］吉列尔莫·奥唐奈、［意］菲利普·施密特：《威权统治的转型：关于不确定民主的试探性结论》，景威、柴绍锦译，新星出版社 2012 年版，第 5 页。

③ 吴文程：《政治发展与民主转型：比较政治理论的检视与批判》，吉林出版集团有限责任公司 2008 年版，第 22—23 页。

④ 这些不同主张设定了民主转型的标准，在塞缪尔·亨廷顿、罗伯特·达尔、利普哈特、胡安·林茨等人的著作中都有表现。也有很多学者使用了宪法转型、宪政转型的概念，它们与民主转型实际上大同小异。

⑤ Hanna Pitkin, The Idea of a Constitution, *Journal of Legal Education*, Vol. 37(1987), p. 168.

法的角度对民主体制的可行性及其优劣展开分析，也要对民主制度的适应性进行系统考量。

由于民主需要落实到制度中才能实现，宪制实际上是民主的直接表现。这种关系反映在政治实践中，就是宪制选择与民主之间的错综复杂关系。理论上有不同的模式来处理这种关系，涉及了政体、选举制度与政党制度等，并发展出了不同的民主模式。例如要分析民主转型的启动和动因，就必须要涉及对政体进行分类。林茨和阿尔弗莱德·斯泰潘在广受好评的《民主转型与巩固的问题：南欧、南美与后共产主义欧洲》一书中，先是从理论上解释了“完整的民主转型”和“巩固性的民主政体”，提出了民主转型和巩固的五个具体条件和七个有特殊重要性的独立变量，再分别以南欧、南美和后共产主义欧洲为例展开分析和讨论。林茨和斯泰潘首先认为“民主转型完成的标志是，只有通过选举的政治程序才能产生政府成为广泛共识，政府权力的获得则是自由和普遍选举的直接结果，并且这一政府事实上拥有制定新的政策的权力，而行政权、立法权和司法权来源于新的民主程序，不必与其他法律主体分享权力。”[①]对于一个非民主政体来说，转型的启动与转型完成是不同的。对此要防止“选举至上谬误”，同时也指出，“我们也关注民主政治条件下的决策问题……如果在建立民主所必须的程序上存在制度上的不确定性，那么不仅会导致转型的不完整，而且会影响民主的巩固。”[②]

因为转型通常就是指的向西方民主模式转型，所以这里讨论转型国家的初选机制选择也能够说明初选机制的民主效果，尤其是西方政党现在形成的初选机制的具体逻辑与效果。事实上，通过研究和关注转型国家初选机制选择的问题，我们才更能充分认

① [美]胡安·林茨、[美]阿尔弗莱德·斯泰潘：《民主转型与巩固的问题：南欧、南美与后共产主义欧洲》，孙龙译，浙江人民出版社2008年版，第3页。

② 同上书，第6页。

识西方政党初选机制的结构与适应性，这也是制度包容性和韧性的一种考虑。

二、转型国家选择初选机制的影响因素

新兴民主国家或地区往往正在经历民主转型和民主巩固的过程，因而面对着更为复杂的政治和社会情势。政党、政治人物以及利益集团也都希望扩张自己的权力和利益，在政治版图中取得更为稳固的地位。因此，这些国家和地区的政党在设计候选人挑选制度时受到的制约比较多，目标也更为复杂。这里就主要是将新兴民主和制度化的民主（institutional democracy）的初选机制及其影响因素进行简单比较，从而发现有哪些因素、产生了何种影响。

邦尼·菲尔德（Bonnie N Field）和彼得·萨维里斯（Peter Siavelis）假设并且试图验证，较之制度化的民主国家或地区，转型民主运用开放式的候选人挑选程序的空间并不够宽容，而这个假设正是基于这些关键性元素：政治不确定性、政党组织、正式选举制度导致的复杂战略选择和形成契约联盟的必要性。[①] 他们得出结论认为，在新兴民主国家和地区，政党一般会采用相对封闭的选举团，而这种举措相对来说有利于民主的转型和巩固。

他们指出，首先，候选人挑选程序在两种政治类型之中会有所不同。其次，政治活动参与者（政党领袖、派系领袖、党内活跃者以及同盟团体的领导等）拥有对设计候选人挑选程序的决定权。第三，政党对这些限制的回应受到历史遗留问题的影响，特别是之前的制度化的候选人挑选程序的影响——并非所有转型民主的政党都是从一个“干净的平台”开始的，它们离开（威权）的时间点以及

---

① Bonnie N Field and Peter Siavelis, Candidate Selection Procedures in Transitional Polities: A Research Note, *Party Politics*, Vol. 14. No. 5(2008), pp. 620－639.

它们如何作用于转型过程必须加以考虑。①

转型民主之于制度化民主的首个关键性区别是政治的不稳定性。转型民主的政治环境不同于制度化的国家和地区，因为“关于社会的、经济的和制度变量的稳定性的假设，以及他们所能表现和阐释的权力，显然是不充分的。”②在转型环境下设计制度，许多关键性角色、相关者的能量以及联盟策略等都难以预测，他们行为的限制也较少。③ 假设民主设置以及制度共识的不稳定性就是这种环境下的主要影响因素，在这样的环境下，政党领袖有充分的动机和足够的理由来收拢相关的权力，对抗政党中层的政治活跃者以及一般党员。这样一来，候选人挑选的权力就会集中到政党领袖手上，他们取得了对于谁能代表政党的控制权。因此，从逻辑上看，不稳定性鼓励政党采用一个封闭的选举团。④

转型民主和制度化民主的第二个关键性区别是政党组织的类型和程度。⑤ 它是指政党的物质资源（政党经费、财产、分支机构等）、人力资源（领袖、活跃者和员工）以及和利益集团的关联。⑥

---

① Bonnie N Field and Peter Siavelis, Candidate Selection Procedures in Transitional Polities: A Research Note, *Party Politics*, Vol. 14. No. 5(2008), pp. 620—639.

② O'Donnell and Schmitter, *Transitions from Authoritarian Rule: Tentative Conclusions about Uncertain Democracies*. Baltimore, MD: Johns Hopkins University Press, 1986, p. 4.

③ Bonnie N Field and Peter Siavelis, Candidate Selection Procedures in Transitional Polities: A Research Note, *Party Politics*, Vol. 14. No. 5(2008), pp. 620—639.

④ Ibid.

⑤ Ibid.

⑥ Scott Mainwaring, Party Systems in the Third Wave, in Larry Diamond and Marc F. Plattner(eds.) *The Global Divergence of Democracies*, Baltimore, MD: Johns Hopkins University Press, 2001, pp. 186—189.

在长期的非法或政治性压制的背景下，转型民主的政党可能更弱，而政党领袖对政党和政治的控制力也更强。因此，在决定候选人、谁代表政党参与选举这类重要的事务上，政党领袖显然具有更大的话语权，同时也有更大的影响力。得不到政党领袖的支持，政治人物也很难在党内竞争中胜出，更难在正式选举中获胜。

第三个和第四个重要的区别是正式选举制度所导致的策略选择的差异以及政党内部和政党之间联合的必要性。政党必须在推举候选人时就解决一些现实问题，而推出候选人的目的正是为了胜选。因此，政党选举策略会随着正式选举制度和政党制度而变化。例如前面提到过，一个普遍认识是比例代表制尤其是大选区的比例代表制会倾向于采用封闭式选举团。在新兴民主的环境下，政党可能会要求更多党内协调，而这样做的目的既是利益交换的必要性，也是为了凝聚更多的资源，党内领袖、派系以及利益集团往往也会介入其中。这种策略型选择的必要性也会导致政党采用更为封闭的选举团。同样的逻辑，同质政党或者异质政党之间竞争时，也会产生一些协调空间。新兴民主的选举策略往往会诱使政党采用封闭式选举团以方便实现政治协调的目标。[①]

三、两个转型国家的候选人挑选制度

在本书第二章、第三章介绍初选机制及其运行时，我们主要都是考察民主稳定和成熟国家的制度设计及其效果，以期获得对初

① Peter Siavelis, The Hidden Logic of Candidate Selection for Chilean Parliamentary Elections, *Comparative Politics*, Vol. 34 (2002), pp. 436—437. Bonnie N Field and Peter Siavelis, Candidate Selection Procedures in Transitional Polities: A Research Note, *Party Politics*, Vol. 14. No. 5(2008), pp. 620—639.

选的全面理解。然而，在新兴民主国家，候选人挑选制度如何发挥作用也十分重要，并且往往呈现了不同特点，它们对于民主转型的作用十分显著。正如上面提到的，与那些民主成熟的国家或地区相比，新兴民主国家或地区在政党与选举制度、民主的稳定性与可持续性、政党和政治人物利用制度的方式和策略以及行为动机等方面都有一定差异，这也直接影响了候选人挑选制度的安排。新兴民主国家或地区的政党对于是否采用开放式初选的疑虑会更多。当政党领袖、党内派系无法控制候选人挑选、候选人挑选过程的激励动机不明确、选举制度复杂而难以操作等问题浮现时，民主转型和民主巩固可能会遭遇困境。

邦尼·菲尔德(Bonnie N Field)专门讨论了西班牙和智利这两个民主转型国家的候选人挑选制度。[①] 在西班牙和智利，主要政党都采用了高度封闭的候选人挑选程序，不过这两个国家的正式制度仍然有很明显的差别。西班牙建立了一个采用封闭式名单的比例代表制来选举下议院的准联邦的议会君主制。相反，智利是一个单一制的总统制共和国，它采用了一种双席位制(the binomial system)来选择代表。尽管存在重要差异，而且尽管不同政党的具体措施各不相同，这两个国家的政党在如下三个变量上体现了相似价值：关于新兴民主稳定性的不确定性，选择制度的策略复杂性和政党领导层的自治。[②] 前面已经分析过，选举团是我们分析候选人挑选制度的核心元素。从开放到封闭，选举团的范围可以包括全体选民、党员、选举产生的机关、非经选举产生的机关、选举产生的政党领袖和非经选举产生的政

---

① Bonnie N. Field, *The Determinants of Candidate Selection Procedures in New Democracies: Evidence from Spain (1977－1982) and Chile (1989－2005)*, Estudio/Working Paper 109/2009.

② Ibid.

党领袖。[①] 这也成为观察和分析新兴民主国家的候选人挑选制度的主要指标。

所有的西班牙政党都采用了相对封闭的选举团。两个最大的政党——民主中间联盟(UCD)和西班牙工人社会党(PSOE),在1977年开始举办选举以来,挑选候选人很大程度上都是政党精英的事务,政党经常会努力发掘符合条件的候选人。在理论上,直到1979年,次级的政党领袖团体提出的候选人名单也能够被位于马德里的全国性政党领袖团体改变。西班牙诸政党没有选择候选人的政党全代会,次级的政党分支能够在候选人优先选择权方面表达意见,但他们并没有最后决定权。在实践中,所有政党的候选人选择都被党内极少数政党领袖所控制。政党的中央组织不仅有否决权,而且还能够用他们所选择出来的候选人替换那些推荐上来的候选人。[②]

智利的议会选举制度是较为独特的双席次单票制(two member district parliamentary electoral system, the binominal system),即每个选区可以选出两名议员——参议院和众议院均按照此制度选出。关于此制度存在很多争议。[③] 这一选举制度也曾经为回归前的香港所采用。在这一选制下,政党通常会提出政党名

---

① Reuven Hazan and Gideon Rahat, *Democracy Within Parties: Candidate Selection Methods and Their Political Consequences*, New York: Oxford University Press,2010. 参见本文第一章第二节。

② Bonnie N. Field, *The Determinants of Candidate Selection Procedures in New Democracies: Evidence from Spain (1977—1982) and Chile (1989—2005)*, Estudio/Working Paper 109/2009.

③ Rein Taagepera, The Effect of District Magnitude and Properties of Two Seat Districts, inArend Lijphart and Bernard Grofman (eds.), *Choosing an Electoral System*, New York:Praeger,1984,pp. 1—102; Gary Cox, Electoral Equilibrium in Double Member Districts, *Public Choice*, Vol. 44 (1984), pp. 443—451.

单，却无法保证名单上的两个人都能够当选，因而政党之间会产生比较大的协调空间。在智利1989年重回民主的第一次选举中，每个政党都依赖政党精英或者一个由政党精英组成的团体来选择候选人，然后进入到一个同盟协商的过程中决定这些政党实际支持的最后的候选人。候选人选择过程变成一个越来越多层次的游戏，每个政党有其自身选择程序以选派进入协商过程之前的最初的那些候选人。而在集合的政党名单中，政党精英通常会同政党的次级团体进行协商来安排最初的候选人，而这些地方政党活跃分子常常都会简单通过来自政党中央的推荐名单。因此，那些在任者一般都知道自己会得到再次提名。①

从这两个例子中我们发现，新兴民主国家的政党如何挑选候选人，在很大程度上还是一个“前民主化”的问题，制度设计在更多时候还是为政党利益而服务的。某种程度上，这也说明初选是一种需要更为充分的民主制度环境与条件的机制。事实上，转型是否成功，政党以及政党机制是重要的关键性指标。初选机制的应用程度以及在现实中的效果，则是衡量政党民主化和稳定性的重要因素。西班牙和智利的两个例证表明转型是一个艰难的复杂的过程，而转型成功与否又有诸多控制性因素。本节的讨论也表明了初选机制的制度特性。

本章小结

本章全面讨论了初选机制作用于政治体制的逻辑、过程与一些例证，分别说明了初选实现宪法上的平等目标、初选对社会融合

---

① Bonnie N. Field, *The Determinants of Candidate Selection Procedures in New Democracies：Evidence from Spain（1977－1982）and Chile（1989－2005）*, Estudio/Working Paper 109/2009.

的积极作用、初选在新兴民主国家的特点与作用逻辑以及初选可以塑成的民主模式。初选是一个国家或地区的民主体制的组成部分。在政治过程中贯彻平等和非歧视原则,初选是重要的制度通道和平台,美国两党初选都要求采取平权措施,一些国家和地区则是通过女性配额制度来确保男女平等。选举和政党制度是融合分裂社会的重要元素,初选是促进社会融合的重要通道和平台。初选在过程中也在结果上促成了社会的融合,在选举过程中也在政党结构上影响了政治力量的配置。宪法制度影响民主转型,新兴民主国家的初选机制受到多重因素影响,它也是塑成新兴民主的重要基础。

参考文献

一、英文著作

[1] Giovanni Satoria, *Comparative Constitutional Engineering: An Inquiry into Structures, Incentives and Outcomes*, New York: New York University, 1997.

[2] Tom Ginsburg and Rosalind Dixon (eds.), *Comparative Constitutional Law*, Edward Elgar Publishing, 2011.

[3] Maurice Duverger, *Political Parties: Their Organisation and Activity in the Modern State*, London: Methuen, 1954, 1967.

[4] Maurice Duverger, Factors in a Two-Party and Multiparty System, in M. Duverger (ed.), *Party Politics and Pressure Groups*, New York: Thomas Y. Crowell, 1972.

[5] Douglas W. Rae, *The Political Consequences of Electoral Laws*, New Haven: Yale University Press, 1969.

[6] Alan Ware, *The American Direct Primary: Party Institutionalization and Transformation in the North*, Cambridge: Cambridge University Press, 2002.

[7] Reuven Y. Hazan and Gideon Rahat, *Democracy within Parties: Candidate Selection Methods and Their Political Consequences*, Oxford: Oxford University Press, 2010.

[8] P. Norris and J. Lovenduski, *Political Recruitment: Gender, Race, and Class in the British Parliament*, New York: Cambridge University Press, 1995.

[9] Michael Gallagher and Michael Marsh (eds.), *Candidate Selection in Comparative Perspective: The Secret Garden of Politics*, London: Sage,

1988.

[10] Leon Epstein, *Political Parties in Western Democracies*, New York: Praeger, 1967

[11] James W. Davis, *Leadership Selection in Six Western Democracies*, Westport, Conn. : Greenwood Press, 1998.

[12] James W. Davis, *U. S. Presidential Primaries and the Caucus-Convention System*, Westport, Conn. : Greenwood Press, 1997.

[13] John S. Jackson, David H. Everson and Nancy L. Clayton, *The Making of a Primary: the Illinois Presidential Primary (1912—1992)*, Springfield: Institute for Public Affairs University of Illinois at Springfield, 1996.

[14] Frederick W. Dallinger, *Nominations for Elective Office in the United States*, New York: Longmans, Green, 1987.

[15] James W. Davis, *Presidential Primaries: Road to the White House*, Westport, Conn. : Greenwood Press, 1980.

[16] Frank Kusch, *Battleground Chicago: The Police and the 1968 Democratic National Convention*, Chicago: University of Chicago Press, 2008.

[17] Nelson W. Polsby, *Consequence of Party Reform*, Oxford: Oxford University Press, 1983.

[18] Richard Mulgan, *Politics in New Zealand* (3rd Edition), Auckland: Auckland University Press, 2004.

[19] Pippa Norris, *Electoral Engineering: Voting Rules and Political Behavior*, New York: Cambridge University Press, 2004.

[20] David M. Farrell, *Electoral Systems: A Comparative Introduction*, New York: Palgrave Macmillan, 2011.

[21] Christopher C. Hull, *Grassroots Rules: How the Iowa Caucus Helps Elect American Presidents*, Stanford, Calif. : Stanford University Press, 2007.

[22] Michael R. Alvarez and Andrew J. Sinclair, *Nonpartisan Primary Election Reform*, London: Cambridge University Press, 2015.

[23] Cindy Skatch, *Borrowing Constitutional Designs: Constitutional Law in Weimar Germany and the French Fifth Republic*, Princeton, NJ: Prin-

ceton University Press, 2005.

[24] Pippa Norris, *Passages to Power: Legislative Recruitment in Advanced Democracies*, Cambridge: Cambridge University Press, 1997.

[25] William G. Mayer and Andrew E. Busch, *The Front-Loading Problem in Presidential Nominations*, Washington, D. C.: Brookings Institution Press, 2004.

[26] John F. Bibby, *Politics, Parties, and Elections in America* (forth edition), Belmont, CA: Wadsworth, 2000.

[27] John G. Geer, *Nominating Presidents: An Evaluation of Voters and Primaries*, Westport, Conn.: Greenwood Press, 1989.

[28] Thomas R. Marshall, *Presidential Nominations in a Reform Age*, New York: Praeger, 1981.

[29] Kenny J. Whitby, *Strategic Decision-Making in Presidential Nominations: When and Why Party Elites Decide to Support a Candidate*, Albany: State University of New York Press, 2014.

[30] John S. Jackson, III and William Crotty, *The Politics of Presidential Selection*, New York:Pricscilla McGeehon, 2001.

[31] Keith E. Whittington, *Constitutional Construction:Divided Powers and Constitutional Meaning*, Cambridge: Harvard University Press, 1999.

[32] Michael J. Goff, *The Money Primary: The New Politics of the Early Presidential Nomination Process*, Lanham, MD: Rowman & Littlefield, 2004.

[33] Arthur Fisher Bentley, *The Process of Government; a Study of Social Pressures*, General Books, 2009.

[34] William L. Benoit et al., *The Primary Decision:A Functional Analysis of Debates in Presidential Primaries*, Westport, Conn.: Greenwood Press, 2002.

[35] Andrew Dowdle et al., *The Invisible Hands of Political Parties in Presidential Elections: Party Activists and Political Aggregation in the Presidential Elections of 2004 — 2012*, New York: Palgrave Macmillan, 2013.

[36] James Chace, *1912: Wilson, Roosevelt, Taft, and Debs: The Election That Changed the Country*, New York: Simon and Schuster, 2004.

[37] Peter Mair, *Party System Change: Approaches and Interpretations*,

Oxford: Clarendon, 1997.

[38] Robert G. Boatwright, *Getting Primaried: The Changing Politics of Congressional Primary Challenges*, Ann Arbor, MI: University of Michigan Press, 2013.

[39] Alistair Clark, *Political parties in the UK*, New York, NY: Palgrave Macmillan, 2012.

[40] Malcolm E. Jewell and David Olson, *Political Parties and Elections in American States*, Chicago: Dorsey Press, 1988.

[41] William Flanigan and Nancy Zingale, *Political Behavior and the America Electorate*, Washington, DC: Congressional Quarterly Press, 2006.

[42] O'Donnell and Schmitter, *Transitions from Authoritarian Rule: Tentative Conclusions about Uncertain Democracies*, Baltimore, MD: Johns Hopkins University Press, 1986.

[43] Howard L. Reiter, *Selecting the President: The Nominating Process in Transition*, Philadelphia: University of Pennsylvania Press, 1985.

[44] Michael S. Lewis-Beck, Richard Nadeau and Eric Bélanger, *French Presidential Elections*, Palgrave Macmillan, 2012.

[45] Jocelyn Evans (ed.), *The French Party System*, Manchester: Manchester University Press, 2003.

[46] Hanna Pitkin, *The Concept of Representation*, Berkeley: University of California Press, 1972.

[47] Donald L. Horowitz, *A Democratic South Africa? Constitutional Engineering in a Divided Society*, Berkeley, Calif.: University of California Press, 1991.

[48] Robert. A. Dahl, *Polyarchy: Participation and Opposition*, New Haven: Yale University Press, 1971.

[49] Larry Sabato and Howard R. Erns, *Encyclopedia of American Political Parties and Elections*, Infobase Publishing, 2009.

[50] Robert A. Dahl, *How Democratic Is the American Constitution:*, New Heaven: Yale University Press, 2003.

[51] Neal Devins and Louis Fisher, *The Democratic Constitution*, New York: Oxford University Press, 2004.

[52] John Denvir, *Democracy's Constitution: Claiming the Privileges of American Citizenship*, Chicago, Illinois: University of Illinois

Press，2001.

[53] Cass R. Sunstein，*Designing Democracy*：*What Constitutions Do*，Oxford and New York：Oxford University Press，2001.

[54] Ann Peters，*Women*，*Quotas*，*and Constitutions*：*A Comparative Study of Affirmative Action for Women under American*，*German and European Community and International Law*，Boston：Kluwer Law International，1999.

[55] Rainbow Murray，*Parties*，*Gender Quotas and Candidate Selection in France*，Palgrave Macmillan，2010.

[56] Andrew Reynolds (ed.)，*The Architecture of Democracy*：*Constitutional Design*，*Conflict Management and Democracy*，Oxford University Press，2002.

[57] Arend Lijphart，*Democracy in Plural Societies*：*A Comparative Exploration*，New Haven：Yale University Press，1977.

[58] Tom Ginsburg (ed.)，*Comparative Constitutional Design*，London：Cambridge University Press，2012.

[59] Anthony Downs，*An Economic Theory of Democracy*，New York：Harper Collins，1957.

[60] Donald. L. Horowitz，*Ethnic Groups in Conflict*，Berkeley，Calif.：University of California Press，1985.

[61] John Rawls，*Political Liberalism*，New York：Columbia University Press，1993.

二、英文论文

[1] Sujit Choudhry，Bridging Comparative Politics and Comparative Constitutional Law：Constitutional Design in Divided Societies，in S. Choudhry (ed.)，*Constitutional Design for Divided Societies*：*Integration Or Accommodation*，Oxford University Press，2008.

[2] David Denver，Britain：Centralized Parties with Decentralized Selection，in Michael Gallagher and Michael Marsh (eds.)，*Candidate Selection in Comparative Perspective*：*The Secret Garden of Politics*，London：Sage，1988.

[3] Galderisi & Ezra，Congressional Primaries in Historical and Theoretical

Context, In Peter F. Galderisi, Marni Ezra and Michael Lyons (eds.), *Congressional Primaries and the Politics of Representation*, Rowman & Littlefield, 2001.

[4] Kristin Kanthak & Rebecca Morton, The Effects of Electoral Rules on Congressional. Primaries, in Peter F. Galderisi, Marni Ezra and Michael Lyons (eds.), *Congressional Primaries and the Politics of Representation*, Rowman & Littlefield, 2001.

[5] William Mayer, Superdelegates: Reforming the Reforms Revisited, in Steven S. Smith and Melanie J. Springer (eds.), *Reforming the Presidential Nomination Process*, Washington, D. C.: Brookings Institution Press, 2009.

[6] Gilles Serra, Why Primaries? The Strategic Choice of a Candidate Selection Method (2007), *PhD thesis*, Harvard University.

[7] Lieven De Winter, Belgium: Democracy or Oligarchy?, in Michael Gallagher and Michael Marsh (eds.), *Candidate Selection in Comparative Perspective: the Secret of Garden of Politics*, London: Sage, 1988.

[8] Moshe M. Czudnowski, Political Recruitment', in Fred I. Greenstein and Nelson W. Polsby (eds.), *Handbook of Political Science: Micropolitical Theory*, Vol. 2, Reading, MA: Addison Wesley, 1975.

[9] Giovanni Sartori, Political Development and Political Engineering, *Public Policy*, Vol. 17(1968), pp. 261—298.

[10] Alfred Stepan and Cindy Skach, *Constitutional Frameworks and Democratic Consolidation: Parliamentarianism versus Presidentialism*, World Politics, Vol. 46, No. 1 (1993), pp. 1—2.

[11] Donald L. Horowitz, Comparing Democratic Systems, *Journal of Democracy*, Vol. 1, No. 4(1990), pp. 73—79.

[12] Richard S. Katz and Peter Mair, Three Faces of Party Organization: Adaptation and Change, *University of Manchester: The European Policy Research Unit EPRU Working Paper* Volumes 4/90(1990), pp. 1—32.

[13] Gideon Rahat, What Is Democratic Candidate Selection, in William Cross and Richard Katz (eds.), *The Challenges of Intra-Party Democracy*, London: Oxford University Press, 2013, pp. 136—149.

[14] Sheri Kunovich and Pamela Paxton, Pathways to Power: The Role of Political Parties in Women's National Political Representation, *American*

Journal of Socialogy, Vol. 111, No. 2(2005), pp. 505—552.

[15] Frank M. Anderson: The Test of the Minnesota Primary Election System, *Annals of the American Academy of Political and Social Science*, Vol. 20(1902), pp. 616—626.

[16] Jamie L. Carson and Jason M. Roberts, *The Politics of Congressional Elections Across Time: Adoption of the Australian Ballot and the Direct Primary*, https://www.princeton.edu/csdp/events/Congress/Carson-RobertsHoC.pdf.

[17] Wesley M. Bagby, The "Smoke Filled Room" and the Nomination of Warren G. Harding, *The Mississippi Valley Historical Review*, Vol. 41, No. 4 (1955), pp. 657—674.

[18] Alexandra L. Cooper, Nominating Presidential Candidates: The Primary Season Compared to Two Alternatives, *Political Research Quarterly*, Vol. 54, No. 4 (2001), pp. 771—793.

[19] Austin Ranney, Candidate Selection, in David Butler, Howard R. Penniman and Austin Ranney (eds.), *Democracy at the Polls*, 1981, pp. 75—106.

[20] Svanur Kristjansson, Iceland: From Party Rule to Pluralist Political Society, in Hanne Marte Narud, Mogens N. Pederson and Henry Valen (eds.), Party Sovereignty and Citizen Control. *Selecting Candidates for Parliamentary Elections in Denmark, Finland, Iceland and Norway*, Odense: University Press of Southern Denmark, 2002, pp. 107—166.

[21] Gideon Rahat, What Is Democratic Candidate Selection, in William Cross and Richard Katz (eds.), *The Challenges of Intra-Party Democracy*, London: Oxford University Press, 2013, pp. 136—149.

[22] J. Elklit and P. Svensson, What makes elections free and fair?, *Journal of Democracy*, Vol. 8, No. 3(1997), pp. 32—45.

[23] M. Hofnung, Unaccounted Competition: the Finance of Intraparty Elections, *Party Politics*, Vol. 14, No. 6(2008), pp. 726—744.

[24] Gideon Rahat, Candidate Selection: The Choice Before the Choice, *Journal of Democracy*, Vol. 18, No. 1(2007), pp. 157—170.

[25] William G. Wayer, Caucuses: How They Work, What Difference They Make, in William Mayer (ed.), *In Pursuit of the White House: How We Choose Our Presidential Nominees*, Chatham, NJ: Chatham House Publishers, 1996, pp. 105—157.

[26] Gary D. Wekkin, Why Crossover Voters Are Not "Mischievous Voters": The Segmented Partisanship Hypothesis, *American Politics Research*, Vol. 19, No. 2(1991), pp. 229—247.

[27] Karen M. Kaufmann, James G. Gimpel and Adam H. Hoffman, A Promise Fulfilled? Open Primaries and Representation, *The Journal of Politics*, Vol. 65, No. 2(2003), pp. 457—476.

[28] Nathaniel Persily, The Blanket Primary in the Courts: The Precedent and Implications of California Democratic Party v. Jones, in Cain and Gerber (eds.), *Voting at the Political Fault Line:: California's Experiment with the Blanket Primary*, Berkeley: University of California Press, 2002, pp. 303—324.

[29] M. Ramaley, Is the Bell Tolling: Will the Death of the Partisan Blanket Primary Signal the End for Open Primary Elections?, U. Pitt. *Law. Review*, Vol. 63, Issue2(2001), pp. 217—234.

[30] Juan J. Linz, The Perils of Presidentialism, *Journal of Democracy*, Vol. 1, No. 1(1990), pp. 51—69.

[31] Ansolabehere S, Hansen J M, Hirano S, et al. More Democracy: The Direct Primary and Competition in U. S. Elections, *Studies in American Political Development*, Vol. 24. No. 2(2010), pp. 190—205.

[32] Yael Shomer, Candidate Selection Procedures, Seniority, and Vote-Seeking Behavior, *Comparative Political Studies*, Vol. 42 No. 7(2009), pp. 945—970.

[33] M. Ramaley, Is the Bell Tolling: Will the Death of the Partisan Blanket Primary Signal the End for Open Primary Elections?, *U. Pitt. Law. Review*, Vol. 63, Issue2(2001), pp. 217—234.

[34] Brain J. Gaines, Duverger's Law and the Meaning of Canadian Excepetionalism, *Comparative Political Studies*, Vol. 32, No. 7(1999), pp. 835—861.

[35] Keith E. Hamm and Robert E. Hogan, Campaign Finance Laws and Candidacy Decisions in State Legislative Elections, *Political Research Quarterly*, Vol. 61, No. 3 (2008), pp. 458—467.

[36] Reuven Y. Hazan Does Cohesion Equal Discipline? Towards a Conceptual Delineation, in Reuven Y. Hazan (ed.), *Cohesion & Discipline in Legislatures*, Routledge, 2013, pp. 1—11.

[37] Krister Lundell, Determinants of candidate selection: The degree of centralization in comparative perspective, *Party Politics*, Vol. 10, No. 1 (2004), pp. 25—47.

[38] Pippa Norris, Conclusions: Comparing Legislative Recruitment, in Joni Lovenduski and Pippa Norris (eds.), *Gender and Party Politics*, London: Sage, 1993, pp. 309—330.

[39] P. Meier, From Laggard to Leader: Explaining the Belgian Gender Quotas and Parity Clause, *West European Politics*, Vol. 35, No. 2 (2012), pp. 362—379.

[40] Osnat Akirav, Candidate Selection and a Crowded Parliament: The Israeli Knesset (1988—2006), Vol. 16, No. 1(2010), pp. 96—120.

[41] Yael Shomer, Candidate Selection Procedures, Seniority, and Vote-Seeking Behavior, *Comparative Political Studies*, Vol. 42, No. 7(2009), pp. 945—970.

[42] William H. Riker, Duverger's Law Revisited, in Bernard Grofman and Arend Lijphart (eds.), *Electoral Laws and Their Political Consequences*, New York: Agathon Press, 1994, pp. 19—42.

[43] Donald L. Horowitz, A Primer for Decision Makers, in Larry Diamond and Marc. F. Plattner (eds.), *Electoral Systems and Democracy*, Baltimore: Johns Hopkins University Press, 2006, pp. 115—127.

[44] Arend Lijphart. Democracies: Forms, performance, and constitutional engineering, *European Journal of Political Research*, Vol. 25, No. 1 (1994), pp. 1—17.

[45] Josh M. Ryan, Is the Democratic Party's Superdelegate System Unfair to Voters?, *Electoral Studies*, Vol. 30, Issue 4(2011), pp. 756—770.

[46] George W. Norris, Why I Believe in the Direct Primary, *The Annals of the American Academy of Political and Social Science 106 (1923)*, pp. 22—30.

[47] Dierter Grimm: Political Parties, in E. Benda, W. Maihofer, H. J. Vogel, K. Hesse and W. Heyde (eds.), *Handbuch des Verfassungsrechts*, Berlin, 1994.

[48] Otto Kirchheimer, The Transformation of the Western European Party Systems, in Joseph LaPalombara and Myron Weiner (eds.), *Political Parties and Political Development*, Princeton N. J. : Princeton University

Press, 1966

[49] Richard S. Katz and Peter Mair, Changing Models of Party Organization and Party Democracy: The Emergence of the Cartel Party, *Party Politics*, Vol. 1, No. 1(1995), pp. 5—28.

[50] Benjamin Reilly, Electoral Systems for Divided Societies, *Journal of Democracy*, Vol. 13(2002).

[51] Audrey Vandeleene, Lieven De Winter, Conrad Meulewaeter andPierre Baudewyns, Candidate Selection: Explorations beyond the Secret Garden of Politics——The Case of Belgium, Paper presented at the panel "Toegang tot de politiek: actoren in het rekruteringsproces van politiek personeel" of the 12th Political Science Conference Politicologenetmaal, Ghent, 30—31 May 2013.

[52] Lieven De Winter and Pierre Badudewyns, Candidate Centred Campaigning in a Party Centred Context: The Case of Belgium, *Electoral Studies*, VoL. 39(2015), pp. 295—305.

[53] Hanna Pitkin, The Idea of a Constitution, *Journal of Legal Education*, Vol. 37(1987).

[54] Bonnie N Fieldand Peter Siavelis, Candidate Selection Procedures in Transitional Polities: A Research Note, *Party Politics*, Vol. 14. No. 5 (2008), pp. 620—639.

[55] Scott Mainwaring, Party Systems in the Third Wave, in Larry Diamond and Marc F. Plattner (eds.) *The Global Divergence of Democracies*, Baltimore, MD: Johns Hopkins University Press, 2001, pp. 186—189.

[56] Peter Siavelis, The Hidden Logic of Candidate Selection for Chilean Parliamentary Elections, *Comparative Politics*, Vol. 34 (2002), pp. 436—437.

[57] Rein Taagepera, The Effect of District Magnitude and Properties of Two Seat Districts, in Arend Lijphart and Bernard Grofman (eds.), *Choosing an Electoral System*, New York: Praeger, 1984, pp. 1—102.

[58] Gary Cox, Electoral Equilibrium in Double Member Districts, *Public Choice*, Vol. 44 (1984), pp. 443—451.

三、中文著作

[1] [美]约瑟夫·熊彼特:《资本主义、社会主义与民主》,吴良健译,商务印书

馆 1999 年版。
[2] [美]哈耶克:《自由秩序原理》,邓正来译,三联书店出版社 1997 年版。
[3] [美]汉密尔顿等,《联邦党人文集》,程逢如等译,商务印书馆 1980 年版。
[4] [英]密尔:《代议制政府》,汪瑄译,商务印书馆 1982 年版。
[5] [美]阿伦·利普哈特:《民主的模式:36 个国家的政府形式和政府绩效》,陈崎译,北京大学出版社 2006 年版。
[6] [美]乔万尼·萨托利:《政党与政党体制》,王明进译,商务印书馆 2006 年版。
[7] [挪威]斯坦因. U. 拉尔森,《政治学理论与方法》,任晓等译,上海人民出版社 2006 年版。
[8] [美]安德鲁·雷诺兹等:《选举制度设计手册》,鲁闽译,香港商务印书馆 2013 年版。
[9] [德]马克斯·韦伯:《社会科学方法论》,杨富斌译,华夏出版社 1999 年版。
[10] [德]K·茨威格特、H·克茨:《比较法总论》,潘汉典等译,法律出版社 2003 年版。
[11] [美]亨廷顿:《第三波——20 世纪后期民主化浪潮》,三联书店出版社 1998 年版。
[12] [法]托克维尔,《论美国的民主》(上卷),董果良译,商务印书馆 1988 年版。
[13] [美]罗伯特·达尔:《民主理论的前沿》,顾昕等译,东方出版社 1999 年版。
[14] [美]罗伯特·达尔:《民主及其批评者》,曹海军译,吉林人民出版社 2006 年版。
[15] [美]D. B. 杜鲁门:《政治过程:政治利益与公共舆论》,陈尧译,天津人民出版社 2005 年版。
[16] [德]罗伯特·米歇尔斯:《寡头统治铁律——现代民主制度中的政党社会学》,任军锋等译,天津人民出版社 2003 年版。
[17] [美]萨托利:《民主新论》,冯克利、阎克文译,东方出版社 1998 年版。
[18] [美]吉列尔莫·奥唐奈、[意]菲利普·施密特:《威权统治的转型:关于不确定民主的试探性结论》,景威、柴绍锦译,新星出版社 2012 年版。
[19] [美]胡安·林茨、[美] 阿尔弗莱德·斯泰潘:《民主转型与巩固的问题:南欧、南美与后共产主义欧洲》,孙龙译,浙江人民出版社 2008 年版。
[20] [法]卢梭:《社会契约论》,何兆武译,商务印书馆 2003 年版。

[21] [德]康拉德·黑塞:《联邦德国宪法纲要》,李辉译,商务印书馆 2006 年版。
[22] 张千帆主编:《宪法学》,法律出版社 2014 年版。
[23] 张千帆:《宪法学导论》,法律出版社 2008 年版。
[24] 陈端洪:《制宪权与根本法》,中国民主法制出版社 2010 年版。
[25] 胡盛仪:《中外选举制度比较》,商务印书馆 2014 年版。
[26] 周叶中、朱道坤:《选举七论》,武汉大学出版社 2012 年版。
[27] 王世杰、钱端升:《比较宪法》,中国政法大学 1997 年版。
[28] 楚树龙、唐虹编著:《政治学概论》,清华大学出版社 2006 年版。
[29] 谢复生:《政党比例代表制》,(台湾)理论与政策杂志社 1992 年版。
[30] 陈慈阳:《宪法学》,(台湾)元照出版社 2005 年版。
[31] 周淑真:《政党政治学》,人民出版社 2011 年版。
[32] 陈慈阳:《宪法规范性与宪政现实性》,(台湾)翰卢图书出版有限公司 2007 年版。
[33] 陈新民:《德国公法学基础理论》(上册),山东人民出版社 2001 年版。
[34] 祁刚利:《政党民主论》,中央编译出版社 2011 年版。
[35] 叶海波:《政党立宪主义研究》,厦门大学出版社 2009 年版。
[36] 马岳:《港式法团主义——功能界别 25 年》,香港城市大学出版社 2013 年版。
[37] 马岳、蔡子强:《选举制度的政治效果——港式比例代表制的经验》,香港城市大学出版社 2003 年版。
[38] 陈可风:《罗马共和宪政研究》,法律出版社 2004 年版。
[39] 王绍光:《民主四讲》,三联书店 2008 年版。
[40] 邓正来:《中国法学向何处去》,商务印书馆 2011 年版。
[41] 罗豪才、宋功德:《软法亦法》,法律出版社 2005 年版。
[42] 黄光国:《社会科学的理路》,中国人民大学出版社 2006 年版。
[43] 何俊志:《选举政治学》,复旦大学出版社 2009 年版。
[44] 高鹏怀:《比较选举制度》,知识产权出版社 2008 年版。
[45] 吴文程:《政治发展与民主转型:比较政治理论的检视与批判》,吉林出版集团有限责任公司 2008 年版。
[46] 林来梵:《从宪法规范到规范宪法——规范宪法学的一种前言》,法律出版社 2001 年版。
[47] 李剑鸣:《大转折的年代:美国进步主义运动研究》,天津教育出版社 1992 年版。

[48] 曹茂君:《美国崛起的制度基础——美国进步时代法制变革》,法律出版社2015年版。

四、中文论文

[1] [美]西达·斯考切波:《美国:从会员到倡议》,载罗伯特·D.帕特南主编:《流动中的民主政体:当代社会中社会资本的演变》,李筠等译,社会科学文献出版社2014年版,第103—130页。
[2] [美]拉里·戴蒙德:《民主政治的第三个悖论》,载刘军宁编:《民主与民主化》,商务印书馆1999年版。
[3] [意]皮兰杰罗·卡塔兰诺:《一个被遗忘的概念:消极权》,徐涤宇译,《罗马法与现代民法》2002年卷,第230—234页。
[4] 韩大元:《宪法学研究范式与宪法学中国化》,《法律科学》2003第5期。
[5] 李少文:《中国宪法学研究方法之反思:理想、规范与现实》,《香港社会科学学报》2011年第2期(总第45期)。
[6] 包刚升:《民主转型中的宪法工程学:一个理论框架》,《开放时代》2014年第5期。
[7] 胡伟、张向奥:《选举与民主:制度设计的工程学》,《复旦学报(社会科学版)》2009年第4期。
[8] 高奇琦:《试论政党与公民社会间的双向赋权》,《学术界》2013年第1期。
[9] 马岭:《代议制下议员的角色定位》,《甘肃政法学院学报》2012年第2期。
[10] 齐春雷:《西方政党制度的民意代表及其启示》,《中央社会主义学院学报》2010年第4期。
[11] 廖立文:《比利时政党政治的建构与治理》,《台湾国际研究季刊》2007年第4期。
[12] 郭秋庆:《以色列的多党政治与联合政府组建》,《台湾国际研究季刊》2011年第4期。
[13] 刘红凛:《政党类型与党内民主分析》,《中国人民大学学报》2010年第5期。
[14] 胡荣荣:《政党"寡头统治铁律"及其超越——基于新加坡的制度创新经验》,《党政干部学刊》2013年第1期。
[15] 程迈:《在社会分裂中求得政治稳定——李帕特协商联合民主理论评述》,《环球法律评论》2011年第2期。
[16] 刘刚:《现代政治代表的历史类型与体系结构》,《中外法学》2013年第3期。

后　记

本书是在我的博士学位论文基础上修改而成，调整幅度不小，既修改了标题（论文题为《论政党初选机制的民主效果——宪法工程的运用》），也删去了几万字的理论阐释。就本书主题的重新设计来说，现有内容还显不足。不过，将博士论文出版是一件很有意义的事情，不仅因为我完成了博士学业所遗留的最后一项“工程”，很大程度上这也意味着自己人生转折的悄然实现，终于彻底褪去了学生时代的色彩。

我于 2016 年 7 月从北大取得法学博士学位。在参加答辩的时候，自己并不能真正体会答辩者的心情，总以为论文写得很好，通过是没有问题的，甚至还期待得到好评。当时我是最后一个答辩人，答辩委员会主席姜明安教授让我简单作答，但我似乎并未如此“智慧”，而是执拗地提到了很多关键性问题，这也引来了委员会的追问。王锡锌教授问我对于“民主效果”的判断以及它的衡量标准，并质问我所说的“宪法工程”如何用以解决这些问题。记得王老师批评说，这个文章在政治学系答辩通过不了，对此我下意识地回应：“这个问题我想过，我觉得在政治学系答辩也可以通过。”现在想来，当时自己幼稚的可爱，但这也说明本书所涉及的一个关键问题，那就是如何区分宪法学与政治学的方法以及更关键的问题——如何结合二者。

幸好，北京大学宪法与行政法研究中心向来重视跨学科研究，多位老师以制度和现实面向的研究为旨趣，我所做的论文以及发展的宪法工程理论得到了他们的理解和鼓励。平心而论，本人可算是北大公法学科传统的一个良好追随者和继承者，宪法工程学能够恰当有效地实现制度实践的愿望。走上这样一条学术之路也并非偶然。2012年夏天，我在硕士转博士的选题时就提出了这样的命题，但当时的理解仍然很不够，只是将宪法工程作为了比较宪法学的一种理论框架。张千帆教授试图建立世界宪法知识地图的努力很值得钦佩，尤其是他对发展中国家和转型国家的关注，给我们很多启发，但我在选题时却思考得更多。我并未囿于外国法的描述，而是尝试发现乃至建立一个更为宏大的理论。之后，陈端洪教授从香港归来，与我们热烈讨论当时香港特区的"双普选"方案，让我对制度设计与宪制选择有了更丰富的认识，又在共读施密特的过程中让我对契约论和正义论有更深刻的理解。但我所发展的宪法工程学，也不仅仅只是作为制度设计的框架。最后，出国前选定了这一论题，无论是问题意识，还是理论抱负，皆得到了老师们的认可与重视，而这也影响了接下来我的学术理解。

本书的写作过程算不上顺利。我时常听别人讲起博士论文写作的艰辛，但我的困境并非源于论文，而在于作者自身。颇具"文艺气息"的我在很多十分煽情的散文和诗词中都叙述过这些故事，也为自己当时的迷茫和失误找了很多理由。但如今想来，这所有的问题或许都可以归结为一点，那就是人在国外而又没有做好准备。出国前前后后的匆忙，对国内的念念不忘，远离熟悉环境的迟钝，都让年少无知的自己愈加焦躁不安。其实，对一个人来说，很多事情、很多转折都可以找到各种各样的理由，成败得失，爱恨情仇，无不如此。然而，回头再去看时，可能就是一两个关键性因素在发挥作用，而这些因素恰是人之普遍困境。人心人性如此，关键也是在于把握这一点，直至今天我才明白。若当时挺过去了，就是为成功，若没有，那可追究的原因就太多了。所以，克制贪念与欲望，坚守正直，不忘初心，实在难能可贵。这带有很强的宿命观念，正是人的无能为力之处。

在这个过程中,论文写作得太快,实际上也算不得认真。作为博士论文,它还是有一些不足的,当年我虽意识到这一点,但不如今日深刻。这与那时的写作过程以及自己作为学生的认识、状态皆有一定关系。在华盛顿的大半年时间里,我并未认真思考过本书所涉及的问题。到了芝加哥之后,生活骤然起了变化,我虽未集中注意力,但仍能完成初稿。芝加哥有美丽的密歇根湖和古朴典雅的芝大校园,但我对后者“资源”的利用是不够充分的。2015 年底回国后,我对文章做了很多修改,总体结构却未再有大的调整。时至今日,国内对政党初选这个主题仍然是不够清楚的,所以我也想尽快出版以填补我们的认识不足。在准备时,我本想做一些修改,因为有些内容很薄弱,有些例证不充分且数据资料陈旧,有些有趣的部分(比如美国政治中的一些趣事)没有写进去,但最后都放弃了,依然保持了它作为博士论文时的主体论述。然而,恰是这种处理让本书失去了进一步完善的可能。我多次有重新规划的冲动,试图就问题提炼、结构编排与例证选择做一些调整。这些工作就留给本人接下来的作品,毕竟政党已成为我的主要研究领域之一。

到中共中央党校工作是我的另一重大变化,这是一个既有理想又有现实并且两者可以打通的地方,也是能做出成就的地方。这两年里,我对许多问题以及对学问本身的理解都发生了很大变化,包括对本书的主题以及宪法工程学。我们时常讲学以致用,社会科学的品格是要与实践结合的,宪法学和政治学更应当如此。如何发现真正的问题,如何把握学术的问题意识,如何秉持面向现实的研究理念,是我这些时光里认真思考的内容。尽管本人倡导宪法工程学,但我并不热衷于方法论的争议。实际上,更重要也更困难的创新在于理论体系的建构,这也是我给自己定下的研究目标。我时常有一种强烈的学术使命感和社会责任感,那就是如何将宪法工程学用起来，这只怕是当下中国宪法学和政治学应当重视的真实问题。在我从事政治学博士后研究之后，俞可平教授对我所提的第一个要求正是如此，这也给我莫大的信心去走正道，并勇于接受挑战，如此方能立世并有所成。本书当然是宪法学的作品。作为一名宪法学博士，我时常困惑于中国宪法学对宪法以及宪法秩序的认识，一种形式主义的风潮似乎让学者逐渐偏离了普通人对宪法之功用的理解。实际上，人民对宪法的期待是很高的，要说它与政治毫无关系，也是不可能的。我们要把宪法讲给政治家听，讲给官员听，讲给民众听，当然不能只是形式主义的，后者也解决不了我们关心以及面对的现实问题。这也是宪法学与政治学在当下中国需要结合的重要意义。我希望借由本书以及宪法工程的理论为学界同仁以及广大民众提供关于宪法和宪法秩序的新认识。我常引用汉密尔顿在《联邦党人文集》开篇所提的问题——“人类社会是否真正能够通过深思熟虑和自由选择来建立一个良好的政府，还是他们永远要靠机遇和强力来决定他们的政治组织？”这个问题已历两百余年，但它真的得到解答了吗？我们理解现实运行的政治，能否发现宪法之于国家政治生活的深刻意义？这对于中国来说仍是极具挑战性的。这些重大的全面的理论与实践问题正是中央党校的学问特色。

如此学术事业让人心潮澎湃，然而人的能力却极为有限。这些年来，我的老师们教导我、培养我、帮助我，让我一直处在十分自由的、前沿的、开放的环境之中，恣意地按照自己的兴趣和思路展开研究。无论是本书关于政党初选的主题，还是它所依赖的宪法工程理论，皆深受北大公法学科诸位老师以及学风的影响，特别是姜明安、张千帆、陈端洪、王磊、王锡锌等老师的提点，让我颇为受用。我做学生时的幼稚无知以及诸多缺点，老师们应该都看在眼里，但仍能包容和理解。前面讲到答辩时的故事，实际上我现在也在学生开题答辩时秉持严厉的风格，因为老师的期待在那一刻是最全面的。感谢答辩委员会的姜明安、焦洪昌、何海波、王磊、王锡锌、沈岿和张千帆诸位教授让我通过。从在北大读书至今，我常与叶静漪教授交流，叶老师的学识、品格以及独特的女性魅力令我受益，特别是让我对促进社会公平正义的理论与实践有了更多的思考。如当初没有选择匆忙出国，或许我在这一领域的研究会更加深入。我的师兄弟姐妹以及诸多同窗好友提供了很多帮助，深耕政党问题的程迈博士多次就本书写作与我交流，给了我很多启示。武汉大学法学院的秦前红教授在我人生的每一步上都给予了很多关爱与帮助。我受秦老师教导十余年，无论遇到什么问题，老师都极具智慧，但我始终不能如老师这般从容。此种智慧也让他成为中国宪法学的中流砥柱。

参加工作之后，中央党校的领导、前辈和同事对我十分关照，我的人生和学问也因为中央党校而改变。卓泽渊教授主持招聘我入校，并对我有很多指点，我的授课风格也受到卓老师的深刻影响。我本没有讲课经验，但能够很快适应和体会讲课的快乐，让教学成为表达的艺术也是我的目标。张晓玲、刘学军、封丽霞、李红以及王勇、刘素华等老师给了我很多帮助，让我很快适应了新环境，开启新的人生征程。我初到党校时常与刘武萍老师交流，刘老师对我的关心、鼓励和支持让我克服了很多困难。

本书的出版也算一波三折，期间得到了多位领导以及出版社老师的大力帮助。中央党校的戴小明、刘武萍和卓泽渊、封丽霞老师，北京大学出版社的杨立范副总编辑，我的师姐、法律出版社的万颖博士等都对本书的出版颇为关心并给予了很大帮助，期间还麻烦了其他多位老师和朋友。王笑红和冯静两位老师向我展示了上海的出版界。上海的确是一个令人向往的地方，当年我却不明了。感谢上海三联书店以及责任编辑郑秀艳老师，正是在郑老师的尽心帮助之下本书方能顺利且快速面世。

论文交付出版之际，感悟颇多，实际上也说明人的认识在变

图书在版编目(CIP)数据

西方政党初选机制比较研究/李少文著. —上海：上海三联书店，2018.9

ISBN 978—7—5426—6446—4

Ⅰ.西… Ⅱ.李… Ⅲ.政党—政治制度—对比研究—西方国家 Ⅳ.①D564

中国版本图书馆 CIP 数据核字（2018)第 190079 号

西方政党初选机制比较研究

著　　者 / 李少文

责任编辑 / 郑秀艳
装帧设计 / 一本好书
监　　制 / 姚　军
责任校对 / 张大伟

出版发行 / 上海三联书店
(200030)中国上海市漕溪北路 331 号 A 座 6 楼
邮购电话 / 021－22895540
印　　刷 /上海惠敦科技印务有限公司

版　　次 / 2018 年 9 月第 1 版
印　　次 / 2018 年 9 月第 1 次印刷
开　　本 / 890×1240　1/32
字　　数 / 220 千字
印　　张 / 8.625
书　　号 / ISBN 978－7－5426－6446－4/D・398
定　　价 / 48.00 元

敬启读者，如发现本书有印装质量问题，请与印刷厂联系 021－63779028

化，这体现了我们的进步。2014 年夏天选题时所设想的问题以及没有认识到的问题，随着年岁、阅历和学识的增长，也逐渐有了新的理解。此一主题以及本书的方法逻辑，我相信会随着时代的发展和变迁而愈加有生命力。这也算是对过去一段时间的总结，是对年轻时努力的一点纪念。

李少文
2018 年 8 月